档案信息化建设与管理探索

金 岚 张在奎 杨晓莹 著

吉林科学技术出版社

图书在版编目（CIP）数据

档案信息化建设与管理探索 / 金岚，张在奎，杨晓莹著．-- 长春：吉林科学技术出版社，2023.7

ISBN 978-7-5744-0812-8

Ⅰ．①档… Ⅱ．①金… ②张… ③杨… Ⅲ．①档案工作－信息化建设－研究 Ⅳ．① G270.7

中国国家版本馆 CIP 数据核字（2023）第 177121 号

档案信息化建设与管理探索

著	金 岚 张在奎 杨晓莹	
出 版 人	宛 霞	
责任编辑	周振新	
封面设计	树人教育	
制 版	树人教育	
幅面尺寸	170mm×240mm	
开 本	16	
字 数	280 千字	
印 张	12.75	
印 数	1–1500 册	
版 次	2023年7月第1版	
印 次	2024年2月第1次印刷	

出 版 吉林科学技术出版社
发 行 吉林科学技术出版社
地 址 长春市福祉大路5788号
邮 编 130118
发行部电话/传真 0431-81629529 81629530 81629531
　　　　　　　 81629532 81629533 81629534
储运部电话 0431-86059116
编辑部电话 0431-81629518
印 刷 三河市嵩川印刷有限公司

书 号 ISBN 978-7-5744-0812-8
定 价 87.00元

前　言

　　档案记录着人们在各项社会活动中的重要信息，是非常重要的信息资源。长期以来的档案信息主要记录在纸质材料上，但纸质材料不易保存，存在很大的损毁风险，且查询不便，利用起来效果不佳。

　　随着社会的高速发展，档案信息化的管理与建设也越发现代化。像办公自动化、无纸化等更加便利化、优质化方式的出现，使得档案的生成方式也发生了很大变化，诸如文件的起草、签发、催办、归档等处理过程都在计算机和通信线路中进行。

　　如今，众多行业和领域都在 5G 技术的引领下向着更广的泛信息化、智慧化阶段跃升，试想更高水准的生产效率、生活质量等必将成为现实，而更高水平的档案管理也势必会让人耳目一新。这是因为我国档案部门已给自身的发展明确了方向，档案管理信息化、智慧化建设工作必然要与社会同步发展，顺应社会各界对档案管理的需求。所以，信息化、智慧化的档案管理势必应运而生，并成为左右我国档案管理建设的关键影响因素。

　　随着档案资料种类、数量的不断增加，信息化、智慧化档案管理已成为档案管理部门进行档案管理的重要发展趋势和必要途径。如此，才能让档案管理工作变得越来越简洁而高效，特别是当管理人员要对档案信息进行调阅使用时，才会更为快捷而准确地找到相关信息资料，而不会花费过多时间和精力。正因如此，档案管理就必须从信息化、智能化等环节来着手进行建设。

　　本书内容共分为七章。第一章介绍了信息资源管理与档案管理的基础知识，能够帮助读者对档案管理有一些基础的了解，能够帮助读者加深对本书的理解。第二章论述了档案信息化管理与建设的理论基础，为档案信息化建设提供了充分的理论依据。第三章明确了档案信息化管理的设施基础。第四章分析了档案数据利用与共享的相关问题。第五章探究了档案信息化的实施方法与策略。第六章立足第五章进一步研究了档案信息数据库的构建与实现。第七章对档案信息化管理未来的创新思路进行探索。

由于笔者水平有限，本书难免存在不妥甚至谬误之处，敬请广大学界同仁与读者朋友批评指正。

目录

第一章　信息资源管理与档案管理导论

第一节　档案管理的基本理论

一、档案与档案管理的基本概念

（一）档案的基本含义

国内外对档案的定义各有侧重，在我国，根据《中华人民共和国档案法》（以下简称《档案法》）的规定，档案是党和国家机关、社会组织和个人在政治、军事、经济、科学、文化、技术、宗教等工作中直接产生的具有保管和利用价值的文字、图片、实物、声像、音像等各种类型的原始记录。由此可见，档案具有三个基本要素：形成者、具有查考价值、载体和形式多样性。为国家、集体、个人提供凭证，为各项事业发展建设提供参考信息就是档案的本质属性。

档案的意义在于记录和支持社会的发展，它在人类社会发展过程中有着难以替代的地位。

（二）档案管理的主要内容

档案管理工作作为国家档案事业的重要组成部分，是指在档案室中对各种载体形式的档案实体、档案信息进行收集、整理、统计及提供利用的各项工作的总称。随着社会的发展，档案管理工作变得越来越数字化和信息化。

档案管理工作主体对象是档案，档案服务对象是档案利用者，为了能够将分散凌乱、数量庞大的档案进行收集整理，根据社会的需要将档案进行集中系统化管理并为加强档案管理提供支持。为了适应不断发展的档案利用者的社会需求，档案管理水平也应提高。

（三）档案管理的主要性质

现代档案管理中最重要的性质是专业性、服务性和数字化，档案管理的性质也可以按多个层次进行划分。首先，档案实体管理及对档案信息开发的两个层面的管理，各个层面又可以分为若干层。其次，对于档案实体主要包括搜集、整理、鉴定等各个工作环节，而档案信息开发包括信息加工与信息输出。在对档案信息开发的过程中主要有：编制目录、编写参考资料及文件汇编等。最后，除了能够有效提供给档案利用者查询、复制及外调，档案管理还可以提供更多服务。

（四）档案管理的基本原则

1. 组织原则、管理体制

这是档案管理工作的核心内容，明确规定了档案事业是由国家统一管理的，各部门档案也应该集中管理本部门重要档案。

2. 确保档案信息资源安全

由于档案具有一定隐秘性、权威性和原始凭证价值，因此要求档案管理部门采取有效措施来保护档案的完整与安全。

3. 档案为社会和群众服务的原则

要充分地体现档案与档案管理工作的价值和意义，就必须坚持档案管理利用服务的原则，要面向整个社会开展内容丰富、形式多样的档案利用服务。

我国《档案法》规定："档案管理要明确组织原则、建立管理体制，确保档案安全，为社会和群众提供服务。"这是指导我国档案事业发展建设的重要政策，对档案管理提出了宏观要求——坚持统一领导，确保档案安全，开展档案利用服务三方面，这是符合档案事业发展规律的科学化决策，为我国档案事业指明了方向。

二、档案管理的功能及其保护技术的发展趋势

（一）档案管理的核心功能

1. 文化与历史记忆的功能

所谓"文化与历史记忆的功能"，是指档案具有记载历史、保存历史记录的功能。档案是人们在社会活动中形成的一种文化与历史记录，它客观地记录了人们在政治、经济、科学、技术、文化等各个方面的发展过程和典型事件。从整个人类文明的进步而言，档案是人类文明在有记载的领域所达到的程度的一种反映

和记录。因此，也可以说档案是"人类的记忆"。

为了完整地、系统地保存档案，我国已初步建成了全国规模的档案馆网络系统。在这一体系中，以区域为界限的综合性档案馆占了绝大多数。随着人们对档案事业认识的深化，也感到单靠综合性档案馆的收藏，往往难以反映人类社会丰富多彩的各个方面。人们需要建立不同侧面的、不同系统的、各种类型的档案馆，以便能从不同的角度，对人类社会进行全方位的记录。目前，我国已建有以综合性档案馆为主体的档案馆，其中还包括专业档案馆、部门档案馆、大型企事业单位档案馆等。随着人们对档案馆这一事物认识的深化，还应出现诸如私人档案馆、专题档案馆等，以便达到不仅记录人类社会的政治史，而且也记录人类社会的经济、科学、技术、文化等各个方面的历史。档案馆的历史记忆功能，应该说是档案馆之所以产生并得到发展的重要原因之一，也是档案馆诸多社会功能中的首要功能。

为了充分发挥档案馆的历史记忆功能，各级各类档案馆应合理地构筑本馆的馆藏结构。首先，每个档案馆都应具有鲜明的馆藏特色，即使是同类型的不同档案馆，也绝不雷同。其次，在坚持本馆特色的基础上，还应做到：从纵向而言，要尽可能延伸档案所涉及的时间跨度，不但要有现代的档案和近代的档案，还应该有古代的档案；从横向而言，应尽可能拓展档案所涉及的领域的广度和深度，使其能完整地记录和反映历史。

2.咨询与决策的功能

档案馆资政决策功能的表现在以下方面：首先表现在对社会的组织管理方面。由于以往的历史记录大多数是政治活动的记录。记载了统治者大量的治乱兴衰的经验和教训，通过利用这种档案信息，能为决策者提供解决各种问题的思路与方法，从而为科学决策提供依据，使决策者在认识问题、处理问题时具有历史的深度。其次表现在对人类社会赖以生存的经济建设方面。纵观人类社会发展的历史过程，经济建设始终是人类社会生活的主要内容。因此，档案馆保存了大量的人们认识自然、改造自然过程中形成的历史记录。通过提供这方面的档案，在进行各项重大的经济建设决策中，起到一定的参考作用。

3.社会培训与教育的功能

世界范围内以信息技术为主要标志的科技进步日新月异，知识经济初见端倪，促使全球经济、社会的发展及人们生活方式不断发生大变革。科技竞争，特别是人才竞争，已经成为世界各国竞争的焦点。许多国家把提高国民的科学文化素质看成 21 世纪竞争成功的关键。为适应世界潮流，迎接 21 世纪挑战，把我国经济建设的推动力转移到依靠科技进步和提高劳动者素质的轨道上来，档案馆应当负担起传播科学文化知识，提高公民科学文化素质的重任。

档案馆具有社会教育功能在于其教育对象的多样性。档案馆的教育对象是整个社会的广大成员。档案馆不同于学校，不存在某一特定的受教群体。不同专业、不同职业、不同年龄、不同文化水平者都能从档案馆中获取科学文化知识，从而提高自身的素养。

同时，档案馆社会教育功能的发挥也在于其所提供的知识内容具有多样性。档案是人类社会实践活动的记录，内容涉及政治、经济、军事、科学、技术、文化等各个方面。档案是人类社会的记忆，也是人类社会得以持续发展的阶梯。

档案馆社会教育功能的发挥还在于其教育形式的多样性。档案馆可以根据外界的需要，结合馆藏特点开展各类讲座，传播科学文化知识。针对社会热点，档案馆可以利用自身馆藏丰富的优势，举办各种展览，向社会充分展示馆藏特色。

4. 学术研讨的功能

科学技术是第一生产力，是推动经济发展和社会进步的重要变革力量。大力开展各门科学的学术研究活动，是现代化建设的可靠保证。各门科学的学术研究，从本质上而言，就是要研究自然界和人类社会各项事物发展的客观规律，从而顺应自然，推动社会的发展。

档案馆学术研究功能的发挥取决于其丰富的馆藏。档案是人类社会活动的历史记录，是人们认识自然、认识社会的经验与教训的总汇，记载了人类社会文明发展的历史过程。正如澳大利亚档案学家怀特所说："档案机构绝不是古老的被人遗忘的文件的坟墓。档案的实质在于它不仅记录了成就，而且记录了获得成就的过程。"正是由于这种对"过程"的记录，才为科学家提供了寻找规律、探究规律进而掌握规律的丰富材料。

科学史告诉我们，任何学术研究都要从前人的研究成果中吸取、借鉴有益的成果。科学性的劳动是具有继承性的，这种劳动部分地以今人的协作为条件，部分地又以对前人劳动的利用为条件。档案馆丰富的馆藏，正是"前人劳动"的结晶，它又经过档案馆工作者的收集、整理、鉴定等一系列工作，而成为系统的、有价值的档案信息，这同时蕴含了档案馆工作者的科学劳动。因此，当这种"档案信息"提供给科研工作者时，它已经不仅是"前人劳动"的成果，而且是档案工作者与社会上科研工作者之间"协作"的一种形式。这种"协作"，不是直接参与科研工作者的具体科研工作，而是向他们提供经系统整理的、科学鉴定的档案信息的形式来实现的，这就为他们的学术研究活动提供了必要的条件。从这个意义上讲，档案馆向社会提供档案信息，实际上是科学研究的前期工作，它直接促进了学术研究的发展。因此，档案馆在学术研究事业中是不可缺少的组成部分，是学术研究工作得以正常开展的基础。

同时，档案馆工作人员本身也具有学术研究的内容。一方面，档案馆工作人员要研究馆藏结构。研究档案价值、研究档案保护、研究档案管理的客观规律性，这些本身都具有学术研究的性质。另一方面，档案馆工作者本身也有可能成为一个学术研究人员。

5. 信息沟通的功能

随着社会信息化程度的不断提高，人类正从工业社会向信息社会迈进。信息是物资、能源之后的"第三级资源"，是人类社会的宝贵财富。在当今知识经济时代，信息资源开发与利用的水平已成为衡量一个国家发展状况和综合国力的重要标准。档案是信息的重要组成部分，档案馆作为保存档案的史料中心，在信息传递方面有较大的优越性。档案馆内的档案信息，是对众多档案室的档案信息进行了充分的甄别和选择之后收集进馆的，因此，这一种档案信息是经过整合的、有较高利用价值的档案信息，是一种信息资源，其外延相当广泛，可以涉及人类活动的有记载的所有领域。

档案馆的信息传递功能首先表现在纵向的传播，借助文字、图像和声音等载录方式，我们能够获得前人积累在档案中丰富的经验和教训，通过对信息资源的开发，使我们能够获得丰富的历史信息，以指导我们实践。其次，档案信息的传递功能也表现在横向方面，通过对档案信息资源的开发，我们能够获得前人留下来得的经验和教训，并以此作为起点和对照开展我们的工作和研究。

在档案馆信息传递功能的认识方面，以往人们较多注意到其纵向的传递，主要是从历史记录的角度考虑这个问题，并且这个历史记录也往往是几十年以前的"记录"，而对近期的"历史记录"则依赖于各机关档案室。随着我国社会经济体制的逐步健全，社会对档案馆功能的认识也在逐步深化。

6. 智力开发功能

档案是文明的产物，档案馆馆藏档案信息资源是人类文化遗产中重要的组成部分。它客观地记述了人类社会文化发展、科学进步的历史进程，记录了人类认识自然过程中的心得体会、实践经验和理论精华，是一座人类科学、文化的思想宝库。

档案馆中收藏的档案信息资源是一种智力资源。与其他资源一样，只有经过开发，才能为人类社会服务，造福于人类。这种资源与自然资源不同，自然资源是非再生性资源，数量是有限的，不断开发使用终究会枯竭。而智力资源则不同，它可以长期使用，重复使用。而且随着不断使用，还能再生出新的资源，这是智力资源的一个很重要的特点。档案馆作为这种智力资源的保存之所，应该主动发挥开发智力资源的功能。

为了充分发挥档案馆开发智力资源的功能，档案馆应对馆藏档案信息进行细致的分析和研究，运用各种技术手段和现代化设备，使馆藏档案信息得到充分的开发。

档案馆应通过举办展览进行学术交流，举办专题讲座等多种形式，向社会多侧面、多角度地展示丰富的馆藏，吸引社会用户来馆了解档案信息，开发利用档案信息资源。

7. 公共消遣功能

档案馆就其性质而言，一直被称为"科学文化事业机构"，然而和其他科学文化事业机构，如图书馆、博物馆相比，似乎总有些特别，似乎还是"犹抱琵琶半遮面"。而且，这"科学文化事业机构"的性质还只是在业内人士中谈及或流行，社会对此性质并不完全认同。在一般人的观念中，档案馆与国家机密有着千丝万缕的关系，人们往往敬而远之。同时，档案馆的馆址往往也是一个问题。它不是被设在政府机关大院内，就是被安排在僻远的地方，使人们缺乏与档案馆接触的条件。为了适应社会的发展，为使档案馆工作在新时代不至于落伍，档案工作者应该主动承担起开发档案馆在公共消遣方面功能的责任。

首先，档案工作者应增强为人们服务的意识，并应认识到这是事业发展的重要基石。其次，档案工作者也应认识到，在档案馆馆藏中，真正不适宜开放的部分是少数的。最后，档案工作者还应积极地准备多方面的物质条件，向社会各方面进行宣传，普及社会的档案意识。因此，档案馆公共消遣功能的发挥还应具有一定的前瞻性，我们应着眼于对馆藏档案信息的更深层次的开发和利用。通过提供各种窗口和展示厅，使馆藏档案的价值得到多层面的体现。

随着我国经济建设的高速发展，社会对档案馆工作也将提出更多的要求。这无疑为档案馆工作注入了新的活力，同时，也将为档案馆功能的拓展提供更多的舞台。

（二）我国档案管理及保护技术的发展趋势

1. 档案保护形势已日趋多元化

我国的档案管理正处于传统档案管理及保护与现代化档案管理并存，应建立起专门的档案管理系统，并定时对该档案数据库进行更新和检查，以保证该数据库信息的完整性。

同时，在档案数据甄别技术上进行相应的改革创新，还将档案进行正确分类，将档案管理部门的档案管理及保护职能发挥到最大，保证档案馆能掌握合理的档案管理及保护的发展途径，从而应对在档案管理及保护过程中的出现风险。

2. 档案保护工作日渐细化

首先，建立档案收集部门，对收集的档案进行甄别。其次，建立档案分析部门，将类别不同的档案分别归档，分类出重要的档案，单独进行管理，并进行多重加密，重点保护。最后，建立档案管理部门，按照国家法律规定研发出切实有效的档案保护技术，从而实现档案保护技术的规范化和标准化。当档案管理出现问题时，要能够迅速找出问题点，并针对问题点找到相关责任人，为出现的问题负责。

3. 档案修补技术趋于完备

随着高新技术的发展，档案的修补技术也逐渐从手工修补向电子修补转变。由于手工修补存在效率慢、不规范等问题，这就凸显了电子修补技术的优势。

建立更先进的档案修裱机，研发更适合档案装裱的档案修裱机胶黏剂，电脑操控胶黏效果更好，不会出现溢胶、少胶等现象。

4. 档案保护日趋绿色环保

生态、低碳、环保是时代发展的潮流，也是档案保护发展的必然趋势。档案馆建筑群体及设备设施应遵循绿色环保的理念，最大限度地节约资源、保护环境、减少污染，提供健康、适用和高效的使用空间，与自然和谐共生。

以前档案的保护方式是追求快速建造，现如今在逐渐向高效建造发展，更注重生态保护、无毒、无残留，从实质上迎合国家开展的绿色环保政策，从而保证档案馆的各项建设。

5. 档案管理日趋国际化

随着全球化经济的发展，大数据是世界发展的必然趋势，网络的流通性已成为每个国家都关注的问题。实际上，对档案管理来说，应在保证档案信息不泄露的前提下，可借鉴国外的高新技术来为我国档案保护的发展提供对策和实施方法。

同时，我国档案界还应学习国外关于电子档案的保护措施，可通过举办交流会、与国外交换交流生等合作形式来汲取国外先进的电子档案保护技术和理念，并向国外推介我国对档案管理和保护所采取的措施。

第二节　信息资源管理的理论基础

一、信息资源管理的理论对信息资源管理的支持和影响

信息资源管理的最重要的理论基础就是信息资源管理理论。尽管国际互联网带来的许多技术、方法和思想，与以往的信息资源管理的理念有不小的差异，如原来的文献计量的理论与网络信息的计量就无法符合，原来的标引理论对于网络文献的标引也有不少是无能为力的。但任何一门学科的基础理论既具有其普适的一面，也必然有其特殊的一面。因此，考察信息资源管理的特殊性，就必须从各种信息资源的特殊性出发，并将其放到信息时代这个大环境下来进行综合考察。

（一）信息资源管理活动

1. 信息资源管理活动的组成环节

作为过程，信息资源管理是由若干相关而有序的环节组成的。由于很多信息资源管理活动的最终目的是向作为消费者的用户提供信息服务的，所以分析用户的信息需求及其决定因素、表现形式、转化机制和满足方式等就构成了信息资源管理过程的第一个重要环节。信息资源管理过程的第二个环节是寻找和确定信息资源。信息资源的含义很广，但在此主要是指作为信息资源生产者的个人或组织及信息资源本身。信息资源管理过程的第三个环节是信息采集和转换，信息采集是指以某种方式从已确定的信息资源处收集信息资源，信息转换主要包括符号的转换（如口头语言到书面语言的转换）、载体的转换（如印刷文本到电子出版物的转换）和所有权的转换（信息资源所有权从生产者到出版者、管理者乃至用户的转换），信息转换通常也意味着信息资源的批量生产和销售。信息资源管理过程的第四个环节是信息组织，这是对所采集的信息资源加以序化的过程，它根据

信息的内在结构要素可以分为语法信息的组织、语义信息的组织和语用信息的组织三大部分；信息组织从逻辑上包括信息的存储，存储是一种实用性的以时间交流为主要目的的信息组织。信息资源管理过程的第五个环节是信息检索，它可以近似地看作信息组织的反变换过程，信息组织将许多具体的信息依据一定的规则建成体系，以利于人们查询，信息检索则破译上述规则，从信息体系中寻找特定信息以满足用户的需求。信息资源管理过程的第六个环节是信息资源的开发，它以检索和积累的信息资源为原材料，以开发人员的大脑和计算机为工具，以用户的信息需求为导向，对信息资源进行再生产，其结果是信息产品。信息资源管理过程的第七个环节是信息资源的传播与利用，通过各种传播渠道和服务方式，信息资源管理人员将经过组织和开发的信息资源传递给作为消费者的用户，至此完成了信息资源管理活动的一个循环。

2. 信息资源管理活动是一种宏观调控行为

从宏观的角度考虑，无论是协调信息资源管理活动与其他社会活动的关系，还是对所有信息资源管理活动实施集中统一的管理，都需要国家有关部门统一规划和组织落实。一般而言，宏观层面的信息资源管理活动包括以下几方面的内容：

一是通过信息政策和信息法规对信息资源的生产、交换、分配和消费实施宏观调控和规范；二是通过培育和完善信息市场来加速信息商品化和信息生产的社会化，从而进一步发展信息生产力；三是通过建立集中统一的管理组织来协调信息资源管理行业内部和信息资源管理行业与其他行业的关系，为信息资源管理的和谐发展创造良好的环境；四是通过基础设施建设和信息资源管理教育等途径支持信息资源管理的发展。

（二）信息资源组织的探讨

1. 信息资源的组织方式

信息组织是对信息资源进行序化和优化的过程。在信息时代背景下，信息资源的组织优化更为重要，基本的组织方式主要有四种：文件方式、数据库方式、主题树方式和超媒体方式。文件方式简单方便，互联网提供了诸如 FTP 一类的协议来帮助用户利用那些以文件形式保存和组织的信息资源。但文件方式只能是一种网络形态下的信息资源管理的辅助形式。数据库方式是当前普遍使用的信息组织方式，能处理大量数据，但缺乏灵活易用的界面机制。主题树方式提供了一个基于树浏览的简单易用的信息检索与利用界面，但不适合建立大型的综合性的网络资源系统，只适用建立专业性或示范性的信息资源体系。超媒体方式是互联网上占主流地位的信息组织方式，它与传统的线性信息结构不同，超文本技术以更适合于信息的自然结构的方式来组织信息，能够充分表达各种信息之间内在的联系，让使用者能够方便、灵活地浏览、获取所需要的信息。

2. 信息资源组织的发展

事实上，文件方式和主题树方式并不是信息资源组织的主要方式。当前信息组织基本上是以数据库方式和超媒体方式各自独立发展的。

数据库方式就是将要处理的数据经合理分类和规范化处理之后，以记录的形式存储于计算机中。当前流行的关系性数据库就是从规范化的数据中抽取出相应的字段建立成表，并以"键"的形式来处理表与表之间的联系。一个完整的Client/Server 结构的数据库系统通常是由前台的数据库开发工具、后台的数据库管理系统，以及用户所待处理的数据构成的。

数据库技术组织信息资源可极大地提高信息的有序性、完整性、可理解性和安全性。数据库技术与网络技术的融合极大地方便了用户利用和开发信息资源，提高了效率。但数据库处理的对象通常是结构型的、以数值形式为主的数据类型。在一个决策支持系统中，对于事实型数据、离散型数据，当前的数据库技术尚无法达到令人满意的效果。

超媒体技术则是以超链接的方式将位于不同页面上的信息有效地连接组织起来，这时信息是由许多页面及其各种信息形式（如文字、表格、图像、声音、动画等）组成的。

以超媒体技术组织信息，可使信息系统任意收缩，具有良好的包容性和可扩充性；可组织各类媒体的信息，方便地描述和建立各媒体信息之间的语义联系，可超越媒体类型具有对信息组织与检索的限制；通过链路浏览的方式搜寻所需信息，具有较高的灵活性。由于超媒体的种种优点，它已成为互联网上占主流地位的信息组织与检索方式。当然，利用它组织信息资源也存在缺陷：当超媒体网络过于庞大时，很难准确而迅速地定位于真正需要的信息节点上。

随着应用的发展，超媒体技术需要与其他信息技术相互结合，才能充分发挥超媒体技术的作用，以更好地组织网络信息资源。

3. 信息资源组织的基本理论问题

信息资源的组织是一种分布模式，其信息对象可能并不存储在同一个地方，可能是分布在不同的服务器上。信息资源组织目前还有许多难点尚未解决，诸如信息资源种类繁多、节点多媒体化、新陈代谢快、信息不稳定、资源分散、无序、随机变化大、累积与保存困难，以及标准化、规范化等问题。其中理论的关键点表现在以下几方面：

（1）信息组织是一种知识组织

所谓知识组织，是指对事物的本质及事物间的关系进行揭示的有序结构和知识的序化。因此，信息组织的目的是向人们提供便于利用的、可以帮助解决问题的序化的信息，而不是大量无用的信息。在信息组织时要严格控制档案信息的质量，对网上信息进行有效的评价和筛选，从而为用户提供有价值的档案信息资源。

另外，分类法和主题法是信息组织的主要工具，网络组织中要充分吸纳传统分类法和主题法的优点，将其与信息资源组织的特点相结合，有效地进行档案信息资源的整合。

（2）信息组织的标准化问题

在信息资源组织中，存在搜索引擎的分类体系不统一，类名的设置不规范，分类的层次不合理，索引的方法因系统不同而异，各搜索引擎标引方式也没有统一的规范。有的对网页全文进行索引，有的仅标引网页的标题、URL、关键段落的前几个单词和文本的前 100 个词。另外，生成关键词的技术也不一样。

由于信息的组织与标引缺乏控制，使信息的误查率、漏查率高。因此，应该对信息进行规范化处理，现在最主要的方法就是采用元数据。元数据通常被描述为"数据的数据"，是用来进行网上信息资源著录和标引的格式，类似于图书馆的编目记录。管理者应对互联网信息资源进行优化整合，从而提升档案信息资源的质量，这是具有元数据价值的网络信息资源的基本功能。

（3）合理利用信息资源

组织与揭示信息资源要通过多层次、多方位的描述、分析，从而做到信息资源的合理利用。信息组织的对象不要仅停留在对信息特征的描述，还应该深入信息单元，扩大标引广度，增加数据库的标引深度，加快信息的增值过程。

（4）自动化技术在信息组织中的应用

由于信息的种类繁多、数量庞大，以人工方式对网络信息进行处理已不能满足信息组织的需要，亟须采用自动化的信息组织手段。在信息组织中应该发展和利用自动分类、自动标引、自动编制分类表和词表，以及目录、索引、文摘等自动化技术，从而扩大档案资源的来源和范畴。

（5）后控词表在信息组织中的应用

采用自然语言组织和检索信息方便易行，但是同义词和近义词得不到控制，词间相互关系得不到揭示，最终会影响信息的检索和利用；单纯地采用自然语言又会造成查全率降低。解决这些问题的最好办法就是采用后控词表。后控词表是自然语言与规范语言结合的理想形式，要积极研究它在信息组织中的应用。

（三）信息资源管理中的用户需求讨论

1.信息资源用户需求的社会化

当前，社会信息化与信息社会化的大趋势必然要求并推动作为信息资源重要组成部分的信息管理加快建设。在信息环境下，信息服务部门的信息服务的传统模式越来越难以满足用户开放化的信息需求，信息用户的信息需求由原来的稳定性、集中性向开放化的社会性转变。现代用户信息需求开放化的直接原因是社会信息化发展中用户职业工作机制的变化。随着职业工作中社会交往范围的扩大，商务信息交流日益广泛，致使广大用户从面向部门的信息需求同专业与社会信息相结合的信息模式转变。

2.使用者需求下信息资源的集成化

随着信息技术的发展和信息网络的延伸，计算机技术、通信技术、信息存储技术正在相互渗透、连接，全方位的网络信息服务逐渐变成了现实。信息资源用户对信息客体的需求，对检索工具与系统的需求和对各种信息服务的需求往往通过不同的途径得到满足。这意味着信息资源分布的分散性和信息技术利用的分离状态决定了用户按个别需求进行信息获取的行为方式。信息网络的发展，将计算机技术、远程通信技术和网络信息处理技术有机结合，从根本上改变信息资源开发、组织和分布状况，从而使用户可以按主体客观需求在网络环境下集中获取所需商务信息资源，即在网络中将各类相关的专业信息获取方式融为一体，使信息交流、查询、数据获取、全文阅读和信息发布，集成多功能、多渠道、多方式的信息需求与服务利用行为。

3.使用者需求下的信息资源高效化

信息资源用户需求高效化是信息提供方长期以来追求的目标，高效化的需求只有在高速信息网络环境下才有可能显化。信息资源用户需求的高效化主要表现在：第一，用户在所从事的职业中，由于工作节奏的加快，从客观上要求迅速满足工作中的信息需求；第二，信息处理和利用状态的优化要求有快速、高效的信息服务做保证；第三，信息组织与传递方式的变化使用户逐步适应利用新技术处理信息和进行信息交流，从而进一步提升用户对高效化信息服务的需求。

二、信息资源管理的重要理论来源——知识管理

（一）知识管理的兴起

知识管理是基于 20 世纪末信息技术的迅猛发展、知识经济的崛起，首先在企业的内部管理的变革中提出的一个全新的概念。知识管理理论是在信息资源管理的理论和知识经济理论的基础上发展起来的一种全新的管理理论。

知识管理是在知识经济的大背景下，首先在知识型企业中提出的。其理论探讨一直滞后于企业的实际操作。在知识经济的各种理论被提出的短短几年里，知识管理的理论也逐步升温。以微软、IBM、安达信、毕马威等跨国公司为代表的知识企业纷纷提出了各自的知识管理方案或行动计划，结合各公司的相关产品，以技术来推动知识管理的发展。同时，理论界也在原来信息管理、信息经济、信息资源管理的框架下展开研究，提出知识管理的各种概念和理论。

知识是资本，智力是资源，这就是新经济带给管理者的新理念。组织智力，管理知识便是这一新理念、新思维的运用与实践。

可以简单地认为：知识管理一是对知识的管理，二是运用知识进行管理。知识管理的任务就是要管理好智力资本，充分运用集体的智慧，提高企业的应变能力和创新能力。

它是为企业实现显性知识和隐性知识共享提供的新途径。显性知识是可量化且易于整理和用计算机储存的知识，又称作可编码知识。这种知识以文字或其他符号形式写在书本上或储存在计算机中。隐性知识是一种不易用文字表达出来的经验性知识，又叫意识知识。

显性知识是易于传递和表达的，而隐性知识则潜藏在人的大脑中，属于经验性的无规律性的知识。每个人的隐性知识是各不相同的。

显性知识是易于整理和用计算机储存的知识，而隐性知识则难以掌握，它储存在员工的脑海里，是员工经验的体现，知识管理就是有效地实现这两类知识的相互转换，并在转换中创新。知识型公司能够对外部需求做出快速反应，明智地运用内部资源，并预测外部市场的发展方向，这就需要运用知识管理来实现。

知识管理的根本目的是运用企业集体智慧，提高对环境快速变化的应变能力和创新能力，实现显性知识和隐性知识的共享和转换。知识管理不同于以往的信息管理，信息管理的重心是企业内部和外部的信息资源，侧重于对这些信息的收集、分析、处理、存储，其目的是降低成本提高效益。而知识管理更注重人力资

源的开发，注重创新。可以这样说，知识管理是信息管理的发展，是其更高的发展阶段。

知识管理思想是一种全新的管理思想，它既继承了人本管理思想的精髓，又结合新的经济形态特点予以创新。知识管理本身有其不同于以往管理的独特之处：

知识管理以企业员工智力资源的开发为中心。因为企业员工拥有不断创造新的知识能力，这是企业不断创新的源泉。因此，如何采用适当的激励机制激发员工的创造力，在企业发展中显得尤为重要。在传统的工业管理中，虽然也有精神激励，但更多是物质激励。在新经济时代企业管理尤其注重激励机制，不只是那种给予赞赏或荣誉的传统式精神激励，而是一种新型的精神激励，即赋予更大的权力和责任，进而更好地提高员工的自觉性、能动性和创造性，充分发挥自己的潜能以实现其人生价值。

知识管理重视知识的共享和创新，新经济下企业之间的竞争取决于企业的整体创新能力，即运用集体的智慧提高应变力和创新力，增强企业的竞争能力。创新可以认为是产品或服务过程中已有知识要素或新的知识要素的组合。它要求企业的领导把集体知识的共享和创新视为赢得胜利的支柱，能够向员工分享他们所拥有的知识。

知识管理对知识和人才高度重视。对于显性知识的获取和分享，可以通过计算机网络和软件系统实现。对于隐性知识，除了重视员工自身的潜能激发外，企业应重视发挥内外专家学者及领导层的智慧的作用，即人才智力高效能发挥。

在信息的利用上应把信息与信息、信息与人、信息与过程联系起来，从而进行创新。总之，重视知识的企业被看作"学习型的组织"，强调对员工实行终身教育，使员工不断获取知识和自学成长，从而形成集体智慧，为企业做出更多贡献。

知识管理重视领导方式的转变。同新经济时代相适应，知识管理需要有新型的领导方式，领导要不断学习，提高成员的能力，让每个成员都有参与领导的机会。未来的领导应是集体领导，每一位员工都应为企业的发展出力献策。要集中员工的智慧、统一员工的行动，发挥集体智慧的作用。

（二）知识管理的历史回顾

许多管理学家为知识管理的发展做出了贡献，在他们当中做人熟知的有美国的彼得·德鲁克、保罗·斯特阿斯曼和彼得·森格。德鲁克和斯特阿斯曼强调信息和隐含知识作为组织资源的重要性；森格则将重点放在"学习型组织"，即管理知识的文化因素。哈佛商学院的切瑞斯·阿奇瑞斯、克里斯托福·巴特莱特和多萝西·莱昂纳多·巴顿考察了管理知识的多个方面。莱昂纳多·巴顿对查帕拉钢铁公司的案例研究则激发了她创作《知识之源：建立和维持创新之源》一书的灵感。

艾沃瑞特·荣格在斯坦福大学关于创新扩散的研究、托马斯·艾伦在麻省理工学院关于信息和技术转移的研究，（这两项工作可追溯到 20 世纪 70 年代）也为人们理解组织内知识如何产生、利用和扩散做出了贡献。在 20 世纪 80 年代中期，尽管古典经济学理论忽视了知识作为资产的价值，由于多数组织缺乏管理知识的战略和方法，知识（以专业能力形式的表述）作为竞争性资产的重要性已经明确化。

随着对组织知识日见增长的重要性的认识，如何处理指数倍增的可得知识和日益复杂的产品、过程的问题就此产生。在各个领域，有效地处理冗余信息的计算机技术成为解决方案中的一部分。道格·恩格尔巴特在 1978 年引入的"增长"（"提高人的智能"）是早期能够连接其他应用软件和系统的超文本 / 群件应用系统。罗布·阿克西恩和道·迈可克莱肯的知识管理系统（KMS）——一种开放的分布式超媒体工具，是另一个值得注意的范例，它比国际互联网提前 10 年。

在 20 世纪 80 年代也能看到依赖于人工智能和专家系统的管理知识系统的发展，同时 20 世纪 80 年代还给出了诸如"知识获取""知识工程""以知识为基础的系统"和"基于计算机的存在论"等观点。

为了给知识管理提供技术基础，一个美国企业社团在 1989 年启动了"管理知识资产"的项目。有关知识管理的论文开始在《斯隆管理评论》《组织科学》《哈佛商业评论》等刊物上出现，关于组织学习和知识管理的第一批专著也开始出版，如森格的《第五项修炼》等。

到 1990 年，许多管理咨询公司启动了企业内部的知识管理项目，美国和日本等一些著名企业建立了重点知识管理项目。当 1991 年汤姆·斯图亚特在《财富》杂志发表了《智囊》一文后，知识管理被列入了畅销书行列。

20 世纪 90 年代中期，知识管理项目蓬勃发展，这应归功于国际互联网。国际知识管理网络于 1989 年在欧洲创办，1994 年很快又收纳了位于美国的"知识管理论坛"和其他与知识管理相关的团体和出版物。因为许多组织为取得竞争优势，开始重视管理和开发隐性与显性知识资源，所以有关知识管理的会议和研究会的数量也在不断增长。1994 年国际知识管理网络出版了对欧洲企业开展的知识管理调查的结果，1995 年欧共体开始通过信息技术研究与开发战略计划为知识管理的相关项目提供资助。

知识管理看来是取代全面质量管理和商业流程重组活动的理想选择，它已经成为国际咨询公司的主要业务，如安永、麦肯锡等。此外，许多对相关领域（如基准管理、最佳实践、风险管理和变革管理）感兴趣的专业组织也正在探索知识管理与他们专家领域的关系。如美国生产力和质量委员会与美国信息科学协会。

（三）知识管理与信息资源管理的区别

1. 信息资源管理演绎至知识管理所体现出的差异

对知识管理持怀疑论的研究者和企业管理者常常会受到一个问题的困扰：知识管理和信息资源管理是一回事吗？当然这个问题的产生是有道理的。

国家信息中心专家委员会原主席乌家培认为：信息资源管理是知识管理的基础，知识管理是信息资源管理的延伸与发展。

信息资源管理虽有着悠久的历史，但它把信息作为资源结合技术、组织、人力三个因素从中进行管理，则是 20 世纪 70 年代末 80 年代初出现的新事物。信息资源管理是为实现组织的目标，满足组织的需求，解决组织的环境问题而对信息资源进行开发、规划、控制、集成、利用的一种管理。它经历了实物管理、技术管理、资源管理三个时期。按照美国学者马尔香与霍顿的划分，信息管理的发展有几个阶段：物的控制、自动化技术的管理、信息资源的管理、商业竞争分析与智能、知识的管理。

由此可见，知识管理在历史上被视为信息管理的一个阶段，在信息资源管理后产生的。近几年来，由于经济发展的需要和管理实践的发展，知识管理开始从信息资源管理孵化出来，正在逐步形成一个新的管理领域。

从目前知识管理的理论探讨中不难看出，对知识管理有两种理解：其一是对信息资源的管理，认为知识作为对象可以在信息系统中进行识别和处理，能获得信息技术的支持；其二是对人的管理，认为知识作为认知过程存在于信息的使用者身上，只有在人际交流的互动过程中才能创新。笔者认为知识不是一般的信息，而是能在信息运用中改进人的行为的特殊信息。知识管理要求把信息与信息、信息与活动、信息与人联结起来，实现知识（包括显性的和隐性的知识）共享，运用集体的智慧和创新能力，赢得竞争优势。因此，从信息资源管理到知识管理的转化，是管理理论与实践中"以人为本"的管理主线的进一步体现。

2.知识管理与信息资源管理相互含混的因素

（1）采用的大量技术雷同

这些技术包括群件、信息回溯、数据挖掘、文档管理、电子邮件、推送技术、Web 浏览器、可视化、智能代理、内联网等。绝大部分的信息管理技术正在或将成为知识管理的集成技术支撑，知识以信息的形式存在和被传播，是二者具有大量相似性的基本原因。

（2）营销企业对概念的混淆

软件企业为了更好地抓住市场机遇往往做出一定的误导，许多被称为"知识管理解决方案"的产品因而被推出。一些昨天还是"搜索引擎"的产品今天就被称为"知识管理器"，所以导致用户的概念混淆。

（3）数据库与知识库混淆所引起的混乱

虽然数据库和知识库都是架构于现有的数据库产品之上的，但从二者的服务目的上可进行区分。数据库强调的是安全、可靠地存储和调用的响应能力，它服务于信息资源管理，以二维表的形式进行逻辑组合，对数据库内数据信息的加工需要由专业的信息系统工作人员来进行。知识库则强调交互性、开放性，它服务于知识管理与决策，将数据信息等以多维形式进行组织，利用关联关系进行相互激励与重用，它借助友好的用户端应用使非专业用户可以自如地查找、应用和发布知识。

（四）第二代知识管理的理论要点

1.第二代知识管理的演进及主要观点

有人说知识管理"可以说是给昨日的信息技术披上了今日更加时髦的外衣"。的确，时至今日的大部分知识管理实践，核心是数据仓库、群件、文档管理、成像和数据挖掘。由于继续推进这种以技术为中心的思想，新生的知识管理领域就把自己置于一种危险境地。仅把昨日的技术重新标上今日"知识管理"的时髦标签，但无济于事，不能带来任何新东西，客户也不会支持它，目前客户的这种指责已经出现。另一种完全不同的知识管理观点则是"第二代知识管理"，这种观点可以看作对知识管理的一种倡导和支持。不像第一代知识管理——好像技术能解决所有问题，第二代知识管理更考虑了人力资源和管理过程的主动性。笔者认为，应该把第二代知识管理看作一种不同于"技术中心"的方法，接受它及其扩展的观点。

2.第二代知识管理的核心观点

第二代知识管理出现后引入了一些新的术语、概念和观点，这些内容与第一代知识管理明显不同，并具有真正的深度。第二代知识管理独特的观点主要集中在以下八方面：供应学派—需求学派知识管理、知识生命周期、知识过程、知识规律、知识结构、嵌套的知识域、组织学习、复杂性理论。目前，第二代知识管理的主要观点可概括为：

第一，第二代知识管理强调知识生成（考虑需求方），但不否认第一代知识管理中编码化和分享的重要性（考虑供应方），因此说第二代知识管理是新的均衡。

第二，第二代知识管理对知识生成的重视，对知识管理而言，是迄今人们提出的众多看法中更有价值的观点：期望提高组织的学习效率，从而提高组织的创新效率。

第三，第二代知识管理确定了组织知识的结构（知识结构中的陈述式知识和程序规则集），以及基于过程的知识生命周期。如要促成健康的组织学习，必须培养和关心这个生命周期。

第四，第二代知识管理让人信服地把知识管理与组织学习联系起来，由此使我们认识了嵌套学习域和知识管理在帮助组织（不只是个人）比竞争者更快、更有效地学习方面所发挥的作用。而且，这个关联的价值命题是非常重要的。

（五）知识管理与信息资源管理的异同

知识管理与网络信息资源管理有着共同的基础，信息资源管理则从其中汲取了可以借鉴的理论。

从信息资源管理的角度来看，二者具有相同的作用，都是为了满足特定的信息需求。人们在行动、决策中都需要信息，以减少影响实践的不确定性，降低风险，使各种活动朝着人们预先设想的方向发展，因而信息管理最终通过提供信息而实现个人、组织乃至社会的生存和发展。尽管知识管理与信息资源管理所侧重的问题不同，但二者所产生的作用却基本一致。知识管理最终就是要形成一种"自足"的创新机制，或者说创造和谐的知识生态，依靠内部的不断创新去适应环境，从而使主体得以生存和发展。这一点在企业的信息资源管理和知识管理上得到了充分的体现。企业认识到信息能大大缩短新产品的开发研制周期，能更快速、准确地了解用户的需求，从而占领市场，获得竞争优势。因此企业不惜投入巨资引进高科技，完善自身的信息管理工作，同时向社会提出了更高的信息管理要求，信息被企业作为重要的资源。然而，由于社会的发展，企业处于非线性变化的环境中，为适应环境，并在竞争中取胜，就必须依靠知识不断创新，在搞好信息资源管理的同时实现创新的要求，这就是知识管理的问题，也就是目前人们所关注的管理的第五个阶段。

从发生发展的角度来看，二者都对信息和信息技术予以高度重视。信息资源管理的一切研究都是以信息为基石拓展到各个方面而形成的，商务信息是信息管理产生和继续存在的根本；信息技术既为信息资源管理提供了新的解决方案和思路，同时引发了一系列新问题，因而成为当前信息资源管理研究的核心之一。

信息是信息资源管理创新的原材料和源泉。商务信息不会凭空在人的头脑中产生，在研究信息的运动规律时必然要对其进行深入的探讨，这是技术与信息的内在固有关系所决定的。在理论研究中与应用研究和实践中离不开技术，创新中的信息保障在理论和实践中具有同样重要的意义。由此可见信息、技术是信息资源管理的重要工具。

在技术领域，许多专家将知识管理等同于某种技术方案，过去实践的教训证实这种观念是错误的，尽管它在现实中仍有相当的影响，但这也反映了信息技术在知识管理中所处的地位和所起的作用。信息技术之所以在知识管理中受到重视，其原因可概括为以下三点：第一，迅速变化的环境要求不断缩短知识创新、行动的反馈循环，仅仅依靠原始的信息交流方式不可能适应当前非线性变化的环境。第二，信息技术不仅加快了信息传送的速度和增加了获取信息的广度，而且使各类信息有序化程度增高，这对知识创新中的信息保障起着积极的作用。现代信息技术的利用不仅打破了信息交流的时空限制，而且使交流形式更为生动、直观，更有利于激发知识工作者的创新意识，同时为信息共享提供了更为便利和有效的途径。第三，与知识创新相伴而存在的知识产权保护问题的解决也可求助于信息技术。

总之，信息技术不仅为信息资源管理提供了支持，而且也是知识管理研究的内容和解决问题的方法与手段，因而在二者中都受到高度重视。

知识管理研究与信息资源管理研究是相互促进的。知识管理需要以信息资源管理为基础，并对信息资源管理提出了更高的要求。因为管理、决策都离不开信息，知识管理也不例外，对信息的全面、准确、及时性比以往任何时候的要求都高，所以做好信息资源管理是实现知识管理的基础。同时，知识管理研究的进步又必然会带动信息资源管理的研究。反之，信息资源管理理论和实践的重大突破也必然为知识管理的研究提供新思路、新方法，因而二者是相互促进、共同发展的。

第三节　信息资源管理的定位和特征

一、信息资源管理的定位

本书所说的信息资源管理可以做以下定位：

第一，信息资源管理具有两层含义：一是在信息时代，网络环境下的信息资源管理具有更为广泛的适用范围，这是信息资源管理在新的条件下的发展和延伸；二是信息资源管理是在这种情况下的信息资源的开发、利用和服务。

第二，作为一种管理性的活动，人作为主体的有意识活动，必然是在一定的理论思想的指导下进行的。这种理论思想既包含了信息资源管理的理论成分，也包括信息科学、知识管理理论和其他一切与之有关学科的理论成分，并且是在吸收、容纳、整合、概括和升华了上述有关学科理论成分的基础上形成的。信息资源管理就是在这一具有体系性的理论知识的指导或支配之下所进行的目的明确的社会性活动。

第三，信息资源管理发展至今，是以信息技术为核心的多元化集成，其主要包括数据库技术、通信技术、多媒体技术等。

第四，信息资源管理是对各种信息资源的开发、组织、存储、传递、服务、利用等多方面的信息资源管理工作。

第五，信息资源管理的核心问题是对各种信息资源的有效管理。其管理对象是档案信息资源，而不是一般意义上的信息资源。这被看作档案信息资源管理与以往信息资源管理的重要区别。对档案管理中的各种问题也不能从狭义的角度来理解。在特定的档案管理系统内，档案信息的输入、加工处理和输出是管理的范畴，信息的生产和分配及信息资源的配置也在管理的范畴之内。因此，其管理对象从广义上讲是档案信息资源及从事档案资源管理的人员和应用的技术；狭义的范围则只包括档案信息资源的内容本身，不包括档案管理人员和技术，本书从广义的角度来论述。

第六，信息资源的内容包括通过实物、网络等提供的各种信息。这些信息都从不同文本对档案资源库进行了补充和完善。但从本书论述的角度来说，这里的信息资源更侧重于信息时代背景下的数字化信息资源。

第七，信息资源管理作为广泛存在的社会活动，对当前社会生活的影响是多方面的，但其经济社会意义则是它自身价值的根本体现。不过，档案信息资源管理活动的最根本意义就是会直接影响社会生产力的提升与社会财富的增减。

第八，信息资源管理不应是几个部分的简单叠加之物，或者是分割式的一种理解。而应当从整体上、从综合性和概括性的较高层次上去理解其内涵，应将其看作高度集成的有机体。

二、信息资源管理的内涵

信息资源管理的提出是在社会的演进过程中，在物质文明与精神文明进步的过程中顺应时代发展的结果。如果从广义的社会管理的发展历程来看，人们从物质资源的管理到信息资源的管理，既表明了人们认识的不断深化，也表明了管理能力与范畴的不断提升与扩大。这也是信息资源管理不断得到发展的重要原因。档案信息资源管理发展到今天，信息化、网络化与集成化已经成为衡量一个社会文明发展水准的重要标志之一。

信息资源管理是信息社会管理的重要时代特征之一。对于时代特征，人们往往从社会政治和经济等不同方面来进行概括和表述。但决定时代特征最根本的因素是经济基础和社会经济的发展程度。而当今时代的基本经济特征则是信息经济已得到充分发展，知识经济已露端倪，并将越来越占据主导地位。信息与知识资源已成为当今社会最重要的生产资源之一，信息已成为社会财富的显现和潜在的来源。在知识经济时代，对于信息资源和知识资源的管理就成为人类社会最普遍的一种活动，是决定人类自身生存与发展的基本经济活动和社会活动。档案信息资源管理正是信息资源管理，自然也是这一时代最主要的体现之一。

信息资源管理是一种极具普遍性又有其特殊性的人的智力活动。其普遍性主要体现在它具备人类活动的普遍要素，即资源、信息和管理三者缺一不可。在这里，资源（包括有形的和无形的）成为信息资源管理活动的物质基础和条件。信息在信息资源管理活动中更多地表现为数据形态的信息。所以以数据信息的生产和开发利用为中心的信息资源管理活动无疑需要管理。

信息资源管理作为一种社会活动，其特殊性主要体现在广泛的渗透性和高智力性。信息资源管理活动将随着社会和经济的发展越来越广泛地渗透于社会经济的各个领域，并与其相互交融。同时，信息资源管理活动具有高智力性。这是因为从事信息资源的生产、分配、输入、加工处理和输出的专业活动，需要具备相当的专业知识和技能，档案信息资源管理自然也具有这一属性。

信息资源管理是知识经济时代或知识社会经济增长的内在动力之一。传统的经济增长理论认为，劳动和资本（以各种具体形式表现出来的资本）对生产过程的投入是经济增长的主要原动力，而知识的应用或技术进步对经济的增长只是一种外在的因素。新的经济增长理论认为，技术和知识进步才是经济增长的关键因素，"智力资本是现代经济增长中的最重要因素"。

三、信息资源管理的基本特征

（一）信息资源管理的公共性

公共性可以说是公共信息资源管理的本质特征。在整个信息资源运作体系中，公共信息资源管理的对象只针对社会公共信息资源，即一定时期内与社会共同体成员利益密切相关的公共信息，以满足和服务于社会每个个体成员对信息的普遍性需求。正是由于公共信息资源管理的公共性特征，其必然反映的是社会公共事务、公共议题及与公众生活密切相关的信息报导，信息的管理状况直接关乎每个社会成员的切身利益。事实上，"公共性"构成了公共信息资源管理的最本质概念，只要逻辑上同公共利益密切相关、公共政策的制定与执行、相应的制度安排以及相关的公共事务信息均可列入公共信息资源管理的范畴，并构成公共信息资源管理的范畴体系。

（二）信息资源管理的互动性

互动性是公共信息资源管理的运作特征。随着公共信息资源管理主体的日益多元化，社会成员主体更加积极全程参与和监督公共信息资源管理的运作，这种参与方式和监督方式使公共信息资源管理呈现政府与社会的良性互动。政府以"竞标"和"外包"的方式将公共信息资源的开发和管理转移给社会上的企业运作，此外，政府还鼓励和引导更多社会组织实现社会公共信息资源的自我管理与服务，加快政府电子政务系统的开发和建设，扩大信息共享空间，提高公众信息的辨识能力与获取能力，与此同时，第三部门、企业和社会大众自觉关注和参与公共信息资源的开发和管理，这些"互动性行为"进一步促进了政府公共信息资源管理的效率提高和开放程度。

这一观点主要由 IBM 知识管理咨询公司负责人、新英格兰综合系统研究所（NECSI）主要成员、知识管理联盟的知识管理模式标准委员会主席马克·麦克罗伊提出。

第二章 档案信息化管理与建设的理论基础

第一节 档案信息化管理与建设的目标

　　档案信息化的管理与建设目标是根据国家对档案信息化建设的基本要求，在国家宏观政策指导下建立起来的，它主要包括以下几方面的内容：按照电子政务总体建设的要求，实施电子档案工程；依托局域网、公务网和互联网，推进档案数据库建设和办公自动化建设；推进档案事业持续、快速、健康的发展，力争使我国档案信息化建设总体水平接近先进档案馆水平。

一、加强档案信息化建设的基础工作

　　国家对档案信息化建设的基础工作非常重视，2002年国务院总理在国家科教领导小组举办的科技知识讲座上指出："随着信息技术在世界范围内的健康发展，特别是互联网技术的普及和应用，电子政务的发展正成为现代信息化的最重要的领域之一。"国内外有关电子政务的建议很多，如电子政府、虚拟政府、数字政府、政务工作信息化等，其宗旨是指各级政府部门运用现代信息技术和网络技术进行办公，实现政府组织结构和工作流程的重组优化，为社会公众和自身提供一体化的管理和服务。档案馆所收藏的档案信息历来以政府信息为主题，因此电子政务必然与档案信息化有密切的关系。从促进电子政务完善发展的角度考虑，档案信息化建设作为国家信息化建设的重要组成部分，它的目标、任务和原则应在国家信息化战略目标的要求下，结合档案部门的实际情况和工作需要来制定。

　　档案信息化建设的基础工作包含的内容很多，概括起来主要有以下几个方面：

硬件基础设施建设。随着电子政务业务的普及和人们对此认识程度的不断深入，人们对电子政务建设的要求也越来越高，为了适应电子政务建设的需要，各级档案管理部门应加大力度提高计算机的普及率，加强对档案管理人员的技术培训，用现代的计算机管理代替传统的手工管理，添置各种必需的服务器和客户PC机，各级档案管理部门还应配置保证局域网、公务网和互联网安全运行的网络设备和存储设备，购买满足档案数字化需要的配套设备。

加强数据库建设。随着电子政务的不断发展，各级档案管理部门必须根据电子政务建设的要求，建设访问用户的档案检索系统，而档案数据库是档案计算机检索系统的核心部分。各地档案管理部门应本着资源数据共享的原则，不断加强数据库建设，提供更高层次的数据库管理方式，以满足不同层次用户对信息数据的需求。

加强网络环境建设。网络环境建设是档案信息化建设基础工作的重要内容，它包括局域网、公务网和互联网建设。要在信息化的建设中实现"三网并进"的战略，就必须做到如下两个方面：首先依托局域网建设，带动档案管理各个环节的办公自动化，尤其是档案利用服务窗口建设，档案管理的局域网应纳入本地区的局域网信息管理系统，与本地区的公务网、政务网、政府网站同步。其次各专业、部门、企事业档案馆的网络建设要纳入本系统、本单位办公自动化和业务管理系统。依托公务网、政务网的建设实现电子目录、电子文件数据的接收和传送，依托档案网站的建设，实现档案馆之间的互联互通，从而提高档案资源的利用效率，最大限度地实现档案资源的利用价值。

二、实现档案资源的整体规划和综合利用

档案管理部门应在"加强统筹规划，促进综合利用，避免盲目发展"的思想指导下，制定档案信息化的整体规划，最大限度地实现档案资源的综合利用。按照"统一、通用、科学、标准、共享"的要求，积极推进应用先进的计算机管理软件。按照国家电子政务的基本要求，加强计算机档案管理系统和办公自动化管理系统的衔接和融合，广泛应用文档一体化管理系统；进一步健全档案网站，不断丰富网站内容，有计划地开放数据库，提供网上查询和利用服务，并逐步增加交互式的网上办事功能。加快使用率高的专题数据库建设，不断增加档案信息资源的数量，加快查阅率相对较高的专题数据库建设，不断扩大数据来源和规模，最大限度实现档案资源的综合利用。

三、实现档案信息资源的社会共享

档案信息资源作为社会信息的基础资源，已经成为衡量档案馆综合实力的一个重要标志，也是档案馆融入社会，提供公共服务的"资本"。如果把档案网络环境比作道路交通设施，把档案馆计算机软硬件当交通工具，档案信息资源就好比亟待流通的"货物"，因此档案资源建设是档案信息化建设的核心，它包括各种载体的档案资料，特别是电子档案的收集、档案馆馆藏资料的数字化和档案信息资源共享体系的建设。它主要包括以下三方面的内容：

（一）电子档案的归档

随着电子政务的不断发展，大量的电子档案和电子目录是今后档案信息的主要增长点，同时也是档案信息资源建设的源头之一。从档案信息化建设的长远考虑，各级档案管理部门必须加强对电子档案的归档、保管、利用的技术手段的管理，制定电子档案的接收标准的管理制度；可根据实际情况，实行纸质档案和电子档案"双轨制"的接收模式，并依托局域网构建电子档案的网上接收平台，开展电子档案目录和电子档案的全文接收，达到省时快捷的建档效果。电子档案目录的建立方便了档案的检索和查找，加速了档案的周转，提高了档案的利用率。

（二）电子档案的数字化管理

传统的档案管理体制下档案多以纸制档案为主，为了适应信息化建设的需要，实现档案信息资源的社会共享，就需要对纸质的档案进行数字化转换。档案信息的数字化包括两方面的内容，即档案目录信息的数字化和档案全文信息的数字化。档案目录的数字化包括全宗级目录、案卷级目录和文件级目录，各级档案馆必须在加快档案著录速度、严格规范著录标引的前提下，建设覆盖馆藏档案的全宗级目录和案卷级目录数据库，一些重要的档案将逐步实现文件级目录的机检，有条件的档案馆可实现全部文件级目录机检。档案全文信息的数字化，应围绕利用需求，以建立高质量的数据库为目标，积极地加以推进。通常是一般的馆藏照片、音视频档案应全部数字化，一些重要的全宗档案、利用率高的馆藏资料和专题文件应逐步进行全文数字化，一些条件比较好的档案馆，可建立多媒体全文数据库，形成档案全文数据中心，这样不但方便了电子文档的检索，也满足了电子文件实现社会共享的需要。

（三）电子档案共享平台的建设

网络环境下的档案信息资源建设，不仅包括自身馆藏的信息资源，还包括馆藏以外的档案信息资源。这种可供双向利用信息资源的实现模式就是建设档案目录中心。档案目录建设的实质是网络环境下各种档案信息资源的"虚拟整合"，以实现更大范围内的资源共享。各级档案馆应有计划地建设本系统的档案目录中心和目录分数据库，并通过公务网与主数据库连接，整合各种利用率较高的专题档案目录，建立机读目录的逐年搜集和送交机制。

四、加强电子档案的安全保障体系建设

随着档案信息化建设的不断发展，档案信息化的安全问题显得越来越重要。国家对信息化的安全问题极为重视，特别是在党的十六届四中全会，把信息安全和政治安全、经济安全、文化安全放在同等重要的位置，这在我们党的历史上是前所未有的。档案信息的安全保障体系建设主要包括以下几方面的内容：

建立保证安全的法规制度。尽管我国已经颁布了一系列的安全管理法规，但还缺少国家级的统领全局的信息安全制度。在有法可依的情况下，档案管理机构本身还必须根据国家相关的法律、法规、规章制度制定符合本单位实际的安全保密制度。比如，《安全等级保密制度》《电子文件管理办法》《违章操作审计查处制度》，通过这些措施把对信息安全的威胁降到最低。

档案信息的安全管理。在电子文件的形成、处理、归档、保管、使用的过程中，档案信息都有被更改、丢失的可能性，即使拥有完善的信息安全技术，也需要有相应的管理措施来保证其得以实施。为此制定安全的管理制度对于维护档案信息的安全就显得十分重要。

首先要建立科学的归档制度。归档时应对电子文件进行全面、认真地检查，在内容方面检查电子文件是否完整，相应的真实可靠的机读目录、应用软件以及其他相关的内容是否一同归档，归档的电子文件是否是最终的稿件，电子文件是否反映产品定型技术状态的版本或本阶段产品技术状态的最终版本，电子文件与其他纸质的文件的内容是否一致，软件产品的源程序与文本是否一致等。在技术方面，应严把质量关，严格检查电子文件是否有病毒存在，同时确保信息的准确性。

其次是要建立严格的保管制度。所有归档的电子文件都必须做保护处理，使之处于安全的状态。在对电子文件进行处理或对电子文件实行格式转换时，要特

别注意转换过程中的信息是否失真。另外，还必须对电子文件进行定期的有效性、安全性的检查，发现信息或载体有损伤时，及时采取维护措施，进行修复或拷贝。

再次是建立电子文件管理的记录系统。电子文件形成后因载体转换和格式转换而不断改变自身的存在形式，如果没有相关的信息可以证明文件的内容没有发生任何变化，人们是无法确认它的真实性的，因此应该为每一份文件建立必要的记录，记载文件的管理内容情况，确保信息的准确可靠。

最后是要维护公共设施的安全。随着电子档案信息应用范围的不断扩大，数字档案信息的安全工作也日益重要。目前威胁数字档案信息安全物理的因素主要有：机房、办公室管理不严，人员随意出入，对电脑文件、数据、资料缺乏有序的保存管理，工作人员对技术防范手段、设备认识不足，缺乏了解，操作不当造成设备损坏，内部网、电脑办公网与互联网混用。

第二节 档案信息化管理与建设的内容

档案信息化管理与建设是一项庞大的系统工程，它的最终目标是实现档案信息资源的共享，为了避免各地信息化建设各自为政，国家有必要制定与信息化建设配套的规划标准以及相应的法律法规来保证信息化建设的正常进行。

一、档案信息化的规范化建设

标准规范化是实施档案信息化建设的重要内容之一。在档案资源的收集过程中，资源的存在形式是多种多样的，社会对信息资源的需求形式也是多种多样并在不断地发生变化的，因此没有标准化的规范体系，数字资源很难保证其内容的长期保存、有效的操作、数据交换、永久性的保管，更难以实现信息资源的社会共享。

目前，我国档案信息化系统建设层次标准不一，各种标准的规范性、标准性、共享性较差，还不能完全适应档案信息化建设共享的社会需求。从信息化建设的科学性要求和解决目前信息化建设中存在的各自为政、相互封闭、重复建设的问题出发，在档案信息化建设中必须总体规划，制定统一的规范化标准，这是做好信息化建设的最基本的工作，也是必须做好的首要工作。

所谓标准，是"对重复性的事物和概念所做的统一规定，它以科学技术和实践经验的综合成果为基础，经有关方面协商，由主管机构批准，以特定形式发布，作为共同遵守的准则和依据"。

所谓标准化是指"在经济、技术、科学及管理等社会实践中，对重复性的事物和概念，通过制定、发布和实施标准，达到统一，已获得最佳之需和社会效益"。

档案信息化的最终目的是实现档案资源的社会共享。档案信息化体系建设是以档案信息资源库建设为核心，以信息技术的应用为手段，以网络建设为基础的系统工程。档案信息资源体系建设涉及各种数据、网络建设和应用体系开发等各方面，档案信息标准是档案信息资源共享体系建设的重要保障。

标准统一是实现网络信息互通、信息资源共享的前提条件。标准规范体系包括管理、业务、技术三个方面。管理性的标准规范包括计算机安全法规与标准，工作人员、用户及设备管理规范，利用管理规定数字档案信息资源合法性的确认等。业务性标准规范包括术语标准以及相关电子文件和电子档案管理的标准、规范。技术性的标准规范可分为硬件、软件、数据标准等三个方面。硬件包括计算机、网络服务器、网络通信等电子设备，软件包括系统软件和应用软件数据，标准是确保档案的通用、共享与交换，确保在软硬件环境变化时档案数据的完整、安全与有效。

二、档案信息化基本设施的建设

软硬件的基础设施建设。网络的建设是以计算机为基础的。它是用基本设施和线路，将多个计算机连接起来，再用网络的信息软件进行信息的传递，实现资源的共享。网络的建设是以计算机为基础的。网络硬件的基础设施主要包括网络的布线、交换机、路由器、配线柜、电源、终端计算机、输入输出和存储以及编辑等设备形成完善的网络系统。软件系统包括网络管理软件、服务器数据管理、互联网的节点控制等。

网络的数据库建设。用现代化的管理方式代替手工管理方式，对收集来的档案信息资源进行信息化的处理和存储。数据库是档案网络化建设的重要组成部分，是重要的网络资源，要加强网络化建设，就必须加强数据库档案资源的信息化建设。

数据库管理人员的培养。数据库管理队伍的建设是档案信息化建设的重要组成部分。当前档案管理的整体素质建设与信息化建设的总体要求还有较大的差距，因此档案信息化建设必须依靠加强人才队伍的建设来提升和改造传统的档案管理和利用方式，在档案信息化建设的过程中，整个人才队伍的建设包括：一是档案信息化建设的组织领导体系。负责档案信息化建设的决策、规划、推进、指挥，为档案信息化建设提供良好的工作环境。二是具有领导能力、具有组织领导责任的领导人。这些人具有信息化的意识和时代的紧迫感，能够在自己的领域内，大力推进档案信息化的进程。三是数据库管理人员。他们负责档案信息化建设具体内容的实施，他们是档案信息化建设的骨干力量，现有的大部分档案管理人员缺乏信息社会应有的整体素质，所以目前人才建设的重点是立足于现有人员的培养提高，培养档案管理者的整体素质，尤其把数据库管理人员作为重点培养的对象。

三、档案信息资源的建设

档案信息资源的开发利用是信息化的核心工作，是信息化工作取得实效的关键。目前，我国信息资源在开发利用中还存在许多问题，信息资源的开发不足，利用效率不高，基础设施和应用系统落后，政务信息公开不快，跨部门信息共享困难等，所有这些都严重制约了我国档案信息化建设的发展。档案的信息化建设要想在信息化的社会中求得生存和发展，就必须把档案管理融入信息化的网络环境中，才能提高档案的利用率，提升档案自身的利用价值。

档案信息资源包括的主要内容：一是接收的电子文件档案。对电子文件的接收和管理是档案信息资源建设的重要内容。二是馆藏档案。馆藏档案是目前最主要的信息资源的来源，是目前档案信息化建设的重点工作。三是网络信息资源的获取。档案信息化建设是我国信息化建设的组成部分，所以它的发展不可能离开整个社会信息化的大环境，档案信息化建设要想不断得到发展，就必须扩展自己的工作思路和范围，这样才能给信息化建设以更大的发展空间。四是其他资源的获取。档案信息资源还包括信息人员、信息技术、信息系统等。

档案信息资源建设的构成体系：一是数字化处理前的准备。档案信息从数字化处理角度可以分为符号信息、静态视频信息、动态视频信息和音频信息。每一种信息都有不同的处理方式，因此要对不同的信息制定不同的处理方案，最大限度地将档案实体上的信息保留下来。因此，档案信息数字化前的准备工作，对数字化档案信息的质量起着十分重要的作用。二是数字化处理子系统。这一部分是整个系统的核心部分，它利用各种设备系统对不同类型的档案信息分别进行处理，然后进入数据库，进行必要的组织和管理。它包括电子文件的处理系统、对电子文件的接收和实行统一规范的管理以及提供网上查询利用服务。三是数据存储子系统。系统可以按不同类型存储在各类数据库和文件系统中。四是档案馆藏数字化处理系统。它是对非数字化的档案采取不同的方法进行数字处理，成为统一的数字化档案信息。

四、档案信息资源数据库的建设

档案信息资源数据库是档案信息化建设的核心部分，档案信息的数字化、网络化工作都要围绕着数据库建设进行，其工作结果都要存储在数据库中，数据的质量对于数据库的质量起着实质性的作用，其建设要以国际、国家标准为依据，为此必须做到数据的准确性，要保证存储的数据规范、准确。数据准确是对档案数据的最基本的要求，数据的规范要求档案数据库的数据著录项目须符合规范要求，对于目录数据库的建设要依照事先确定好的著录标准进行数据库建设。要做到数据的有效性，要采用通用的标准文件格式记录档案数据，特别是对一些图形、图像、声音等全文信息，要采用标准和通用格式进行记录，降低未来有可能进行的数据存储格式转换和数据迁移的成本，以杜绝馆藏数据无法读出的情况的发生。最后是数据的稳定性，档案建设重要的数据库结构、数据著录标准确立后，不能轻易变更，以维护系统的稳定和数据规范的连续性。

第三节　档案信息化管理与建设的任务

一、档案信息化数据库建设

《全国档案信息化实施纲要》明确指出，档案信息化建设的指导思想是以档案信息资源建设为核心的，档案信息资源建设的最重要体现，便是档案信息数据库。它既集中了档案信息的精华，又是社会利用档案信息的最主要源泉，理应成为档案信息化建设中的主要任务。

（一）档案信息化数据库的性能指标

收录数据的准确性。数据库中收录的数据是否准确、可靠，关系到档案检索系统的检索效率。数据的任何差错，如字符的不一致、格式的不统一、拼写的错误等，都会对计算机检索产生影响，尤其在数据型数据库中，数据的不准确通常会造成严重的后果，可能降低信息系统在用户心中的可信度，会使用户对信息的准确性产生怀疑。

数据记录的完整性是评价数据库质量的首要指标。数据库覆盖面的大小、收录数据的完备程度，关系到它是否能全面满足用户的检索需求，这是取信于用户的基本前提。

信息内容的丰富性。信息内容的丰富程度是揭示信息特征的重要指标。如对一份档案著录项目的翔实程度、有无摘要、外文、标引深度的大小。数据库的内容越充实就越有助于用户判断档案的价值及其切题程度，从而帮助用户准确、快速地找到所需的信息。

数据库的及时性。数据库的及时性主要指一份档案从形成到纳入数据库之间的时差。如果用户先看到原始档案，然后再从数据库中检索到所需的信息，就会认为数据库提供的数据不及时，数据库的及时性对于现实效益较强的科技档案尤其重要，数据库的时差越短，其价值就越大。

数据库的成本效益。建立数据库需要花费大量的人力、物力，因此经济成本是衡量与选择数据库类型的重要指标，应尽可能用最低的成本获得最大的效益。计算数据库成本的指标包括每个字段、每条记录的平均费用以及每次检索每次命中记录的平均费用等。

（二）档案信息化数据库的组成和功能

数据库、数据库管理系统和数据库系统这几个概念通常被混淆，其实它们是三个不同的概念。通常人们所说的数据库是指数据库系统，一个数据库系统是一个实际可行的，按照数据库方式存储、维护和向应用程序提供数据或信息支持的系统。它是存储介质、处理对象和管理系统的集合体，通常由数据库、硬件、数据库管理系统和数据库管理几部分组成。对于档案库来说，还应包括档案信息数据。

数据库就是存储信息的仓库。这些数据被存储到计算机中，使人们能快速方便地对数据库进行查询、修改，并按一定的格式输出，从而达到管理和使用这些数据库的目的。硬件机制存储数据库和运行数据库管理系统的硬件资源包括物理存储数据库的系统和其他外部设备等。数据库管理系统是负责数据库的存取、维护和管理的软件系统。

数据库系统改正了以前数据管理方式的缺点，试图提供一种完美的更高层次的数据管理方式。它的指导思想是对所用的数据实行统一、集中、独立的管理，实现数据共享。数据库系统管理方式具有数据共享、数据结构化、数据独立性、统一数据控制功能等特点。

（三）档案信息化数据库的构成

档案信息数据库中的各类档案数据，不仅包含馆藏档案的各类信息，如纸质文献、照片和音频、视频资料，还包括政府的公开信息，从而使档案管理资源库通过计算机通信网络连接成为大规模的知识库群。离开了这些数字化信息的资源库，档案馆信息化建设就成了无源之水，无本之木。档案数据库存在的档案信息种类繁多，既有案卷级目录信息和文件级目录信息，又有全文信息数据，以及专题目录数据和视频目录数据等。不同类型的档案数据库，通常和不同类型的应用软件相配套使用。目前，档案信息数据库的建设主要包括以下几个方面：

档案全文信息数据库建设。档案全文信息数据库是最实用也是最受社会不同层次利用者欢迎的数据库，因为这些全文信息通过网络环境，有可能使各方面的利用者不受空间的限制，以便方便得到利用。建立全文信息数据库关键是档案文献数字化的前处理工作。

档案文件级目录建设。档案文件级目录一般包括重要文件级目录和案卷文件级目录。档案文件级目录建设至少具有两个优点：一是有利于用户对有关档案文献做更深度地检索和查阅，使查找更具有专指性；二是有利于与档案全文信息数字化开展相匹配。由于文件级目录建设耗时、耗力，一般以馆藏重点全宗档案为对象。

档案案卷级目录建设。案卷级目录是档案资源建设最基础的数据。在档案信息化的建设中，档案案卷级目录应涵盖档案馆全部馆藏，必须达到馆藏要求，其内容包括馆藏各个时期和各种载体档案的目录。

照片档案目录建设。照片档案目录是最受重视的专题档案目录之一。它有三个特点：一是著录项目多，与普通纸质文件相比，照片档案的著录项目更为齐全，因而其揭示的信息特征更多。二是照片目录与数字化或图片文件数据相关联使用。照片档案目录建设的关键是每条目录数据著录项目的完备性。三是分类标准独特，与普通纸质档案比，照片档案的分类更切合档案馆藏的实际，使用者更易接受。

专题档案目录建设。专题档案目录是目前最热门的电子档案检索工具之一，是以真正提供利用为目的、方便利用者的检索工具。它积聚了馆藏中有关档案专题的所有案卷级目录和文件级目录，这些目录包括全宗的目录集合体。专题档案目录建设的内涵包括档案内容、档案文本或档案载体等。专题档案目录建设的关键是对有关专题的选择和确定，需兼顾馆藏特色和社会利用需求。

二、数字档案的收集

数字档案馆主要收集各个立档单位的电子文件以及各立档单位经过数字化处理后的传统档案，是档案馆数字档案信息的重要来源。

电子文件的收集。由于电子文件和纸质文件的生成背景和发挥作用的不同，造成其收集方法和要求也不相同。如"无纸化"的电子文件，不仅要收集积累，更要有严格的安全措施，因此可制作成拷贝文件，以免电子文件系统发生意外使文件信息丢失；起辅助作用或正式作用的电子文件，应及时收集与整理，并与其相应的纸质文件之间建立标识关系；草稿文件一般不予保留，如果出于对所保留电子文件重要性的考虑，则应对其进行收集和积累。

在进行电子文件的收集时我们应具体问题具体分析，不能用同一种收集方式。因不同信息的电子文件，由于其技术特性不同，存储载体和记录信息的标准、压缩算法也不同，所以应分别采取措施保证其"原始性、真实性、完整性"。另外，与纸质文件不同，电子文件的读取、还原，离不开其生成的软硬件环境和元数据等，所以电子文件的收集、积累还必须包括这些内容。

电子文件的类型多种多样。按形成电子文件的性质分，有文本文件、图形文件、图像文件等；按电子文件的功能分，有各种公文、文本文件、设计文件、研究试验文件等。对电子文件的收集、积累应包括归档范围内所用的电子文件，对未列入收集归档范围的电子文件，有的也要收集，因此需要对一些项目做补充归档或扩大归档。所以，归档人员需要了解一些未列入和接收的电子文件的形成、承办情况，有的要及时主动收集。特别是对个人电子计算机产生的电子文件的收集工作，实践性很强，错过时机，电子文件就有失散、损毁的可能。

电子文件归档的具体形式和要求。电子文件归档的形式概括起来主要有三种形式，即物理归档、文本转换归档和逻辑归档。物理归档是将带有规定标志的电子文件集中拷贝到耐久性能好的磁、光记录介质上，一式三套。一套封存保管，一套供查阅使用，一套异地保存。这种归档方式缓解了紧张的存储空间，并且延长了数字化电子文件的寿命。拷贝归档，通常采取压缩归档和备份系统归档手段。压缩归档即采取数据压缩工具，对电子计算机网络上应归档的文件，经过一段时间积累后进行压缩操作，录入磁、光记录介质上。这种方法通常对将来的电子档案管理有利。备份系统归档，即在电子计算机网络环境下，将归档的电子文件在网上进行一次备份操作，就可将归档的电子文件记录在磁、光记录介质上。为保证电子文件的真实性，在归档电子文件时也将记录日志和数据库都备份到磁、光记录介质上。

文本转换归档是将电子文件转换成纸制文件归档，并使纸制管理系统与电子管理系统建立互联关系。这种归档方式是为了适应现有的科技水平，保证电子文件的原始性和凭证价值而采取的措施，但存在局限性。

逻辑归档是指电子文件的管理权从网络上转移到档案部门，在归档工作中，电子文件的存储格式和位置暂时保持不变。这种归档方式解决了许多机关"收集归档难"的问题，并使档案部门对其予以接收的电子文件有了控制权。

目前电子文件归档分三步。首先由电子部门和文书处理部门合作，在电子文件的形成或收到的同时，对被列入归档范围的文件进行逻辑归档；在有逻辑归档标识的电子文件办理完毕后，有专人对电子文件进行真实性和完整性的检验，检验无误的纸质文件与该电子文件的物理载体建立互联并一同归档；最后对有逻辑归档标识的电子文件定期进行物理归档。

加强电子文件归档管理的标准化建设。电子文件是电子政务和电子商务发展的必然产物，它必须有标准化、管理的现代化。因此，有必要对电子文件著录标准化、存储格式化和元数据标准化等电子文件标准化管理中的基本问题进行深入的研究，尽快使电子文件的管理全过程做到有章可循，保证电子文件从生成到归档管理上的连续性和规范性，为最终确定电子文件的法律效应创造必要的条件。

制定科学的电子文件归档标准是当前我国档案管理标准化工作的重点，也是加强电子文件管理的一项有力的措施和必要的途径。制定标准应充分重视以下几点要求：第一，明确当前急需攻关解决的标准，如电子文档的归档标准、电子文件著录格式标准、电子文件的储存格式标准等。第二，提倡使用统一的软件。通过统一的软件，使电子文件归档管理逐步纳入规范化的范围内，由档案行政管理部门与专业软件公司共同技术攻关，合作开发通用软件，并逐步在各级档案部门中推广使用，将是一条切实可行的途径。第三，与计算机行业联手合作，区分档案部门内部制定的标准和档案部门与计算机行业联手制定的技术标准，尤其是后者要列入规划，最终构成完整的电子文件归档管理标准体系。

电子档案的接收和迁移。按档案存储法的有关规定，电子档案到了一定的年限就应向综合档案馆移交，其中包括目录和全文信息。综合档案馆的收集一般采用介质接收和网络接收两种形式。介质接收即用存储体传递的电子文件，如磁盘、光盘，进行卸载式离线报盘接收，一般按规定进行登记、签署，对于更改处，要填写更改单，按更改审批流程进行，并存有备份件防止出现差错。网络接收即在电子计算机网络系统上进行在线接收，系统应设计自动记录功能，记载电子文件的产生、修改、删除、责任人以及记录数据库的时间等，并在进入数据库之前，对记有档案标识的内容进行鉴定、归档和接收入库。

在数字档案的接收过程中，我们从一个网络的数据库中，将数据导出到磁、光介质，再将这些介质接到另一个网络，将数据导入其数据库，从而完成从一种技术环境到另一种技术环境的转换，使数字信息发生了迁移，在数字信息迁移过程中，要注意三个问题：一是确保档案信息内容的真实和维护使用功能。对于那些在不同操作系统之间迁移的数字信息而言，即使不可能保持原格式外观，也必须保证内容和使用功能的不变。二是降低迁移成本和风险。数字信息迁移需要考虑迁移成本和可能存在的风险，因此要考虑合适的迁移间隔时间。三是确保信息内容的原始性和完整性。

三、馆藏档案信息数字化

馆藏档案信息的数字化是档案信息建设的一个重要组成部分，其主要目的是利用计算机、扫描设备、图像处理技术等现代信息技术将传统的介质存储的各类档案，根据需要进行数字化处理，以积累数字档案资源。档案馆经过几十年的建设，不仅将各种档案信息组织化和有序化，而且形成了丰富而独特的档案文献信息资源。在档案馆收藏的大量经过整理、分类的档案文献资源，除极少数在其形成的过程中和前期运行阶段就采用了数字化记录形式以外，绝大部分是纸质档案。针对这一现状，现阶段和今后一段时间内，对纸质档案信息进行数字化转换，便成为档案馆藏数字化的中心任务。

（一）馆藏档案信息数字化的工作内容

馆藏档案信息数字化主要包括两项任务：一是将传统载体的档案目录进行数字化，二是将档案内容进行数字化。

档案目录数字化的主要工作是对载体档案进行编目，并将目录信息录入到计算机中，建立档案目录数据库，利用管理信息系统实现档案目录数据的计算机管理和目录信息的资源共享。

　　档案内容数字化的主要工作是馆藏的纸质、录音、录像、照片等档案，通过扫描、加工、处理转变为文本、图像、图形、流媒体等数字格式信息，存储在网络服务器中，利用计算机及信息系统提供查询、检索和浏览。

　　档案内容数字化工作包括数字化预加工和深加工两个步骤，数字化预加工能够将纸质档案、照片档案、微缩胶片等转变为电子图像文件，但不能将纸质档案上的文字信息进行完全处理；数字化的深加工则是利用技术含量较高的语言识别处理技术获取载体档案中的文字信息，方便提供全文检索。

（二）馆藏档案信息数字化的业务流程

　　数字化的预处理。预处理是数字化加工的第一步，其主要的工作是将馆藏的实物档案，比如纸质档案、录音、录像、照片、微缩胶片等按照数字化加工的轻重缓急原则进行筛选，然后再按照下一步数字化处理工作的具体要求做拆分、分类、整理、模数转换等处理工作。此环节中的安全风险主要来源于公共环境等人为因素，主要安全任务是防火、防抢、防盗、防泄漏以及防止因错误操作而导致档案受损的事故的发生。因此，该阶段采取的安全防范措施是：按照加工工序制定严格的安全管理制度，明确各项工作的岗位职责，并严格监督执行；启动档案馆的安全监控系统，实行实时监控，一旦出现问题应立即采取措施。

　　数字化加工与转换。就是将传统的档案转换为数字形式标识的档案信息资源，其主要工作包括：纸质档案的扫描、录音、录像、数码拍照的数字化转换以及微缩胶片的数字化等。本阶段安全问题主要是加强对损坏程度比较严重的纸质，又很薄、很难直接进行扫描或者无法采取扫描方式进行数字化的历史档案的处理。本阶段的安全重点是数字化过程中原件的保护，必须在大量实践经验的基础上，选择科学、合理的数字化加工与转换技术与指标开展工作。

　　信息的处理。信息处理的主要工作是将数字化后的图像文件、多媒体信息等与档案的著录信息进行关联的重要过程，也是整个数字化工作的重要内容。首先是档案资源的编目、标引等基础数据的录入和处理等工作，将图像与多媒体文件对照原始档案而进行的核对、压缩等处理工作，无论是纸质档案还是录音、录像档案，通过模拟到数字化的转换后，都可能造成一定程度的数据丢失或信息失真。因此，本阶段的安全重点是保证档案数字化后能够被存储、保存和利用，并考虑如何将失真度降到最低的问题。

　　信息的存储。经过处理的数据需要存储到网络环境中并提供利用，而不仅仅是存储在光盘上保存在库房做档案备份。因此，应根据数字化的存储容量及网络化的利用要求，选择网络存储设备、考虑数据库与电子文件存储和被访问的方式，因此这一阶段安全的重点是考虑电子文件的存储和保管的安全模式，严格按照档案管理的标准开展规范化操作。

信息的利用。这一阶段将采用计算机应用的软件系统，按照档案法及本单位的管理规范，将数字信息发布到网上，并提供不同网络范围内的不同数据内容的档案利用。本阶段安全防范的重点是：系统用户权限的严格管理、对访问系统中用户身份的严格认证以及内网、外网计算机之间的访问、控制等安全问题，同时还要严格管理网络上各服务器、客户端等计算机系统的运用，并防止应用程序受病毒的感染、网站受黑客的攻击等非安全因素的发生。

（三）馆藏档案信息数字化方案的确定

选择什么样的保存方式是进行馆藏信息数字化的关键。由于档案馆保存的档案数量众多，不同档案的价值信息和开放利用的时间不相同，对不同档案的保密程度也各不相同。因此在档案信息化之前，档案馆必须确定哪种信息可以数字化，哪种档案信息资源目前不需要或者暂缓数字化，哪些资源应优先数字化。最后选择何种方案，应当紧密结合馆藏的具体情况和社会利用发展趋势做出判断。目前主要有以下几种形式：全部馆藏数字化，采用此方式是将传统的档案馆全部馆藏信息数字化，建立数字档案馆，完全继承了传统档案馆的全部信息资源。这是理论上最彻底的数字化方案，对利用者来说是最理想的。这种方案比较适应那些馆藏档案数量较少，开放档案占据馆藏档案绝大多数的档案馆。对于那些馆藏数量众多，利用率较低，且档案数量大、需要控制利用档案的数量较多的档案馆，从降低成本和效益的角度来考虑，不一定是最佳策略。

高利用率馆藏数字化。这种方案在一定程度上可以起到降低成本、提高效益的作用，但具体实施有一定的困难。一般来说，不同用户所需要的档案信息，在范围和重点方面有不同的特点，且对不同类型的档案信息的使用频率也不同。另外，一部分高利用率的档案具有时效性，因此档案馆向利用部门提供一份较长时间的利用反馈报告，可能会有助于对馆藏高利用率档案的合理选择。

珍贵馆藏数字化。从理论上说这是最合适的方案，其难点是对"珍贵档案"必须具有可操作性的诠释，这种可操作性应是建立在对馆藏档案资源熟悉和价值判断的基础上。一般来说，那些高龄档案，可能会涉及某一地区重要机构、重大事件和重要任务的档案，在同类档案文献中较为稀少的档案等，都可以列入珍贵馆藏之列。一般来说，这部分档案的利用率是很高的。

即时利用数字化，对部分档案并不数字化，只是到利用时才进行数字化。这是最具功利色彩的"用户至上"的方案。所有用户不需要的馆藏均被排除在外，这是该方案最突出的优点，但也是最致命的弱点所在。用户的即时需求有很大的偶然性，过分考虑这一需求，无疑会提高档案馆数字化的经济成本。

总之，选择什么样的信息化策略应根据实际需要来定，不考虑实际需要单纯地选择某一种方案都会导致片面的结果，如何兼顾馆藏具有永久价值的档案和用户当前的信息需求，将几种数字化的方案有机地结合起来，才是馆藏档案数字化的最佳方案。

四、数字档案馆信息化建设

广义的数字档案馆是指存储、利用档案信息资源的信息空间，是一个由众多档案资源库存、档案信息资源处理中心、档案用户群构成的数字档案馆群体。这个数字档案馆群体是建立在现代信息技术普遍应用的基础上，利用数字化手段，是以综合档案信息资源为处理核心，对数字档案信息资源进行收集、管理，通过高速宽带通信网络设施相连接和提供利用，实现在线资源共享的超大规模、分布式数字信息系统。简单说，就是利用电子网络远程获取档案信息的一种方式。因此，广义的数字档案馆不是一种物理存在，而是一种虚拟的信息组织与环境利用。

狭义的数字档案馆是指在某个具体的个体档案馆，除了馆藏档案数字化外，还涉及档案信息的采集、整理、存储、检索、传递、保管、保护、利用、鉴定、统计等全过程，代表的是一种信息环境和基础设施的构建，包括软硬件系统的设计和组织实体的建立，具体内容有：对应归档的电子文件及其元数据，开展馆藏档案的数字化，实现馆藏各种档案实体的自动化管理，以网络连接为基础并提供各类档案信息资源，组织对数据的有效访问。

数字档案馆信息化的特点：第一，接收档案的数字化程度高，即档案馆可以及时对电子政府和立档单位的电子档案、电子文件实行卸载报盘接收，或网络在线接收。第二，档案信息在线共享程度高，即不仅可以接收在线的网上信息，而且可以与众多的档案信息资源库相连接，或借助档案目录中心的构建形式，实现广泛的信息资源共享。第三，对不同信息技术的容纳程度高。数字档案馆以信息技术为基础，充分利用了多媒体信息处理技术、数据库技术和内容的检索技术等。第四，实体档案的数字化程度高，即利用者借助计算机检索系统，可以实地或在线查阅到丰富的档案目录信息和档案全文信息。

数字档案馆建设的有关内容十分广泛，其主要的建设内容主要有：基础设施建设、应用系统建设、信息资源建设和标准规范建设。

基础设施的建设。数字档案馆与一般的档案馆相比具有海量存储、用户多和长期接收服务请求等特点，需要稳定可靠、可扩展的运行系统做保障。基础设施建设包括网络更新建设、硬件更新建设和系统软件建设等。数字档案馆网络工程的建设根据服务对象的不同可分为三个层面，即档案馆内部网、与政府各职能部门相连接的政务网和与互联网连接的外部网，这三网之间可以适应物理隔离，并各司其职。硬件设施主要包括数字化加工设备、网络设备、服务器、存储设备和输出设备。系统软件包括计算机的监控管理程序、调试程序、语言翻译程序、数据库管理程序、数据通信程序及操作系统，其中计算机操作系统是系统软件的核心，它独立于计算机是控制和组织计算机活动的一组程序，是用户和管理的接口，是整个系统运行的基础。

应用系统建设。数字档案馆的应用系统是一个可根据需求进行扩展的网络应用系统，其功能通常包括档案的数字化加工，档案信息的收集、录入、检索、利用、编研；具有可扩展和使用特性。应用系统的开发必须具备开放性和扩展性、易用性和易管理性、稳定性、安全性等。

信息资源建设。信息资源是数字档案馆的核心资源，因此信息资源的建设是数字档案馆建设内容的核心。信息资源主要是来源于传统档案馆馆藏、各立档单位的材料、专题信息数据和政府公开信息等。

传统档案馆收藏的大量纸质、声像、微缩等传统介质的档案资源是数字档案馆重要的信息资源。通过多媒体技术和数据压缩技术等手段，将可以公开的馆藏载体的各种文献数字化，能充分发挥档案馆的资源优势，加强档案馆的资源建设工作。除传统介质的档案文献外，各传统档案馆馆藏的各种在电子环境中生成的电子档案也是数字档案馆的重要采集范围。

各立档单位的档案文献和目录也是数字档案馆的重要收集内容。随着办公自动化的广泛普及，各立档单位产生出大量的电子文件和电子档案，按照档案移交的有关规定，到达一定的年限要通过网络或介质向档案馆移交，其中包括档案文献全文或文献目录。

专题档案数据已经成为档案馆资源建设的新生力量，其中包括各种备受社会关注、社会利用需求集中的、具有档案性质的政府或行业信息。专题信息数据包括全文信息和目录信息两种，且大多以电子形式报送传统档案馆。

政府公开信息。各政府职能机构现实产生的可公开政府信息，尤其是其中的行政规范性文件易被社会各界所关注，其查阅量之大、需求之集中、访问量之多，在一定时间段内，已经接近甚至超过了档案文献的利用率。政府公开信息大多生成于电子环境中，并且以电子文献的形式报送传统档案馆，所以将成为数字档案馆资源建设的重要来源。

标准规范建设。标准规范是实施数字档案馆工程的重要基础之一。面对数字档案馆资源形式的多样性以及社会对数字资源共享要求的广泛性，传统档案馆应根据国际标准和通用标准规范，确保数字资源内容的长期保存、数据交换、资源管理和安全实用。一个完善的标准、规范体系的制定，应借鉴国内先进的相关标准、规范，考虑国家之间信息化接轨，优先采用相关的国际标准、规范，并在使用过程中进行必要的本地化工作。数字档案馆的标准化建设包括管理性标准规范、业务性标准规范和技术性标准规范。

第四节　档案信息化管理与建设的原则

档案信息化建设是档案部门为了适应社会信息化建设的需要，根据当前社会对档案信息资源的利用需求，通过利用现代计算机技术和网络技术，将反映馆藏档案内容和形态特征的目录信息以及部分馆藏档案主题的信息进行数字化处理，以数字化的方式，方便快捷地为社会各界所利用的过程。这一过程涉及了大量的信息资源的著录、部分档案信息资源的整合等基础性的工作，也涉及按照各种不同的信息的检索利用等要求进行一系列方便系统利用的系统功能的开发工作，因此在人力、物力上必然会进行较大的投入，是一项十分庞大的系统工程。

档案馆信息化建设的具体措施，必须在科学、缜密的思想指导下进行，才能少走弯路，以较少的投入，取得最大的效益。但在实际运行的过程中，这些缜密、科学的指导思想是根据社会信息化发展的一般规律，并结合档案信息化自身的特点总结和提炼出来的，在具体实施档案信息化建设的过程中，这些科学、缜密的指导思想便转化为必须遵守的原则。因为档案信息化建设本身是社会信息化的一个方面或一个组成部分，因此社会信息化实施所应遵循的原则，同样适用于档案信息化建设，如信息共享原则、以人为本原则、信息化建设可持续发展原则等。下面所阐述的几项原则，主要是针对档案信息化建设而言的，即在考虑信息化建设固有规律的同时，还要注重档案馆自身信息化建设的特点。

这些原则有的已被其他行业信息化实践证明是行之有效的，有的则被一些档案部门已有的实践所检验，因此贯彻这些原则，对于确保档案信息化建设的顺利进行和收到实效，具有十分重要的意义。当然，随着档案信息化建设的不断深入，这些原则所包含的思想和理念也将不断地丰富和发展。

一、协调发展的原则

档案信息化作为一项规模庞大的系统工程，从工程的组织实施来说，其固有的规律是各个子系统之间必须协调发展，这是档案信息化建设必须遵守的一项基本原则。

（一）同档案馆的基础工作协调发展

档案信息化建设需要进行大量的基础工作。其主要的工作在于各种档案信息的加工和集成，离开了这些基础工作，档案信息化建设就成了一句空话。因此，档案信息化建设必须贯彻同基础工作协调发展的原则。在基础工作中，档案信息的著录和输入是最基本的内容。档案信息的著录根据利用的要求可以有多种形式，通常用的是档案著录和文件级档案著录。档案案卷级著录体现着国家的有关政策，对一个案卷的内容进行著录，产生几项重要的知识性信息，从而揭示这一案卷在内容、载体方面的重要特征。

文件级著录级别较高，针对性较强，因此，在著录的过程中投入的人力、物力也相对较大。因此，对于一般的档案馆一般并不一定要求要实行档案馆藏的文件级著录，可以根据实际情况进行分步实施，可以选择一些比较重要的档案进行文件级著录。对于档案馆藏较少的档案馆，在人力、物力条件允许的情况下，可以考虑实行所有文件级著录。信息的输入包括已经著录的文件级条目和文件级条目的输入，也包括档案信息的全文扫描输入和相应关系的建立。这些工作从技术层面上并不复杂，但由于工作的程序复杂，工作量较大，因此在信息化实施的过程中绝对不能忽视，必须与基础工作同时考虑，严防由于基础工作没有及时完成而影响了整个信息化建设的进程。

（二）同信息技术的开发利用协调发展

信息技术的综合利用是档案信息化建设的难点。信息技术的综合利用，包括各种信息软件的开发、硬件配置的集成、网络环境的构建。大量的实践证明，信息化能否取得实效，其预期的效果能否达到，系统软件的开发和利用十分重要，信息化建设的先进性就在于此。同信息技术的开发协调发展是指要充分重视与信息化建设密切相关的系统软件开发和应用的重要性，在考虑做好丰富馆藏和加强著录信息化前期工作的同时，必须把实现效能的系统开发软件放在重要的位置，加大投入的力度，进行广泛的调研论证。

在进行系统软件开发的过程中，我们应积极采纳先进的技术成果加以利用。然而随着信息技术的不断发展变化，任何最新技术都是相对的，因此在新技术的应用方面，我们必须面对现实，实事求是。我们必须认识到系统软件开发完成后，其功能的不断完善还需要一个渐进的发展过程。而系统的开发者多数是对档案业务不熟悉的计算机技术人员，他们对系统软件的需求、结构和功能的认识有一个逐步深化的过程，而信息技术的实现是各种设想和技术整合后的具体体现，因此许多技术软件在当初开发时都还不十分成熟，需要在以后的实践中不断地补充、发展和完善。因此，在信息化的建设过程中，切实贯彻同信息技术的开发、利用、协调发展的原则十分必要。

（三）同馆藏信息一同协调发展

档案信息化的根本目的是实现资源的社会共享，决定档案信息的功能和作用的发挥是看资源本身给社会提供了多少有价值的信息，所有这些都取决于档案馆藏的数量和档案资源的丰富程度。如果一个档案馆的馆藏达到了一定的程度，结构也比较合理，信息的种类也比较齐全，那么信息化就有了比较好的资源基础，在实施信息化的工程中就不会感到在档案的门类等方面存在较大的缺憾。反之，如果一个档案馆本身的数量有限，资源的种类单一，再加上自身结构的不合理，那么信息化的发挥将会受到很大的阻碍，因此在信息化之前，档案馆自身馆藏的实际情况是一个必须考虑的基本因素。由于历史的原因，我们无法改变档案馆已有的馆藏，但我们可以扩充现有馆藏的品种和数量，可以通过征集等措施尽可能增加馆藏的数量，达到档案信息的多门类、多品种；为档案信息化建设提供较为丰富的资源基础，避免因为馆藏不足影响信息化建设进程的事情发生。

（四）同实际应用协调发展

档案信息化的目的在于利用，不是为了信息化而信息化，因此在信息化的过程中必须贯彻同档案利用工作协调发展的原则。也就是说，必须以社会对档案利用的需求为导向，来规划和调整信息化的实施步骤。一方面，要以利用率高的信息作为信息化的重点内容，使信息化有一个牢固的使用基础，充分显示其对社会的适用性；另一方面，要根据社会利用需求的发展趋势，进一步扩大档案的利用范围，充分发挥档案信息的内在潜质，对信息化建设做全面的统筹和规划。另外，档案信息化建设是一个长远发展的战略性建设，其信息化的过程也是一个动态的发展过程，因此我们必须对信息化做出一个长远的发展规划，信息化是一个长远的动态发展过程，所以在信息化实施的过程中，必须根据社会对档案利用的需求变化，对要调整的档案门类和品种进行及时的调整，避免关起门来自己建设的封闭做法。因此信息化建设要贯彻协调发展的原则，必须重视信息化建设同实际应用协调发展的原则。

二、分步实施的原则

　　档案信息化建设是一项庞大的系统工程，因此它的建设不可能在短时期内完成，由于各地档案馆的实际情况不同，有的档案馆的信息储存量多，信息化需要投入的人力、物力较多，同时由于计算机技术的发展变化较快，实现信息化在硬件上的投入较大，也不可能一步到位。因此，信息化建设必须实行分步实施的原则。它的实施包括信息资源的分步实施和系统功能的分步实施两部分的内容。

　　信息资源的分步实施。档案目录信息资源的建设是信息资源建设的重要内容之一，它建设的主题内容包括本身的馆藏目录和本地区所用的档案目录建设两部分。这两部分资源覆盖的范围不同，基础条件也不同。对于建设本馆所藏的档案目录来说，需要从馆藏结构特点出发进行规划和设计，提出整体规划和设计要求，然后再组织实施。对于覆盖地区范围的目录中心，由于地区方位内各档案机构的基础状况不同，目录的数据结构不同，首先要对能够在同一平台上运行的目录进行整合和转换。在整合转换的过程中需要解决许多技术问题，必须以科学的态度，逐一加以解决，因此在构建目录中心时，必须根据具体情况制定具体措施，分步组织实施。对于那些基础性、专题性和全文信息的实施步骤，一般是把基础性的信息作为信息化的第一步内容；把专题性的信息作为信息化的第二步；把全文性的信息作为信息化的最后内容来处理，这也是根据信息实际操作方便的难易程度以及人力、物力的投入多少等因素综合考虑后，来实施的分步策略。

　　系统功能开发的分步实施。档案信息化的利用程度在很大程度上取决于系统功能软件的实现，关系到以计算机技术的应用为主题的系统功能的开发。一般的开发原则是，考虑到系统开发的费用巨大，计算机技术的迅猛发展，系统功能的开发可采用分步实施的原则，急用、利用率高的先开发，拓展性功能可以缓慢开发。系统功能的分步开发在经济上可以避免一次投入过大的开发经费，减轻经济上的压力，在安全性上可以防止重大失误而导致整个信息化实施的重大挫折，从系统功能的最佳实现来说，由于采用了不同的计算机技术，有利于技术的及时更新，保证系统功能与最新技术的接轨。

三、安全的原则

档案的安全管理是信息化建设的首要前提条件。档案安全本身的重要性是由档案本身和档案管理的性质所决定的，档案信息化的建设必须充分考虑到安全问题，正确处理好方便、高效与安全管理的关系。一般来说，数字化的档案存储应该使用带自动备份功能的服务器，配置备份信息设备，如光盘库、专用网络存储设备，对备份信息实施迁移。同时，使用安全介质定期刻录备份信息实行异地保管。

数字档案的安全保障必须建立严格的管理制度和操作规范，必须实行有效的网络安全措施，必须采取严格的授权管理系统。安全保障的原则主要包括：①密级区分原则。即对密级档案实行物理隔离并落实责任到人。②内外区分原则。将开发档案信息与内部业务运行过程的信息实行隔离。③用户区分原则。将档案管理人员和档案形成人员，内部用户和公共用户加以区分。④系统区分原则。将档案信息管理系统及其网络化归档、信息共享、辅助决策等子系统加以区分。

四、应用性原则

档案馆在实施信息化管理与建设的过程中进行的馆藏档案的信息资源整合和集聚，建设档案信息资源共享体系时，其主要任务是将能揭示和反映档案主要内容和原形特征的目录信息、相关原始档案信息，经过现代计算机技术的应用，进行海量存储，并通过多种检索途径，顺利快速的实现直接查阅利用。要取得这些海量档案信息利用的理想效果，要涉及很多的工作环节，需经历多个阶段。一般将档案信息资源的整合和开发作为信息化的前处理工作，不管前处理工作多么复杂，其最终的目的是为了实现档案信息工作的有效利用。为此，档案馆在实施信息化建设的过程中，首先应该贯彻的原则是实用性原则。实用性原则的指导思想，是所有在信息化过程中被整合处理的档案信息，必须能够适应各种利用需要。也就是说，档案信息化必须以社会各方面在相当长一段时间的利用需要为原则。

获取知识的第二课堂。档案馆除了具有查考和存史的功能外，还具有传播知识的功能。档案馆蕴藏着丰富的馆藏文化以及本地区经济社会发展的档案资料，这些丰富的档案资料对于社会公民以及青少年了解本地区的文化发展来说都是不可多得的珍贵史料。

我们可以把档案馆当作是学生获取知识的第二课堂，这样既能使档案馆的信息功能得到延伸，也避免了信息资源的浪费。因此，在信息化的构成中应注意把知识性的信息放在首位，这一崭新的课题对于档案部门来说是一个新的挑战。因为以往的档案馆主要是供查找资料之用，所以在查找接待方面积累了丰富的经验，而对档案馆作为获取知识的场所则是一个全新的管理课题。对此档案管理者必须树立全新的管理理念，从适用于知识获取方面考虑，可以将档案信息中具有知识性的信息进行有限信息化，比如反映本地区社会经济发展的信息资料、反映本地著名人物的历史传记以及具有历史渊源的档案史料等，都可以作为开辟第二课堂的生动教材，这些史料对于当地居民和青少年了解当地的历史具有十分重要的学习价值。

在档案信息化建设与管理的过程中，凡是有关当地物质文明建设和人文发展历史方面的档案信息，都可以作为知识性的信息加以知识化，以适用于社会大众特别是青少年知识获取利用的需要，同时也是档案馆为当地的精神文明建设做出的积极贡献。

为领导的决策起助手和参考作用。科学的决策源自科学的管理，科学决策是科学管理的重要手段，也是各级领导组织管理实施各项大型工程或推进建设事业全面发展的先决条件，同时也是提高执政能力的重要措施。科学的决策需要有充分的科学信息，经过周密的论证，最后做出科学的判断，形成科学的决策。因此，充分地获取各种信息对于领导做出科学的决策十分重要。

档案信息记录了以往历史活动的进程和结果，是前人智慧的结晶，同时也积累了丰富的经验教训，所有这些宝贵的信息资料对于领导做出科学的判断具有重要的参考价值，这些信息可以开阔领导者的眼界，借鉴前人的经验和教训，以便在前人成果的基础上进行新的突破。总之，丰富的档案信息对于各级领导进行科学的决策具有十分重要的参考和借鉴意义。因此，档案管理部门在信息化的过程中必须把适应于领导决策参考的信息放在首位，在进行信息化的过程中，应该将那些能够为领导决策提供借鉴作用的档案信息资源进行整合，在考虑和设计信息检索的途径时，应该把方便寻找和挑选有助于领导决策的信息放在重要的位置，为这些信息的检索提供方便快捷的查找方式。

为科学研究提供重要的参考。科学研究是人类社会不断发展的原动力。科学研究需要大量的信息资源，特别是社会科学的研究，其研究的主要内容多为社会的政治、经济、文化和社会发展方面的内容，更离不开档案馆的信息资源。因此，把适应于科学研究作为档案信息化必须遵守的规则，是档案馆信息化建设所要重点考虑的内容。档案信息化要适用于科学研究，就必须将那些具有研究价值或者能够提供可持续研究对象的原始材料的档案信息进行信息化。这类信息从大的方面来说，包括的内容十分丰富，它不仅包括经济发展的基础数据，而且也包括政治、文化以及生活各个方面的详细资料。科学研究所涉及的信息面非常广泛，因此所使用的信息更是包罗万象，但由于各个时期社会的研究会有不同的侧重点，因此我们应根据社会研究的需求采取分步实施的原则，即对于档案科学研究急需的资源应首先进行信息化，然后及时准确地为科学研究提供参考资源。

成为爱国主义的教育基地。随着社会的不断进步，档案馆的职能不仅仅局限在提供需要查找的历史资料，还肩负着开展爱国主义教育的重要任务。档案馆应充分挖掘自身的教育潜能，对社会特别是对青少年开展爱国主义教育、革命传统教育，把档案馆办成爱国主义的教育基地。国家档案局为了适应这一形势，提出了把档案馆建成"一个中心、两个基地"的要求。这两个基地其中一个就是爱国主义的教育基地。因此，档案信息化必须服从于爱国主义教育基地的建设要求，坚定不移地贯彻开展社会教育的原则。

从这一原则出发，在实施信息化建设与管理的过程中，对具有教育功能和作用的有关信息档案进行整合、处理以及建立专用的检索渠道就显得十分必要。这就需要从档案信息中挖掘具有教育意义的信息，例如反映本地区反封建的历史进程的史料，人民群众的各种创造性的成果以及反映在各个历史时期所发生的重要而深刻的变化和取得的巨大成绩的信息等。考虑到爱国主义教育基地的建设和影响，除了文献信息外，也可将这些史料制成专题片或光盘配送到各个学校，使这些珍贵的史料更贴近生活，使青少年在潜移默化中受到爱国主义教育，增强他们的民族自豪感和自信心。

业余休闲的需要。随着社会经济的不断发展，人们的文化需求也在不断发展并呈现多元化，休闲活动正成为一种时尚开始流行。在一些发达国家，民众文化休闲已经开始从图书馆、博物馆向档案馆延伸。因此，前来档案馆利用档案必定是有专门目的的习惯正在被打破，休闲型利用已经成为一种时尚行为，读者可以在休闲的环境中得到文化熏陶和审美享受。

在国内，近年来档案界的一些有识之士也开始重视这种发生在档案馆的新的利用方式，并呼吁尽快建立相应的环境和机制，促使这种休闲型利用成长起来。为此，在档案馆实施信息化的过程中，应该看到这种虽处于萌芽状态的社会需求但可能随着社会经济文化的快速发展而快速成长。休闲利用与其他利用相比有它的特殊性。由于这方面的利用目前还没有很好地开展起来，所以我们很难对这方面的需要归纳出一些规律性的东西。但我们可以从图书馆、博物馆、展览馆方面汲取营养，深入思考，进行借鉴。

休闲作为人们的一种生活方式，历史悠久，而文化性的休闲活动也必定有其自身的规律。既然是休闲，就同正规的工作完全不同。它可以没有目的，随机而来，在这里转了一圈后，得到了美的享受，在精神上得到了某种启示与升华，得到的是精神上的休息与放松，也是一种收获。基于这样的认识，我们在实施信息化时，应该重视将那些具有可读性、知识性、趣味性、观赏性、珍贵性的档案信息优先予以信息化，以吸引和满足潜在的休闲利用的需要。

五、效益原则

档案信息化建设和管理要贯彻效益的原则，这种效益主要是功能效益和利用效益。

（一）系统功能效益

在一定程度上系统的功能状况是衡量信息化是否达到了预期效果的一个重要指标。信息化能否顺利地进行和运转，在很大程度上取决于信息化功能的实现程度。信息化投入最大的经费是在系统功能的设计、开发以及硬件设备的配置上，因此信息化功能的显示不但包括系统功能覆盖的全面性，操作维护的方便性，系统运行的快捷性、安全性等，同时也包括整体功能的先进性和稳定性。一个系统如果达到了以上方面的要求，我们就可以认为它是成功的、有效的，否则这个系统就是失败的。

（二）利用效益

利用效益指的是信息化系统能够进行各种专职性信息利用的程度。一般来说，满足度与针对性效益是成正比的，满足度越高，其针对性效益也越高；反之，满足度越低，针对性效益也越低，这种满足度主要取决于信息积聚的覆盖面以及新增信息的周期性和及时性。由于社会对档案利用的专职性需求经常处于动态变化中，这就决定了信息的积聚和扩充也处于动态的变化之中，既能够把社会的有用信息增补进整个信息系统，最大程度地满足专职性、特殊性信息利用的需要，又能够提高信息利用的针对性。

（三）成本效益

档案信息化建设管理是一项长期的系统工程，特别是网络技术的运用，使整个系统的结构更加复杂，技术含量更高，因此在对系统进行使用和管理上，除了对管理人员有技术的要求外，在经济上也需要投入相当大的成本。一般系统维护和管理的成本效益主要包括两个方面：一是系统建设必须建立在科学和可靠的基础上，即必须有比较成熟的技术做支撑，确保系统建成后日常的维护和管理能够以相对较低的费用加以维持，而不会出现系统的功能发挥还算可以，但出现系统维护的庞大开支却难以支撑的情况，或者是系统建设先天不足，在使用中毛病百出，会致使在维护和管理上不断增加投入。二是系统的建设必须考虑今后功能的扩充和设备的升级。也就是说，系统在建设的过程中必须考虑以后系统升级的兼容性。如果一个系统建设得很好，但生命周期很短，几年之后就无法扩容，原来的系统就无法使用，只能购买新的系统，那么这样的系统建设就没有彻底贯彻效益的原则，也可以说，这样的系统是不成熟的，是不能被市场所推广和利用的。

在信息化建设管理的过程中，我们应始终贯彻效益的原则，这样可以使我们投入少量的资金，就可以取得较好的经济效益，产生出预期的效果，从而使档案信息化建设进入良性的发展轨道，加速信息化建设持续、稳定、健康地向前发展。

六、社会化原则

档案信息化建设管理涉及的范围广，工作难度大，需要的技术力量相对较强，这就决定了档案信息化建设仅仅靠档案馆自身的力量是远远不够的，必须依靠外在的社会力量才能胜任信息化建设的各项任务，这种依靠外在社会力量的做法，就是社会化原则的具体表现。

（一）建档的基础工作的社会化

建档的基础工作主要指各种原始档案信息资源的加工、整合和存储。由于档案馆的信息利用比较广泛，内容也相对较多，因此在这方面的工作量也相对较大，面对比较丰富的馆藏资源要想进行信息化建设，仅仅靠档案管理人员去做是远远不够的，必须借助社会的力量来完成。比如，把档案数据录入的基本工作承包给专业公司来做，聘请有丰富经验的档案管理人员来帮助进行档案文件的著录工作等，档案馆要加强技术指导和质量的监督，把好质量关，这样才能大大地减少了档案馆的建档工作任务，也使档案馆的工作人员有更多的时间钻研业务，在时间上保证了档案信息化的历史进程。

（二）系统的开发社会化

由于档案馆缺乏专业的软件开发人员，因此档案信息系统的开发必须依靠社会上专业的开发公司才能完成。在这个过程中，关键是要选择社会信誉高、技术力量雄厚的开发公司作为合作伙伴，现在比较可行的方法是通过招标的形式来确定合作伙伴。但并不是说档案馆就没事可做，由于系统的开发涉及专业的档案管理的应用，一些开发公司并不了解档案管理的业务，因此在借助社会力量进行开发的过程中，应该派有经验的档案管理人员积极参与，了解整个开发过程，特别应该注意掌握和了解一些程序技术的关键点，防止在今后的使用中一出现程序问题就束手无策，同时也防止在今后的使用中被开发商牵着鼻子走的被动局面。这样也为以后本单位自己为软件升级换代打下良好的基础。

（三）系统管理的社会化

随着 IT 行业的不断发展，近年来软件公司也拓宽了服务业务，开始接受管理系统的委托服务。对于一些比较小的档案馆可以考虑采取委托管理的办法来进行信息系统的日常维护和管理。这种委托公司的做法好处是：可以节省人力，弥补单位人员不足的缺点，同时也可以节省在系统维护方面的经费开支，系统出现什么问题都由托管方负责处理。从不利的方面考虑：主要是缺少了使用的自主权，在信息扩容、系统升级和更新方面不能及时进行，需要和委托方商量才能解决，在一定程度上制约了信息系统的发展。如果寻找的软件公司人力缺少、业务繁忙或技术力量不十分强，那么整个系统的升级运作将会受到阻碍。但委托服务作为一项社会化的内容有其存在的合理性，并且今后随着第三产业的不断发展和壮大，社会监管力度的不断加强，社会服务质量的不断提高，IT 行业服务领域的拓展和完善以及档案管理人员的进一步精简，系统管理的社会化服务必将得到进一步的发展，服务行业在运行的过程中出现的一些弊端会不断得到改进，相信服务行业必将为信息化的发展起到积极的推动作用。

七、数量和质量统一的原则

数量和质量相统一，是我们开展各项工作经常要遵循的一个重要原则。在档案馆信息化建设管理的过程中，同样必须遵循这一原则，而且更具有现实的意义。档案馆信息化功能和作用的发挥，还有十分重要的一个因素是整个系统必须达到一定的信息量，也就是说信息化首先是以一定的信息量为基础的。只有把其中不同门类的信息积累在一起，能够满足用户不同利用的需要，才能真正显示出信息化的优越性。但是集聚的这些新信息必须是有一定质量的信息，这就决定了档案馆信息必须遵循质量和数量相统一的原则，这一原则不同于传统意义上的数量和质量统一的概念，而有其很强的针对性。主要体现在以下三个方面。

（一）基础信息数据数量和质量的统一

在档案馆信息化建设的过程中，如果整合和存储的基础性数据，如案卷级目录、文件级目录等没有达到相当的数量规模，所谓的信息化将大打折扣。如果有了数量庞大的基础性数据，这些数据的质量却有问题，将会直接影响信息检索的正确性，严重时将影响信息检索的顺利实现。就信息化功能的实现来说，基础数据的数量决定和限制了信息化的覆盖面，而基础数据的质量将决定和限制利用者直接的利用效果，因此数量和质量的保证，是确保信息有效检出和利用相辅相成的两个方面，必须高度重视。为贯彻这一原则，在实现信息化的过程中，既要考虑使基础数据的整合和存储达到一定的存储规模，同时又必须严把质量关，确保每一条基础数据都符合规定的质量标准，使整个信息系统的功能得到最充分的实现。

（二）系统功能与系统稳定运行的统一

人们在实施信息化建设的过程中，通常是希望所建立的系统具有多方面的功能，能够满足多方面的要求，这可以说是对系统功能作用发挥的数量要求。而从信息化能够收到实效的实际经验来看，整个系统的稳定运行，确保其设计的功能能够实现也很重要，这可以说是对系统平稳运行的质量要求。而在实际过程中，系统多项功能要求的实现，同时也给系统运行本身带来很重的负担，它对系统的稳定运行是一种负担，同时也是一种威胁。所以，新系统功能的强大和系统稳定运行通常是信息化过程中一对突出的矛盾。

一个功能强大而又运行稳定的系统是人们所期待的，但实现这个愿望通常充满风险和压力。也就是说，越是功能强大的系统，要保证其稳定运行，付出的代价将更大，负担将更重。为此，需要在实际建设中正确把握好系统本身建设的数量和质量要求，既不能好高骛远，不切实际地要求系统具有多方面的功能，也不能因陋就简，在低水平上重复，既要有创造性，敢于突破，又必须扎实稳妥，注重实效，以确保系统的多功能性和稳定运行达到圆满的统一。

（三）经费投入的数量与信息化建设的质量相统一

档案管理中的信息化建设管理是一项规模宏大的工程，尤其是一项需要投入巨额经费的建设，为此必须贯彻因地制宜的原则，确保投入的经费能取得理想的效果，以防止过分贪大求全，不计成本，忽视效果的做法。为此，在信息化过程中需要制定严密的制度，通过信息化系列的环节，对经费投入后建设的质量进行检测和评估，对于质量达不到要求的要采取措施加以整改，以确保工作质量。同时，要按照经济管理学投入产出的原理，对于信息化所做出的巨额投入，应该要求有相应的产出。

当然，由于档案信息化作用的发挥在很大程度上具有公益性，不能简单以经济收益的多少来要求和衡量其产出的效能，而是应该从社会效益和经济效益两方面来综合评估所产生的效能。两者相比较而言，档案馆所固有的特点，决定了社会效益的产出将是对档案馆信息化评估的一个重要方面。此项内容的贯彻，对于避免考虑不全所造成的浪费，防止没有经过科学规划和严密论证而盲目建设和决策失误等带来的损失都具有十分重要的意义。

第三章 档案信息化管理与建设的设施基础

第一节 网络基础设施

档案信息化管理与建设的网络基础设施是针对档案信息化的特殊要求而建设的对档案信息进行收集、管理、存储、利用和传输的技术平台，它将分布在不同地域、不同部门的档案信息资源连接起来，通过信息资源的互通互联、集成共享，全方位提升档案信息化的整体效能。

一、服务器

服务器，是承担档案信息化数据存储、管理和应用系统运行的任务系统，具有高速度、高可靠性、高性能、大容量存储等特点，为各用户端的访问提供各种共享服务。

服务器是网络环境中的高性能计算机。所谓高性能，就是指服务器的构成与一般 PC 相似，但是它在稳定性、安全性、运行速度等方面都高于 PC，因为服务器的 CPU、芯片组、内存、磁盘系统等硬件配置都优于 PC。服务器接收网络上的其他计算机终端提交的服务请求，并提供相应的服务。为此，服务器必须具有承担和保障服务的能力。档案计算机网络系统建设可根据需要提供的功能、性能、数据量等配置一台或多台服务器。

（一）服务器功能的确定

服务器按照其提供的服务可以分为文件服务器、应用服务器、数据库服务器、Web 服务器等。由于档案管理系统的目录和全文数据量庞大，一般来说，应配置数据库服务器或文件服务器；如果涉及到多媒体档案管理，为了提高系统性能，可以配置多媒体数据库服务器。此外，还可配置运行档案管理应用系统的应用服务器，不同级别或地域的档案部门可根据系统的规模各自配置或集中配置应用服务器。如需实现档案数据网上查询服务的，配置 web 服务器；如需加强档案馆安全管理的，配置数据备份服务器；为了支持办公自动化系统中大量电子邮件发送的，也可配置专用的 E-mail 服务器等。

（二）服务器数量的确定

根据本单位投入资金的多少、信息化应用的功能需求、数据的存储和分布要求等来考虑服务器的数量。原则上 FTP 服务器、E-mail 服务器、Web 服务器、内部业务服务器、数据服务器等都需要单独建设，但考虑到资金和安全等因素的限制，应至少建设一个支持办公管理的业务服务器、提供对外服务和内部公共服务及允许外网访问的公共服务器、支持档案管理工作运行并提供档案数据存储和管理服务的档案数据专用服务器。

（三）服务器性能的确定

不同架构、不同品牌、不同档次的服务器，其性能、质量、价格都是有很大的差别，当单位选择服务器时要综合考虑档案业务的需求和资金条件，同时还要考虑选择能够提供良好服务的供应商。每个服务器的性能主要取决于 CPU、主板和服务器芯片组的性能，而服务器系统的功能与可靠性取决于每台服务器的功能和服务器集群的部署与连接方式。

（四）操作系统的选择

每台服务器上安装的第一个软件就是操作系统。它是控制和管理计算机硬件与软件资源、支持计算机联网通信、提供多种应用服务的基础软件，也是各类应用程序加载、运行的软件支撑平台。

操作系统按照应用领域可分为桌面操作系统、服务器操作系统和嵌入式操作系统。一台服务器能够安装和兼容哪一类操作系统一般在出厂时就已基本确定，用户在选购服务器时也会连同操作系统一起购买。操作系统的选择同时还需要考虑用户所选用的核心业务系统，如档案管理信息系统的应用程序运行模式、所需要的操作系统与数据库管理系统的支撑环境等。

（五）服务器连接与工作方式的确定

为确保网络数据的安全存储与高效访问，网络上的服务器通常采用集群的工作方式实现互联，具有灾难备份系统的还可能在异地建立镜像服务器系统，服务器之间的通信与数据交换方式根据业务系统的需要而定，可以是实时的，也可以是定时的。

二、应用软件

系统软件的特点是通用，它并不针对某一特定的应用领域。而应用软件的特点是专用，即针对特定的管理业务，并应用于某些专用领域的信息管理。如用于政府信息化的电子政务系统、用于企业信息化的电子商务系统、用于辅助行政办公和决策的办公自动化系统、用于机关档案室信息化的数字档案室系统、用于档案馆信息化的数字档案馆系统等。这里所指的应用软件具有以下特点：一是在特定的操作系统环境下，运用特定的软件工具研制而成。二是针对特定的信息处理需求和管理业务需求进行设计开发，且应用于特定的专业领域、行业、单位或辅助特定的管理业务。

数据库管理系统 DBMS，是操纵和管理数据库的一组软件，主要是用于建立、使用和维护数据库。DBMS 具有以下功能：一是描述数据库，运用数据描述语言，定义数据库结构。二是管理数据库，控制用户的并发性访问，数据存储与更新，对数据进行检索、排序、统计等操作。三是维护数据库，确保数据库中数据的完整、安全和保密，数据备份和恢复，数据库性能监视等。四是数据通信，利用各种方法控制数据共享的权限，在确保数据安全的前提下广泛共享数据。

各种工具软件：软件工具是指为支持计算机软件的开发、维护、模拟、移植或管理而研制的软件系统。它是专门为支持计算机系统而开发的，在软件工程范围内也就是为实现软件生存期中的各种处理活动（包括管理、开发和维护）的自动化和半自动化而开发的软件。开发软件工具的最终目的是为了提高软件生产率和改善软件运行的质量。

三、终端设备

终端设备是经由通信设施向计算机输入程序、数据或接收计算机输出处理结果的设备。这里所说的终端设备主要是指用于各类用户访问服务器或进行档案信息处理工作的主机、外存储器、输入和输出设备等。其中，输入终端设备有：鼠标、键盘、手写板、麦克风、摄像头、扫描仪等；输出终端设备有：显示器、音箱、打印机、传真机等。其他类别的终端设备有：无线、路由器、网卡、U盘、移动硬盘等。目前，档案网络终端设备的主机大多为 PC 机，又称终端机。影响终端机处理能力与速度的是主板，CPU、内存、显卡等组成计算机的核心部件，对终端机选择要根据各业务人员的工作要求进行。

终端机从网络应用的角度又称为"客户端"，常见的客户端一般分为两类：一类是胖客户端，是指主机配置较高档、数据处理能力较强的客户端。如一般工作中的 PC 机，它主要负责网络系统中大部分的业务逻辑处理，以减轻服务器的压力，降低使用人员对服务器性能的要求，因此对客户机的性能要求比较高；另一类是瘦客户端，是指数据处理能力比较弱的客户端，它基本上不处理业务逻辑，只专注于通过浏览器显示网络应用软件的用户界面，数据储存和逻辑处理基本上是由服务器集中完成。网络终端机经历了从胖客户端到瘦客户端的发展历程。

目前，档案信息管理系统的网络终端大多为胖客户端，但是受客户端在档案信息化建设中的应用前景也不容忽视。瘦客户端配置的优越性：有利于档案数据的集中存储、高效管理和广泛共享利用；有利于对档案信息共享权限的集中控制和安全管理；有利于网络系统的维护、扩展和升级，通过客户端的即插即用可提高网络维护的便捷性和可靠性；有利于节约档案网络系统建设和维护的成本；有利于云计算技术在档案网络系统中的应用。此外，由于瘦客户端一般不配置软驱、光驱、硬盘等部件，从而杜绝病毒产生的来源，不易损坏，能显著提高系统的稳定性。

CPU 的技术指标主要由主频、总线速度、工作电压等决定，它也决定了计算机系统的技术效能和档次。一般来说，主频和总线速度越高，计算机系统运行的速度越快；工作电压越低，计算机电池续航时间提升，运行温度降低，也使CPU 工作状态更稳定。当前各种移动终端的发展和普及就是得益于 CPU 技术的迅猛发展。

四、网络设备

网络设备是指用于网络连接、信号传输和转换等的各类传输介质、集线器、交换机、路由器、光电转换等设备。为了正确配置网络设备，首先需要确定档案信息网络连接的范围。该范围需要根据档案工作的内容、档案数据的共享范围和密集程度来确定，一般分为内网、专网、外网和物理隔离网四个区域。内网是档案馆的内部局域网，一般部署在一幢建筑物内部或相邻近的大楼之间，覆盖大楼的不同楼层和房间。专网，即档案工作专用网，一般情况下是部署在档案形成单位与档案室、档案馆之间，或档案馆与档案馆之间。外网，即与互联网相连接的提供对外服务的网络，主要是方便档案利用者查询公开上网的档案信息。物理隔离网，是由一台或多台与任何其他网络在设备和网络线路上完全隔离的终端机或服务器系统，用以存放和管理保密档案。网络体系的结构主要有三种，不同的结构有不同的特点和适用范围，也有不同的网络连接设备。

总线结构。它是通过一根电缆，将各节点的计算机系统连接起来的。该结构连接简单，易于安装，传输速率较高，便于维护。缺点是任何一个节点出现故障，都会影响整个网络的运行。这种结构适用于 10-20 个工作站的小型档案馆。

星型结构。该结构将网络中的所有节点都连接到一个集线器上，由该集线器向目标节点发送数据。因此，该结构不会因一台工作站发生故障而影响整个网络。缺点是一旦集线器发生故障将影响整个网络。这种结构适用于网络节点位置分散的大型档案馆。

环形结构。该结构是通过连接各个节点的电缆组成一个封闭的环形，结构简单，相对容易控制，但由于在环中传输的信息必须经过每一个节点，任何节点的故障，都会使这个网络受阻，因此在档案馆网络建设中很少使用。

目前，档案馆局域网中使用最多的还是以太网，其拓扑结构是总线型或星型，传输介质可以是同轴电缆或双绞线，具有建设投资小、网络性能好、安装简单、网络互操作性强、数据传输速度快等优点，其缺点是当网络信息流量较大时性能会下降。因此，以太网被广泛应用于中小型档案馆。网络连接设备分为内网连接和外网连接两类。内网即局域网，其连接设备包括网卡、集线器、中继器、交换机等。外网即互联网以及与互联网相连的广域网、城域网等，外网间连接设备包括网桥、路由器、网关等。网络设备还有用于保护档案数据、信息系统和网络平台安全的硬件设施及其他配套设备，如用于终端机和服务器等数字设备的断电保护，使数字设备在断电之后仍能正常运行，以提升系统运行的稳定性、可靠性。

第二节　数字化设备

数字化设备是指将传统模拟档案信息转换为数字档案信息的设备。数字化设备是建设数字化文本、图像、声音和影像档案资源必不可少的设备。正确选择和使用数字化设备，直接关系到档案数字化的质量和效率。

一、纸质档案的数字化设备

纸质档案是指以纸张为载体的档案，占据了我国绝大多数的馆藏档案，因此对其进行数字化加工是档案数字化的主要任务。由于传统照片、底片记录的照片档案数字化与纸质档案数字化相类似，因此本节所介绍的数字化设备也包括照片底片档案的数字化设备。

（一）扫描仪

扫描仪是利用光电技术和数字处理技术，以扫描的方式将图形或图像信息转换为数字信号的设备。扫描仪是目前将纸质档案数字化的主要设备。正确选择扫描仪对于提高纸质档案数字化的效率和质量十分重要。

扫描加工是馆藏中纸质、照片、缩微品等档案转变为数字化信息的主要方法，数字扫描仪是进行数字化处理的主要工具。在选择和使用扫描仪时，需要了解扫描仪的工作原理、分类方法、技术指标等，以实现对扫描设备的正确选择和科学使用。

扫描仪基本工作原理。扫描仪通过对原稿进行光学扫描，将光学图像传送到光电转换器中变为模拟电信号，又将模拟电信号变换成为数字电信号，并通过计算机接口传送至计算机中。扫描仪的工作方式主要有反射式和透射式两种。

大多数平板扫描仪采用的是反射式扫描原理。在扫描仪内部，有一个步进电动机驱动的可移动拖架，拖架上有光源、反射镜片、透镜和 CCD 光电耦合元件等。在扫描仪进行扫描时，原稿固定不动，拖架移动，其上的光源随拖架移动，光线照射到正面向下的原稿上，其过程类似复印机。图片反射回来的光线通过反射镜片反射到透镜上，经过透镜的聚焦，投影到 CCD 光电耦合元件上，经过光电转换形成电信号，然后进行译码，将数字信号输出。

采用透射式扫描原理的扫描仪一般有两类，一类是专用胶片扫描仪，另一类是混合式扫描仪。专用胶片扫描仪的结构紧凑，反射镜片、透镜、CCD 和光源安装在固定架上，不能移动，可移动的是胶片原稿。扫描时，固定在移动架上的胶片原稿由步进电动机带动，进行缓慢移动，光源发出的光线透过胶片照射到反射镜片上，经过反射、聚焦，由 CCD 元件转换成电信号，最后经译码传送到主机中。混合式扫描仪是在普通平板扫描仪上增加一个带有独立光源和相应机构的配件，该扫描仪就具备了透射式扫描的特点，可扫描胶片的芯片和负片。在扫描时，胶片原稿固定不动，移动拖架在步进电动机的带动下移动，顶部的独立光源也同步地随之移动，该光源的光线穿透胶片照射到移动拖架上的反射镜片、透镜和 CCD 元件上，变成电信号，最后经过译码，把数字化图像送到主机中。

扫描仪的种类：由于广泛的社会需求，近年来，数字化扫描技术迅速发展，扫描仪的种类越来越多，用途越来越专业。目前，按扫描速度可以将扫描仪分为高速、低速两种，按工作原理可以将扫描仪分为手持式、平板式、胶片专用、滚筒式和 CIS 扫描仪等多种类型。

高速扫描仪：扫描分辨率在 50—600dpi 以内。在 200dpi 以下，黑白或灰度扫描，每分钟可扫描 90 多幅影像；彩色扫描，每分钟可扫描 60 多幅影像。扫描幅面从小卡片至 A3 纸张都适用，既可单面扫描，又可双面同时扫描。它的优点是扫描速度快，图像处理功能强。缺点是扫描时容易卡纸，会损坏档案，对字迹质量较差的档案不易扫清楚，扫描后对图像的处理工作量比较大。适用于纸张质量状况较好，统一 A3、A4 幅面的文书档案或尺寸较小的票据、单证等，也可扫描纸张较大的 A4 报表。

宽幅扫描仪：这是一种大型的扫描仪，最大进纸宽度可达到 54 英寸，最大扫描宽度达到 51 英寸，扫描厚度达 15 毫米。这种扫描仪分辨率在 50—800dpi 以内，有黑白、灰度、彩色等扫描模式。自带扫描和图像处理系统，具有全面支持色彩管理、快速预览、处理大型文件、改进批量扫描等功能，能有效提升扫描的效率和品质。它的优点是能扫描零号及零号以下的工程图纸，大幅的地图、字画，超长、超厚的文书档案等。缺点是扫描速度比较慢，价格比较昂贵。

零边距扫描仪：扫描分辨率在 100—1200dpi 以内，有彩色、灰度、黑白三种扫描模式，可自动适应 A3、A4 纸张大小，也可自动进行页面校正。这种扫描仪外形类似平板扫描仪，不同的是有一侧无边框，由此适用于扫描原件不能拆除装订的图书、资料和珍贵的档案。缺点是扫描速度较慢，价格高于平板式扫描仪。

底片扫描仪：照片底片，又称负片或透明胶片，主要是用来扫描幻灯片、摄影负片、CT 片及专业胶片，高精度、层次感强，附带的软件较专业。底片扫描仪是直接对底片进行数字化处理进行模数转换及处理，并将处理结果输送至计算机进行存储。目前，市场上的底片扫描仪分专业级和普通级两种。专业级底扫一般体积较小，只能扫描底片，它采用透射光源，分辨率极高。普通级底扫是在普通扫描仪上加透扫适配器，采用的是反射光源，分辨率也是主流扫描仪的指标，但是实质上是"带底片扫描功能的平板扫描仪"，价格与普通扫描仪相当。

手持式扫描仪：价格便宜，使用方便，光学分辨率一般在 100—600dpi 以内，大多是黑白的。

平板式扫描仪：平板式主要扫描反射稿，扫描分辨率在 100—2400dpi 以内，色彩位数从 24 位到 48 位，扫描幅面一般为 A4 或 A3 纸张。它的优点是扫描图像清晰，色彩逼真，不易损坏纸张。缺点是扫描速度比较慢，图像处理功能比较弱，适用于纸张状况较差，如纸张过薄、过厚、过软或破碎的档案。

滚筒式扫描仪：以点光源一个一个像素地分别进行采样，采用 RGB 分色技术，优点当然明显，真正的专业级，价格也很昂贵。

CIS 扫描仪：它是"接触式图像传感器"，不需光学成像系统，结构简单、成本低廉、轻巧实用，但是对扫描稿厚度和平整度要求严格。

扫描仪的主要性能指标。扫描分辨率、扫描精度、色彩位数、灰度级、扫描幅面、扫描速度、兼容性、接口性等都是选择和使用扫描仪时应重点考虑的技术指标，了解扫描仪的性能指标有利于在选择时正确选购适用的扫描仪设备。

扫描分辨率：主要是指扫描仪的光学分辨率，是决定扫描清晰度的主要参数指标，dpi 的数值越大，扫描的清晰度就越高，决定了扫描仪记录图像的细致度。描述分辨率的单位一般为 dpi，代表垂直及水平方向每英寸显示的点的数量。分辨率越高，图像越清晰，同时数字化图像所占有的容量也越大。光学分辨率是扫描仪的光学系统可以采集的实际信息量，即扫描仪感光元件的分辨率；最大分辨率是通过处理软件或算法就可以捕获的信息量。

购买扫描仪时应当首先考虑光学分辨率指标，因为它不仅决定了扫描仪对原始图像的最大感知能力，而且还决定了扫描仪的价格档次。扫描的分辨率越高，扫描图像的品质越高，但这是有限度的。当分辨率大于某一特定值时，只会使图像文件增大不易处理，并不能显著改善图像质量。所以，分辨率选择应根据用途、原件字体大小来决定。一般需兼顾显示、打印或识别的要求，适当考虑存储空间效率，过高的分辨率不仅无法显现效果，反而会放大原件的干扰信息，而且对存储空间造成浪费。

扫描速度：扫描速度是指扫描仪从预览开始到图像扫描完成的过程中光头移动的速度。在保证扫描精度的前提下，扫描速度越高越好。扫描速度主要与扫描分辨率、扫描颜色模式和扫描幅面有关，扫描分辨率越低、幅面越小、单色，扫描速度越快。扫描速度有多种表示方法，因为扫描速度与分辨率、内存容量、存取速度以及显示时间、图像大小都有关系，通常是用指定的分辨率和图像尺寸下的扫描时间来表示。档案数字化工作量大，高速扫描有利于提高工作效率，缩短档案数字化的时间，但是必须在保证图像质量、不损害档案原件的前提下正确选择高速扫描仪。

色彩分辨率：色彩位数用以表明扫描仪在识别色彩方面的能力和能够描述的颜色范围，它决定了颜色还原的真实程度，色彩位数越大，扫描的效果越好、越逼真，在扫描过程中的失真就越少。色彩分辨率是表示扫描仪分辨彩色或灰度细腻程度的指标。理论上，色彩位数越多，颜色就越逼真。灰度级是扫描仪从纯黑到纯白之间平滑过渡的能力，灰度级位数越大，相对来说扫描结果的层次就越丰富，效果越好。

扫描幅面：扫描幅面表示扫描图稿的最大尺寸，平板扫描仪、零边距扫描仪、高速扫描仪一般可选择 A4 或 A3 幅面，宽幅扫描仪可以扫 A0 以下幅面的图纸。

接口方式：扫描仪与计算机之间的接口方式主要有 SCSI、EPP、USB 和 IEEE1394 四种类型，其中以 SCSI、USB 较常用。SCSI 接口的最大优势是它工作时占用 CPU 的空间很少。扫描仪的软件接口标准已经得到广泛地使用，适应 32 位、64 位的软件和驱动程序也正在开发中。

EPP 即打印机端口，其特点是使用方便，对计算机要求低，但扫描质量较差。USB 接口速度较快，安装方便，可以带电拔插。随着 USB 应用的日益广泛，USB 接口的扫描仪已成为主流。SCSI 扫描仪安装时需要在计算机中安装一块接口卡，安装较复杂，价格较高，但速度快，扫描稳定，扫描时占用系统资源少。其实，无论 EPP USB 还是 SCSI 接口，都不是决定扫描仪扫描速度的主要因素，扫描速度与扫描仪本身性能息息相关，因而使用任何一种接口方式，在扫描速度上并无太大差别，但从接口上看，最适宜档案馆使用的是 USB 接口。当然，如果配置 SCSI 接口卡，则扫描仪性能更佳。

SCSI 接口的扫描仪需要一块 SCSI 卡将扫描仪与计算机相连接，早期的扫描仪大多是 SCSI 接口。优点是传输速度较快，扫描质量高；缺点是需要开机箱安装一块 SCSI 卡，要占用一个 ISA 或 PCI 槽以及相应的中段，有可能和其他配件发生冲突。EPP 接口是采用计算机连接打印机的接口，同 SCSI 的扫描仪相比速度较慢，扫描质量稍差，但安装方便，兼容性好，大多采用 EPP 接口的扫描仪后部都有两个接口，一个接计算机，另一个接其他的并口设备。

USB 接口是采用串口方式进行连接，当前已经成为连接标准，优点是速度快，可带电插拔，即插即用，有的扫描仪可直接由 USB 口取电，无须另加电源。

IEEE1394 接口是苹果公司开发的串行标准，中文译名为火线接口。同 USB

一样，IEEE1394 也支持外设热插拔，可为外设提供电源，同时省去了外设自带的电源能连接多个不同设备，支持同步数据传输。作为高性能的快速通信接口，它尤其受到专业扫描仪厂商的青睐。不过，对 IEEE1394 规范，苹果公司采用收费授权的方式，也就是使用 IEEE1394 规范的产品都必须向其支付一笔使用费。IEEE1394 接口虽然是具有里程碑意义的变革，但是由于其较昂贵的价格还很难在普通家庭用户中普及。所以，采用 IEEE1394 接口的扫描仪的价格比使用 USB 接口扫描仪高许多。

扫描仪最新发展：高质量的镜头和 CCD 是扫描仪发展的主要突破点，"镜头技术"是指现代专业扫描仪中光学镜头的相关技术，内容包括可变焦距镜头技术和多镜头技术。扫描仪采用多个自动变焦镜头或镜片进行组合，由更为精密的电机伺服系统驱动，目的是为了实现更好的均匀度和锐度，使扫描原稿的边缘聚焦准确，并使扫描质量得到进一步提高。

随着扫描仪使用的广泛普及，人们对扫描仪的精度、准确度、灵敏度、速度等都提出了较高的要求，扫描仪的生产厂家也在 RGB 同步扫描技术、高速图像处理技术、色彩增强技术、智能去网技术、光学分辨率倍增技术等方面不断研究和进步。同时，为了更好地满足用户的特殊使用要求，生产厂家将各种技术、图像处理系统与扫描仪的使用相结合，开发出以人为本的功能更强、性能更好、使用更方便地零边距、无边距、无盲区、无变形、自动翻页的扫描仪。如全息无损、自动定位高速采集、超大幅面、智能化图文优化、图像文件批处理等都是一些新型产品具有的特点，大大提高了扫描加工的效率，降低了扫描加工人员的劳动强度。

（二）模数转换技术

声像档案的数字化过程与纸质档案完全不同，这是因为传统的声像都采用了模拟的磁带、录音带、录像带来保存，必须通过模拟到数字转换才能实现数字化。

模数转换是将模拟输入信号转换成二进制数字信息的一种技术，主要包括采样、保持、量化和编程四个过程，实现这些过程的技术很多，并采用这些技术研制出各种转换设备和系统，在开展声像档案数字化过程中必须要了解和熟练掌握这些设备的功能、性能和操作规程。模拟声像档案数字化的核心过程就是要完成声像档案的数据采集与数字化转存，实现声像档案从模拟数据向数字信息的转化。这个过程主要是依靠模拟声像资料播放机数模转换线、视频采集卡、影像工作站等设备搭建的声像数模转换系统完成。声像数据的数字化转换过程是实时的，即一个小时的模拟声像资料转化为数字格式同样需要一个小时。

（三）OCR文字识别技术

档案内容数字化工作包括数字化预加工和深加工两步。预加工是通过扫描处理将纸质档案、照片档案、缩微胶片等转变为电子图像文件，不能将纸质档案上的文字信息完全进行处理；深加工则是需要获取档案内容中的文字信息，以提供档案的全文检索服务。

光学字符识别OCR就是用于从数字化档案的图像文件中以获取档案标引信息和全文信息的一种技术。档案数字化加工的主要步骤包括图文输入、预处理、单字识别及后处理。

图文输入。它是指实现档案原件的数字化，需要通过扫描设备或数码拍照等方式形成档案的数字化图像文件。

预处理。它是在对数字化档案的图像文件进行文字识别之前做的一些准备工作，主要包括版面分析、图像净化、二值化处理、文字切分等。这一阶段的工作非常重要，其处理效果将会直接影响到识别的准确率。

单字识别。它是文字识别的核心技术，主要包括文字特征抽取和分类判别算法。人之所以能够通过大脑简单地认识文字，是由于在人的大脑中已经保存了文字的基本特征，如文字的结构、笔画等。要想让计算机识别文字，首先也要存储类似的基本信息。那么，存储什么形式的信息以及如何提取这些信息，则是一件比较复杂的事情，而且需要达到很高的识别率。人们通常采用的方法是根据文字的笔画、特征点、投影信息、点的区域分布等进行分析，常用的分析方法是结构分析方法和统计分析方法。

后处理。它是指对识别出的文字进行匹配，即将单字识别的结果进行分词，与词库中的词进行比较，以提高系统的识别率，减少误识率。对于文字的识别，从文字类型上划分，通常分为印刷体文字的识别和手写体文字的识别；从识别的方式划分，通常分为在线识别和脱机识别。由于印刷体和手写体的文字特征差异较大，所以其处理方法是不相同的。

（四）数码翻拍仪

随着数码影像技术的飞速发展，一种新型的数字化设备——数码翻拍仪正在悄然流行。数码翻拍仪，又称数码拍摄仪、数码缩微仪等，是一种将数码相机安置在可垂直调节高低的支架上，用以拍摄文件材料或其他实物的数字化设备。目前，市场上的数码翻拍仪按照翻拍性能、翻拍对象、尺寸等分为多种。

数码翻拍仪与扫描仪相比所具有的优越性。数字化速度快，平板式扫描仪每扫描一页文件都有扫描灯管的往复移动和翻盖的过程，扫描速度较慢，若采用200dpi 来扫描 A4 幅面真彩图像，每分钟扫描加工数量一般为 1—2 页，而高速扫描仪对档案的纸张质量要求较高，使用时容易损坏档案，因此使用有一定的局限性。用数码翻拍仪拍摄文档没有机械运动的过程，只是曝光一下，速度不到 1秒，扫描加工数量一般可以做到每分钟 8—20 页。

对档案材料损害小，平板式扫描仪扫描装订的档案时，难以做到平整扫描，扫描的图像通常会倾斜或扭曲，会导致后期处理工作量增加；高速扫描仪不拆档案根本无法加工。数码拍摄可以省略档案拆装过程。应用数码翻拍仪提供的低畸变镜头和图像变形处理软件，很好地解决了拍摄档案时出现的倾斜线条变形等问题，这不但大大提高了数字化处理的效率，而且避免了档案在拆装过程中造成的损失。

加工对象直观。用扫描仪扫描文档，若要在扫描前浏览扫描图像的效果，一般需要选择扫描仪预览功能，这样就降低了扫描加工的速度。而数码翻拍仪的全部操作过程直观可见，即真正做到"所见即所得"。

加工对象不限于纸张，扫描仪一般只能扫描纸张材料，数码翻拍仪除了扫描纸张材料以外，还能翻拍特殊载体的档案，如奖旗、奖牌，甚至奖杯等立体的物体。

便于调节扫描幅面，一般扫描仪只能扫 A4 幅面的纸质材料，扫大幅面图纸的扫描仪价格十分昂贵，利用率又不高，不适宜于一般机构配置。数码翻拍仪只要调节数码相机与底板的距离，就能灵活地选择拍摄不同幅面的纸质档案，这对于扫描尺寸频繁更换的档案具有特别优势。

数码翻拍仪与传统翻拍仪相比所具有的优越性。传统的翻拍仪采用传统相机进行档案拍摄和缩微，与之相比，数码翻拍仪具有以下显著优势：使用成本低。传统的翻拍仪拍摄需要胶片，拍摄后需要冲洗显影，阅览需要购置专门的缩微阅读仪，使用成本和人力成本都比较高。数码翻拍仪的翻拍与普通数码相机一样，使用不需要耗材，拍摄图像有问题时，可立即重拍。拍摄形成的照片，任何计算机系统都可以阅读。

图像处理便捷。传统的翻拍仪形成的缩微片图像很难进行处置。数码翻拍仪形成的影像电子文件可以被灵活加工处理，如纠偏、去污点、去黑边框等；应用翻拍仪自带的 OCR 软件进行字符识别，将扫描形成的图像文件识别成可编辑的word、pdf 等格式文件，进行二次编辑与加工；应用图像处理软件，将扫描中出现的线条扭曲、图像变形等问题进行纠正，有些数码翻拍仪还自带防畸变镜头，自动纠正大幅面图纸拍摄中四周弯曲的线条。

便于计算机技术应用。传统翻拍的缩微胶片不便于查找、传递、编辑、整理，这些缺点都是数码翻拍技术的优势所在。数码翻拍仪形成的电子文件，具有采集高效、处理灵活、传播迅速、检索快捷、多媒体集成、生动直观等缩微技术难以比拟的优势。

充分整合了数码相机技术。传统的翻拍仪一般只可以翻拍成黑白胶片，数码翻拍仪不仅能翻拍成黑白图像，而且还能翻拍成彩色图像。数码翻拍仪借助高分辨数码影像技术，拍摄图像清晰逼真、色彩丰富；支持色差、亮度、对比度、饱和度、伽马值等后期图像增强功能；能通过 USB 接口直接连接电脑，将拍摄的档案文件直接在电脑中显示或通过邮件发送出去，实现档案的无障碍传播；USB能直接给翻拍仪供电，不需要另插电源；将所有的拍摄操作按钮都整合在底板上，操作十分简便；突破传统使用扫描枪扫描条形码识别的方式，用户只需鼠标轻点，即可完成条码识别，不但提高了工作效率，也省下购买扫描枪的费用；可拍摄录像，将动态的图像，如手工翻阅档案的过程记录下来，用作视频编辑的素材。

灵活使用各种数码拍摄设备。有些数码翻拍仪的活动支架可以固定数码相机、手机等各种拍摄设备，用户可以借助拍摄设备翻拍各种档案材料。

数码翻拍仪的应用范围。数码翻拍仪是传统的复印、扫描、投影、拍照、录影等技术的融合，由此兼有这些技术的优点，它无论是对传统的翻拍缩微还是扫描技术来说都是一场变革，受到了社会各领域的普遍关注和应用。目前，该技术已经广泛用于政务领域红头文件、往来信函等文件翻拍；银行传票、合同、抵押担保、会计凭证和信用卡等文件翻拍；证券期货行业股东账户开户、买卖合同、股东身份等文件翻拍；保险行业合同、发票、身份证等文件翻拍；工商税务行业税务年检等业务文件翻拍；学校学生学籍、成绩单等档案翻拍；国土行业房地契、图纸、合同等档案翻拍；司法行业往来信函、红头文件、法律文件、卷宗等档案翻拍；医疗行业病历、处方等档案翻拍；公安部门案件档案翻拍等。

数码翻拍仪在纸质档案数字化中的应用前景。尽管数码翻拍仪已经在各政府机关、企事业单位得到广泛的应用，然而在档案信息化中使用仍然较少。其原因之一是档案界人士对这种设备的发展现状和趋势不够了解，以为它就是传统的缩微翻拍仪。但是我们由上述分析可知，它特别适用于以下情况：一是中小型企事业单位办公室或业务部门对尺寸频繁变化的文件材料进行数字化。二是各级各类档案馆或机关档案室对纸质材料老化，不便于拆卷的档案进行数字化。三是建筑设计、制造业等企业未购置大型扫描仪，又需要对大幅面图纸档案进行数字化。四是对奖旗、奖牌等实物档案进行数字化。五是对尚无条件对纸质档案数字化，但在利用时临时需要对查阅的档案进行数字化，以便通过网络提供远程查档服务。鉴于数码翻拍仪具有使用成本低、拍摄精度高、速度快、操作简便，又便于做 OCR 字符识别和对其他图像进行处理等特点，相信数码翻拍仪的这种特点会吸引越来越多的档案用户。随着数码翻拍仪应用范围的扩大，数码翻拍仪的功能和性能将会不断改进和完善。因此，在不久的将来它很有可能会取代部分扫描仪，部分取代扫描仪，成为纸质档案数字化的得力工具。

（五）缩微胶片扫描仪

已经对纸质档案进行了缩微复制，可以采用专用设备——缩微胶片扫描仪，对缩微胶片上的影像进行数字化转换处理。缩微影像转换技术的应用，包括对缩微胶片进行扫描，把缩微模拟影像转换成数字影像，进行存储、还原和检索输出等。

缩微胶片扫描的优缺点。与纸质档案扫描相比，缩微胶片扫描的主要优点是：扫描速度快，节约时间和成本；没有尺寸和形状的限制，可以同时对各种幅面的纸质档案进行扫描；缩微胶片可以继续留存，作为数字档案备份的一种形式；可以进行批处理，操作简便易行；便于对图像做调节亮度、对比度、拉直和裁剪等优化处理；易于对输出的图像信息进行检索、阅读、打印和传递。缩微胶片扫描的主要缺点是：所得的图像已经是第二或第三次转化，失真已经比较明显，图像虽然可以强化，但有时效果不明显；一些胶片的状况较差，出现了划痕、装订线阴影等，影响了扫描影像质量；扫描仪的分辨率不足以捕捉原件所有有价值的信息。

缩微胶片扫描设备的选择。缩微胶片扫描仪相对于纸质档案扫描仪，扫描效率要高得多。目前，缩微影像转换成数字影像的技术日趋成熟。选购缩微胶片数字扫描系统，既要考虑产品的技术领先，又要考虑适用以及性价比。选购时应考虑胶片类型，如缩微平片、封套片、开窗卡片、16 毫米胶卷、35 毫米胶卷等；放大倍率的范围；扫描速度，即每单位分辨率，如 4.5 秒 /400dpi；光学分辨率和输出分辨率，如 300—800dpi 等。

（六）纸质档案数字化的软件配置

纸质档案数字化除了必要的硬件设施外，还需要运行硬件设施所需的档案数字化工作软件。该软件有两大类：分别是系统软件和应用软件。系统软件包括操作系统数据库管理系统等平台。应用软件是在上述软硬件平台的基础上实现数字化流程的文档扫描、图像处理和数据存储等功能的软件。这些软件可以从市场上购置，或从网络上免费下载，或随硬件设备配送获得。对于大批量纸质档案的数字化处理而言，仅仅靠上述分散的、专用的工具软件是不够的，想要实现纸质档案数字化的大批量生产必须采取系统集成方式将整个数字化流程集合为一个统一的制作加工系统，开发出专用的"档案数字化加工管理系统"，实现对包括档案整理、目录建库、档案扫描图像处理、图像存储、数据质检、数据挂接、数据验收、数据备份、成果管理等档案数字化加工全过程的流水作业和安全质量控制。

二、录音档案的数字化设备

1857 年，法国发明家斯科特发明了的声波振记器，这是世界上最早的原始录音机，是留声机的鼻祖；1877 年，爱迪生制造出人类史上的第一部留声机；1898 年，丹麦工程师普尔森发明了磁性录音；1963 年，荷兰生产出音频盒式磁带机；到 20 世纪 80 年代盒式磁带录音迅速普及，这一技术被迅速应用于声音记录，许多单位用之录制领导讲话、会议座谈、文艺演出、要人采访等，形成许多重要的录音档案。

现存的模拟录音档案一般已有 30 年以上的历史，其内容十分珍贵。然而随着时间的流逝，使用次数的增加，加上不适宜的环境条件影响，其声音很容易衰减或消失，由于没有了播放设备已经无法还原录音档案没有了播放设备，无法还原。利用多媒体数字技术，把模拟录音带转录成数字音频档案，有利于录音档案的及时抢救、长期保存编研制作和共享利用。随着数码音像技术的大面积普及，模拟录音档案的数字化也被提到重要议事日程上来。录音档案数字化比较容易实现，主要硬件有放音设备、存储设备和计算机等，录音档案数字化软件较多，可根据个人习惯和熟悉程度加以选择。

（一）录音档案数字化的硬件

传统放音设备。根据拟数字化录音档案的规格、型号配置相应的放音设备，如开盘式放音机、钢丝带放音机、盒带录音机、电唱机等。放音设备必须能将声音源以电平信号的方式，通过音频输出插孔进行输出，若原设备不具有音频输出插孔，应进行改装。

模数转换设备。模数转换设备是录音档案数字化的核心部件，品质好的模数转换设备有低失真、低时延、高信噪比的特点。模数转换设备主要是声卡。声卡是多媒体技术中最基本的组成部分，是实现模拟信号和数字信号相互转化的一种硬件，其基本功能是将来自磁带、光盘、话筒等的原始声音信号加以转换。它的工作原理是将获取的模拟信号通过模数转换器，将声波振幅信号采样转换成一串数字信号，存储到计算机中。当信息信号进行重新播放时，这些数字信号被输送到数模转换器，以同样的采样速度还原为模拟信号。声卡的技术指标主要有：一是采样频率，采样频率越高，声音越保真。目前，声卡的采样频率一般应达到 44.1kHz 或 48kHz。二是样本大小，当前声卡以 16 位为主。8 位声卡对语音的处理也能满足需要，但播放音乐效果不佳；16 位声卡可以达到 CD 音响水平。

　　内部声音混合调节器。内部声音混合调节器的主要功能是把不同输入源中输入的声音信号进行混合和音量调节，通常要求该混合器是可编程或可控制的。监听拾音设备，如监听音箱、监听耳机、话筒等。

（二）录音档案数字化的软件

　　数字化转换软件主要为音频制作软件。此外，Gold Wave 也是一种功能强大、占用空间少、免费共享的绿色软件，并且可以在互联网上免费下载。刻录软件也较多。

三、录像档案的数字化设备

　　录像档案数字化的整个设备系统由四个部分组成：提供模拟视频信号输出的放像设备，如与录像带相配套的录像机、放像机等；对模拟视频信号进行采集、量化、编码的视频采集设备，通常由视频采集卡来完成；对数字视频进行编辑的编辑系统；数字录像档案的存储设备或存储系统。

（一）录像档案数字化的硬件

　　放像设备。放像设备要按照录像档案载体的不同而做出不同的选择。受到数字设备的冲击，许多传统的放像设备逐渐退出市场。曾经流行的模拟录像带及其播放设备按照制式来分主要有 VHS、Beta 和 8 毫米等类型。VHS 是家用视频系统的缩写，这种录像机采用带宽为 1/2 英寸的磁带，习惯称"大 1/2 录像机"。

　　目前，档案馆保存的模拟录像带中绝大部分是 VHS 带。Beta 录像机采用不同于 VHS 的技术，图像质量优于 VHS 录像机，所用磁带的宽度也是 1/2 英寸，但磁带盒比 VHS 小，故又称"小 1/2 录像机"。8 毫米录像机综合了 VHS 和 Beta

录像机的优点，体积小，图像质量高，所用磁带宽度仅为 8 毫米。模拟录像机不仅有制式的不同，而且按照其信号记录方式及保真度的不同而分不同技术质量等级。不同制式、不同等级、不同品牌的录放设备及其不同性能的录像带，相互之间并不兼容，因此必须针对录像带的类型选择相应的放像设备。根据录像带规格、型号选用设备，如 WHS 放像机、3/4 放像机等。普通模拟录像机可输出清晰度在 200 多水平线的模拟录像；高清晰度模拟录像机可输出清晰度在 400 水平线的模拟录像；数码摄像机可输出清晰度在 500 水平线的数字录像。档案部门保存的录像带形式各异，主要有小 1/2 带、大 1/2 带、3/4 带等。因为与这些录像带匹配的可运行的放像机越来越少，所以档案部门应当尽快将这些珍贵的录像带做数字化处理。否则，将来这些古董放像机一旦淘汰灭绝，带中的影像就很难再现。

视频采集设备。视频采集设备由高配置的多媒体计算机的内置或外置的视频采集压缩卡组成。录像档案数字化的一个重要工作是音像采集。所谓音像采集是指通过硬件设备把原录像带保存的模拟信号转换成数字信号采录至计算机中，以数字图像格式保存的过程。图像采集的过程是保证数字图像质量的关键环节，因此正确选择采集所使用的硬件设备即采集卡至关重要。目前，市面上的采集卡种类较多，档次和功能高低不一，按照其用途从高到低可分为广播级、专业级、民用级视频采集卡，档次不同采集图像的质量不同。档案部门应采用专业级以上的视频采集卡。由于视频的数据量非常之大，因此对计算机的速度要求很高。在未压缩的情况下，采集一分钟的视频数据可能超过几百兆，如果 CPU 和硬盘跟不上要求，将无法进行采集或者采集效果较差，如画面失真、停顿、掉帧等。

（二）录像档案数字化的软件

录像档案的采集、转换和编辑除了视频卡外，还需要借助视频采集软件和视频编辑系统来实现。通过视频采集软件，在实现录像档案的数字化采集之前，可以设定所需生成的视频文件格式，设置视频文件的各项参数，如调节录像信息的亮度、视频取样标准，以确保采集信号的质量。

采集软件。视频卡配套提供的视频采集软件功能相对简单，通常无法对视频信息进行复杂的编辑和转换。因此，对采集后的视频信息，在必要的情况下，可以使用专门的视频编辑软件甚至功能强大的非线性视频编辑系统进行编辑处理。视频编辑与文本编辑类似，是将采集好的视频素材进行二次加工，如插入、剪切、复制、粘贴、拼接视频片段等，还包括字母、图形乃至不同视频、音频的叠加、合成等。通过上述处理，在不破坏真实性的前提下，录像档案可以更加清晰、美观和生动，并对视频内容进行适当的引导、指示和标注。

编辑软件。视频编辑软件是对视频进行录制、切割、合并、重组、批量处理、格式转换等制作的软件。当前，针对各种需要产生的视频格式繁多，而流媒体格式因其在网络浏览和传输支持上的优势，越来越得到广泛的青睐。现今信息产业界已开发出许多功能强大、界面友好的视频处理软件。

第三节　数据存储设备与数据备份

档案数字信息的长期安全存储取决于存储设备的选择和存储技术的应用，是档案安全保管的重要内容。

一、数据存储系统

档案信息化数据存储是指数据以某种格式记录在计算机内部或外部存储介质上，其存储系统分别使用不同的存储介质和存储技术。

数据存储介质。从古至今，介质存储一直是保存档案的主流方式，不同介质承载的档案本质属性并无差别，都是人类认识世界和改造世界的历史记录，是社会的重要信息资源。人类曾以石器、竹器、纸张、磁带、缩微胶片等作为载体记录档案的内容，而在网络信息时代，档案的形成在很大程度上依赖于计算机及其应用系统环境，档案信息以数字形式展现给人类。为了保存这些数字形式的文件和档案，人类发明了软盘、磁盘、光盘等存储数字信息的新型载体，使用这些载体，人们能够方便地存储、迁移、展示和传播档案信息，开展深入的编研开发工作，为社会提供档案利用的多样化服务。与传统档案载体相比较，数字形式的档案载体为公众提供了灵活、方便利用档案的机会，而对于习惯了保管传统载体档案的档案工作者来说，面临的新挑战是这些新型载体档案如何进行永久保存和广泛利用。

关于数字资源永久保存问题的研究，国内外已经有很多单位付出了诸多努力，有的致力于提高数字信息载体的寿命，有的则在扩大载体的存储容量、降低存储成本上下功夫。然而，正是由于数字信息载体的更新换代太快、太频繁，尽管一代代产品的兼容性越来越好，但由于档案这一固定内容的"原始性不能被修改"的属性决定了档案具有快速发展和频繁更新的特殊性，肩负保管社会历史记录重任的档案工作者，不仅要考虑档案信息利用的深度和广度，还需要重视档案的完整保存和真实有效。

因此，很多专家提出了 21 世纪"双套制"工作策略并被很多单位所采纳，即将有保存价值的电子文件归档时，同时做一套纸质备份或制作缩微胶片，延长档案的保存寿命，将存储在数字信息载体上的档案主要用于提供利用服务和载体备份。

"双套制"是过渡时期档案管理的一种可操作解决方案，在一定程度上减轻了档案工作者保存档案的压力，但增加了管理过程的成本。在实际工作过程中，很多单位采用纸质、缩微数字信息载体各制作一套备份，这样制作成本、管理成本呈现持续上升的趋势。但是随着档案信息量的增大，这种方式很难持续较长的时间。另外，并不是所有的数字档案都能够制作纸质或缩微的备份，只能以数字载体形式进行存储，这就需要加强管理，制定长期保存数字档案数据的管理规范和规章制度。在选择较长寿命存储载体的前提下，定期进行检查，根据需要做数据迁移，并在数据迁移的过程中确保档案的真实、完整和有效。

目前，数据存储介质主要有磁存储介质、光存储介质和电存储介质三种。

（一）磁存储介质

磁存储技术是将声音、图像和数据等变成数字电信号，通过磁化磁介质来保存信息。磁存储介质主要有硬磁盘、磁带、磁盘阵列、磁带库等。

1. 硬磁盘

它是由若干盘片重叠在一起放入密封盒内组成，盘片的结构类似软盘，盘片一般用合金或玻璃材料制作，磁性层则一般使用 γ-Fe2O3 磁粉、金属膜等制成。硬盘的存储量大，数据传输速度快；硬盘盘片与驱动器装在密封容器内，不易受周围环境影响，工作稳定性好、可靠性高，由此常作为网络数据传输的在线存储介质。硬盘按尺寸分，有 5.25 英寸、3.5 英寸、2.5 英寸、1.8 英寸等。5.25 英寸硬盘早期用于台式机，已被淘汰；3.5 英寸台式机硬盘正广泛用于各式电脑；2.5 英寸硬盘广泛用于笔记本电脑及移动硬盘；1.8 英寸微型硬盘广泛用于超薄型笔记本电脑、移动硬盘及苹果机播放器。按转速分，有 5400 转 / 秒、7200 转 / 秒、10000 转 / 秒和 15000 转 / 秒。按存储方式分，有固态硬盘、机械硬盘、混合硬盘。相对于机械硬盘，目前的固态硬盘有存取速度快、耗电量小、稳定性好等优点，也有存储量小、价格昂贵等缺点。而混合硬盘起到了扬长避短的作用，值得档案工作者关注。

2. 磁带

一般由聚酯薄膜带基和附着在带基上的磁性涂层，经过磁性定向、烘干、压光和切割等步骤制成。磁带存储容量大，数字磁带的最大容量已经达到 TB 级，在数据备份和档案文件存储等方面一直占据着重要的地位；成本适宜，操作方便，只要通过一定的驱动器便能顺利地读取。但是，磁带是串行的记录方式，存取速度较慢；工作方式为接触式，易使磁带、磁头磨损。鉴于磁带的这些特点，它适合用在按顺序存取数据、存储量大而读写次数少的电子档案备份系统中，可作为硬磁盘数据长期备份的存储介质。

3. 磁盘阵列

它是应用磁盘数据跨盘处理技术，通过组合多个硬盘，把多个读写请求分散到多个硬盘中来突破单个磁盘的极限，其协同工作。在使用过程中如同仅使用一个硬盘，却获取了比单个存储设备更快的速度、更好的稳定性、更大的存储能力、更高的容错能力。它可以按照用户对于存储容量的需求进行阵列配置，从而达到海量存储的要求。磁盘阵列系统存储容量大、安全性高。数据存储在由多个磁盘组成的磁盘组上，通过数据的冗余存储，可在一个或多个磁盘损坏、失效时，防止数据丢失；磁盘阵列通过并发读写，能够提高数据的存取速度，把多个硬盘驱动器连接在一起协同工作，大大提高了数据的读写功能。

4. 磁带库

它是一种机柜式的、将多台磁带机整合到一个封闭系统中的数据备份设备，是离线存储系统中的关键设备之一。它主要由磁带驱动器、机械臂和磁带构成，可实现磁带自动卸载和加载，在存储管理软件的控制下具有智能备份与恢复、监控统计等功能，能够满足高速度、高效率、高存储容量的要求，并具有强大的系统扩展能力。磁带库具有自动备份和恢复功能，可实现数据的连续备份，也可在驱动管理软件控制下实现智能恢复、实时监控和统计；存储量大，存储容量达到 PB 级，备份能力也很强大，是集中式数据备份的主要设备。

（二）光存储介质

从磁存储到光存储是信息记录的飞跃，光存储是利用光学原理读或写的。光存储技术是采用激光照射介质，激光与介质相互作用，导致介质的性质发生变化而将信息存储下来的。读出信息是利用定向光束在存储介质表面进行扫描，通过检测所经过点的激光反射量，读出所保存信息的一种技术。光存储介质有光盘、光带、光卡、光盘塔、光盘库等，其中以光盘应用最为广泛。光盘是继磁性介质之后产生的又一种新型的数字信息记录介质。它具有存储密度高、信息容量大、稳定性好、可移动成本低等优点，也是电子档案的重要存储介质。光盘通常分为CD、DVD、蓝光光盘等几种。

1.CD

CD 光盘采用红外激光器读取数据，存储容量较大，存储成本相对较低；在日常使用中易发生磨损，造成数据被错误读取和解析；在受力不均匀时易发生变形，造成数据无法读取。CD 采用单层储存形式，容量一般为 700M。由于光盘技术的迅速发展，目前该类光盘已经趋于淘汰。

2.DVD

DVD 与 CD 的外观极为相似，直径都是 120mm，一般单层容量约为 5G。DVD 分为预录制和可录制光盘两种。预录制光盘的数据只能由厂商用专用设备进行录制。可录制光盘又分为一次写入型和可擦写型两种。一次写入型光盘可用光盘刻录仪一次性刻录数据，但不能擦除。档案部门可利用这种光盘的特点，保存档案信息，防止归档电子文件被改写和篡改。可擦写型光盘录入的数据可擦除和重写，可反复使用。

3. 蓝光光盘（BD）

目前主流的单层 BD 容量为 25G，可烧录长达 4 小时的高清视频；双层 BD 容量为 50G；多层 BD 容量为 100G 以上。随着蓝光刻录机和盘片价格越来越低，BD 很有可能是继 CD、DVD 之后的档案数据又一主要存储介质。光盘共享技术的发展为大容量存储数字信息提供了可能，光盘塔和光盘库也成为存储电子档案的主要设备。

（三）电存储介质

电存储介质是继磁存储和光存储之后的利用半导体技术做成的一种新型存储介质，它通过电子电路以二进制方式实现信息的储存。电存储介质主要有闪存盘和数据存储卡。

二、数据存储技术

数据存储技术随着科技的发展也在不断地发展和变化。目前，数据存储技术主要有直接存储、网络存储两种。

（一）直接存储技术

直接存储技术是目前存储数据的主要技术方法。直接存储技术是利用计算机等存储设备，将档案信息保存在性能稳定的载体上。存储载体主要包括只读光盘、一次写光盘、磁带、硬磁盘、可擦写光盘、光盘塔和磁带库等。其特点是：投资低、读取速度慢；资料可供同时读取的人数少；检索光盘时，内部机械手臂容易出故障，光盘容易磨损、划伤等。

（二）网络存储技术

在数字化高速发展的背景下，网络已经渗透到社会各个领域的日常运营管理中。具有海量存储性能的网络存储产品及其组织与管理数字信息的软件系统的问世，为数字档案的存储提供了可能。各级机构建立的互联网、专网和内网则为档案的网络化收集、整理、归档、存储、传播利用提供了基础平台，这就需要借助于网络在线存储技术以获得更可靠的存储，提供更快速的访问。

存储设备与主机的连接方式：主机与网络存储系统之间的连接方式有多种，主要有在线存储、近线存储和离线存储。磁盘阵列与服务器之间的直接连接就是采用在线存储方式，存取速度快，成本高，适合高速数据存取的应用场合；光盘库与主机之间采用近线存储方式，存取速度中等，成本合理，适合于对在线访问速度要求不高的档案馆、图书馆等；磁带库、脱机存储设备是采用离线存储方式，平均存取速度较低，成本也较低，适合大规模后备备份或者用以保密数据的保管和访问等。

存储设备与网络连接的接口标准：存储设备与网络的连接标准也有多种方式，主要有 SCSI 连接、光纤连接等。SCSI 连接和光纤连接是档案馆中通常使用的连接方式。

网络存储解决方案：网络存储领域最典型的代表有直接附加存储（DAS）、网络附加存储（NAS）、存储区域网（SAN）以及内容寻址存储（CAS）。事实上，DAS、NAS、SAN 和 CAS 是集数据存储硬件设备和数据管理软件系统为一体的存储解决方案。区别在于介质存储的脱机方式，网络存储的主要作用是提供数字信息的在线访问，而数据管理则是解决网络上数据的组织、存取与访问方式，目的是管理数据并提供访问机制。通常采用关系型数据库管理系统，文件数据管理系统和内容存储管理系统等。

直接附加存储（DAS）技术：直接附加存储通过电缆直接与服务器相连接，存储设备作为服务器的附加硬件，不使用操作系统，直接接收所连服务器的 I/O

请求，完全依托服务器，通过服务器上的网卡向用户提供数据。它是典型的分散式存储模式。

DAS 是一种传统存储方式，是在本地将存储设备（磁盘、磁带、磁盘阵列、带库等）通过 SCSI 接口的电缆一对一地直接连接到服务器或者客户端的扩展接口上。它本身没有独立的操作系统，而是依赖于其宿主设备—服务器或客户端的操作系统来完成对数据的存储与管理。服务器和存储设备之间的连接通道是独立的、专用的。存储设备只能由与其直接相连的服务器通过一个智能的控制器来访问。该方法主要是为了克服主机上驱动器槽的缺陷而发展的。当服务器需要更多的存储量，只要增加连接一个存储器即可。该方法同时还允许一台服务器成为另外一台的镜像。这个功能是通过将服务器直接连到另一台服务器的界面上来实现的。

DAS 的优点是数据存储速度快，所有数据都能够时刻在线，为用户提供快速的访问响应。不足之处在于大量占用服务器资源，当用户数增加或者服务器上的应用程序运行繁忙时，服务器就成了数据存储与访问的瓶颈，当网络上存储设备和服务器被添加进来，DAS 环境将导致服务器和存储孤岛数量的剧增，产生巨大的管理负担，并致使资源利用率低下。由于受到服务器扩展能力的限制，不可能进行无限度的扩容，容量会受到一定的限制，因此它比较适合于数字化信息量较小的档案馆使用。

网络附加存储（NAS）技术：网络附加存储是一种连接在网络上的存储设备。通常使用 RJ45 口，通过以太网向用户提供服务。采用集中式数据存储模式，将存储设备与服务器彻底分离。NAS 是一种基于文件级别的存储结构，存储设备直接连接到局域网上，具备文档存储功能的装置，系统通常使用 NFS（网络文件系统）或者 CIFS（通用互联文件系统），这两者都是基于 IP 的应用。它将存储设备从服务器上脱离出来，完全独立于网络中的主服务器，而连接到现有的网络上，通过网络共享方式给各客户机提供网络数据资源服务，客户机完全可以不经过服务器而直接访问存储设备上的数据。NAS 服务器一般由存储硬件、操作系统以及其上的文件系统等几部分组成。

第四章　档案数据利用与共享

第一节　档案数据库的知识

一、数据库的概念

数据库是现代信息科学与技术的重要组成部分，是计算机数据处理与信息管理系统的核心。数据库解决了计算机信息处理过程中大量数据有效地组织和存储的问题，使数据库系统减少数据存储冗余、实现数据共享、保障数据安全以及高效地检索数据和处理数据。

（一）数据

数据是描述事物的符号记录。在计算机系统中，各种字母、数字、符号的组合以及语音、图形、图像等统称为数据，数据经过加工后就成为信息。在计算机科学中，数据是指所有能输入计算机并被计算机程序处理的符号的介质的总称，是用于输入电子计算机进行处理，具有一定意义的数字、字母、符号和模拟量等的统称。

（二）数据库

数据库是按照数据结构来组织、存储和管理数据的仓库，它产生于距今60多年前，随着信息技术和市场的发展，特别是20世纪90年代以后，数据管理不再仅仅是存储和管理数据，而是转变成用户所需要的各种数据管理的方式。数据库有很多种类型，从最简单的存储有各种数据的表格，到能够进行海量数据存储的大型数据库系统，都在各个方面得到了广泛的应用。

（三）数据库的主要特点

数据库技术之所以如此迅速发展，是因为它具有以下特点：①实现数据共享。数据共享包含所有用户可同时存取数据库中的数据，也包括用户可以用各种方式通过接口使用数据库，并提供数据共享。②减少数据的冗余度，同文件系统相比，由于数据库实现了数据共享，从而避免了用户各自建立应用文件。减少了大量重复数据，也减少了数据冗余，维护了数据的一致性。③数据的独立性。数据的独立性包括逻辑独立性（数据库中数据库的逻辑结构和应用程序相互独立）和物理独立性（数据物理结构的变化不影响数据的逻辑结构）。④数据实现集中控制。文件管理方式中，数据处于一种分散的状态，不同的用户或同一用户在不同处理中其文件之间毫无关系。利用数据库可对数据进行集中控制和管理，并通过数据模型表示各种数据的组织以及数据间的联系。⑤数据一致性和可维护性。主要包括安全性控制，以防止数据丢失、错误更新和越权使用；完整性控制，保证数据的正确性、有效性和相容性；并发控制，在同一时间周期内，既允许对数据实现多路存取，又能防止用户之间的不正常交互作用，以确保数据的安全性和可靠性。⑥故障恢复由数据库管理系统提供一套方法，可及时发现故障并修复故障，从而防止数据被破坏。数据库系统能尽快恢复运行时出现的故障，可能是物理上或逻辑上的错误。

（四）数据库类型

1. 关系型数据库

关系型数据库以行和列的形式存储数据，以便于用户理解。这一系列的行和列被称为表，一组表组成了数据库。用户用查询（Query）的方式来检索数据库中的数据。一个 Query 是一个用于指定数据库中行和列的 SELECT 语句。关系型数据库通常包含下列组件：客户端应用程序、数据库服务器、数据库。关系型数据库管理系统中储存与管理数据的基本形式是二维表。

2. 网状数据库

处理以记录类型为结点的网状数据模型的数据库。处理方法是将网状结构分解成若干棵二级树结构，称为系。系类型是两个或两个以上的记录类型之间联系的一种描述。在一个系类型中，有一个记录类型处于主导地位，称为系主记录类型，其他称为成员记录类型。系主和成员之间的联系是一对多的联系。

网状数据库的代表是 DBTG 系统。现有的网状数据库系统大都是采用 DBTG 方案的。DBTG 系统是典型的三级结构体系：子模式、模式、存储模式。相应的数据定义语言分别称为子模式定义语言 SSDDL、模式定义语言 SDDL、设备介质控制语言 DMCL，另外还有数据操纵语言 DML。

3. 层次型数据库

层次型数据库管理系统是紧随网状数据库而出现的。现实世界中很多事物是按层次组织起来的。层次数据模型的提出，首先是为了模拟这种按层次组织起来的事物。层次数据库也是按记录来存取数据的。层次数据模型中最基本的数据关系是基本层次关系，它代表两个记录型之间一对多的关系，也叫作双亲子女关系（PCR）。数据库中有且仅有一个记录型无双亲，称为根节点。其他记录型有且仅有一个双亲。在层次模型中从一个节点到其双亲的映射是唯一的，所以对每一个记录型（除根节点外）只需要指出它的双亲，就可以表示出层次模型的整体结构。可以说，层次模型是树状的。

二、档案数据库

档案数据库是以一定的组织方式存储在一起的机读档案数据的集合。"记录"是档案数据库的基本单元，是对某一份文件或案卷的题名、责任者、时间、页码、分类号、主题词、摘要等进行描述的结果，每条记录相当于一条著录条目。一个档案数据库由若干条记录组成，这些记录被组织起来以供检索和显示之用。

（一）档案数据库的特点

1. 集中性

档案数据库对档案数据实行集中化控制，可将各种有关数据集中在一起进行统一的控制和管理，因此保证了数据的一致性和完整性。

2. 结构化

档案数据具有复杂的数据结构，它将各应用系统的全部数据合理地组织起来。

3. 低冗余度

数据库中的档案数据重复少，数据的冗余度被控制在最低限度，节省了计算机的存储空间。

4. 可靠性

数据库系统采取各种手段加强了对数据的保护，保证了数据的安全、可靠。

5. 共享性

数据库系统内的各应用程序可以共用，数据库还可以出售，供不同用户、不同系统使用。

（二）常见档案数据库形式

档案数据库一般包括目录数据库或元数据库、内容数据库等。

1. 目录数据库

目录数据库是数字档案资源管理的基础，它是将反映数字档案特征的规范数据，依照一定的字段要求存入计算机中，通过系统的排序等处理，形成由计算机检索的目录数据体系。目录数据库建立的方式主要有两种基本途径：一是通过传统载体档案数字化采集的档案目录数据库，一般是通过人工录入建库方式建立；二是通过接收电子文件方式形成的数字档案，一般是通过档案管理系统自动采集生成或从数字档案元数据库中提取而形成的，经过数据整理规范审核与补充完善后建立。

2. 元数据库

保存数字档案元数据是保证数字档案可靠和可用的一项重要措施。元数据库建设按照数字档案元数据采集规范要求建立。元数据采集方式主要是通过对电子文件或数字档案的背景、结构和管理过程信息进行自动生成和适当人工添加而形成的。如数据仓库就是对基础数据进行重新设计、编辑所获得的新的数据库。元数据库主要承担优化检索的计算任务。数据仓库中的数据主要来自基础数据库，由数据抽取工具经综合集成处理而成，数据根据一定的主题经过二次加工形成，是面向数据利用而建设的。

数据仓库可以叫作系统的搜索引擎数据库。数据仓库中的数据可能来自基础数据库中的一个或多个数据表，而且可能是其中的一个或多个字段，源数据表的结构可以是异型、异构的。例如，数据可能来自档案、资料等不同数据库。数据仓库数据是为检索而生成的，比基础数据库中的数据更加规范、简洁，例如只保留信息关键字、录入人、录入时间等为系统管理而设定的字段不再出现。另外，这些数据一经形成具有一定的稳定性。数据仓库对底层基础数据库中的数据进行集成、转换和综合，重新组织成面向利用的数据集，从而实现了对数据的整合。

3. 内容数据库

内容数据库是数字档案资源建设的主体，它是通过数据库、数据仓库等技术方法将档案全文按照一定的分类、排序方式排列形成的集合。内容数据一般通过与目录数据挂接方式实施有效管理，随着信息技术特别是检索技术的发展，将来也会采用其他技术方法对内容数据进行有效管理。对于由电子文件归档形成的电子档案，其内容数据还应与其元数据建立持久、有效的联系，防止非法修改，采取技术措施，确保其可靠和可用。

内容数据库是数字资源管理的主体，内容数据通常表现为非结构化数据，不方便用数据库二维逻辑表来表现，如文本、图片、XML、HTML、各类报表、图像和音频、视频信息等。从方便管理和利用、软硬件有效配置、资源安全等角度考虑，应分别建立管理不同档案内容数据的内容数据库。按照档案内容和形式特点，可划分为电子文件数据库、扫描文件数据库、照片数据库、多媒体数据库等。电子文件多为文本文件，所占空间小，内容易于编辑，与形成单位联系密切，可建立单独的数据库（电子文件中心），依托政务网构建较为有利。扫描文件数据多为馆藏档案数字化转换而成，存储格式比较统一，可以建立扫描文件数据库；照片数据和多媒体数据各自有独特的存储格式，占用存储空间相对较大，管理方法也有特殊要求，宜分别建立照片数据库和多媒体数据库。这种划分不是必然的，数字档案馆建设可按照资源数量、设备条件、用户需求等，建立符合实际的档案内容数据库。

（三）档案数据库的性能指标

1. 数据收录的完整性

这是评价数据库质量的首要指标。数据库覆盖面的大小、收录数据的完备程度，关系到它是否能全面满足用户的检索要求，也是取信于用户的基本前提。

2. 数据收录的准确性

数据库中收录的数据是否准确和可靠，是保证档案检索系统检索效率的重要因素，数据的任何差错，如格式的不一致、字符的出入、拼写的失误，对计算机处理数据和检索结果都有很大影响。尤其在数值型和事实型数据库中，数据的不准确将会造成严重后果，可能会导致用户对数据库的彻底否定。

3. 信息含量的充分性

它指档案数据库揭示档案信息特征的充分程度，如对一份档案著录项目的详细程度、有无摘要、摘要的详略如何、标引深度的大小等。数据库的信息含量越充分，就越有助于用户判断档案的价值及其切题程度，从而帮助他们迅速、准确地找到自己所需的档案。

4. 数据更新的及时性

主要指一份档案从形成到纳入数据库之间的时差。如果用户先看到原始档案，然后才从数据库中检索到该档案的有关信息，就会认为数据库所提供的数据不及时。数据库的及时性对于现实效用较强的科技档案尤其重要，数据库的时差越短，其价值就越大。

5. 数据库的成本效益

建立数据需消耗大量的人力、物力，租用或购买数据库的花费也很大。因此，经济成本是衡量与选择数据库的重要指标，应尽可能地选用最低的成本达到较大的效益。计算数据库成本的指标包括每个字段、每条记录的平均费用，每次检索、每条命中记录的平均费用。

三、档案目录管理和档案检索体系

档案目录管理是有关编制、管理档案目录，并向档案工作的其他环节和档案利用者提供目录服务的业务系统，是档案工作的一项基本内容，由档案著录、档案目录组织、建立档案目录体系、建设档案目录信息网络四部分组成。

（一）档案目录的基本职能

1. 存储职能

档案目录的存储职能是将分散在各个全宗、案卷、文件中的档案信息加以提炼、加工，按照目录组织原则和方法，由分散到集中，组成一个档案二次信息系统。档案目录的存储职能，要依靠档案著录、目录组织、目录体系确定等档案目录工作环节来实现。

2. 检索职能

档案目录的检索职能是提供多种检索手段和检索途径，使档案利用者将检索要求和档案目录信息进行相符性查找，找到符合检索条件的档案的准确位置。档案目录的检索职能是在档案利用的过程中实现的。

（二）档案目录的种类

档案目录是将档案的著录条目按照一定的次序编排而成的检索工具。按检索工具的编制方式来划分，档案目录是档案检索工具的一种。常见的检索目录有以下几种。

1. 案卷目录

登录案卷题名、档号、保管期限及其他特征，并按案卷号次序排列的档案目录。它们是档案馆（室）基本和必备的检索工具。其类型基本有两种：一种是以全宗为单位编制的综合目录；另一种是以全宗内各种门类的档案编分册目录。分册目录一般以全宗内的类别为单位，或按保管期限、年度、阶段、机密程度为单位分别编制。目录类型的选择和设置的数量，应考虑便于档案的检索和管理。

2. 卷内文件目录

登录卷内文件名和其他特征并固定文件排列次序的表格，排列在卷内文件之前。其用于揭示卷内文件的来源、内容等，固定卷内文件顺序，统计卷内单份文件数量。

3. 归档文件目录

指以全宗为单位编制的所有归档文件名册。归档文件应依据分类方案和室编件号顺序编制归档文件目录。

4. 主题目录

以若干能表达案卷或文件中心内容的主题词作为检索标识，将档案著录成卡片条目，按主题词的顺序排列组织而成。主题词是经过优选和规范化处理，能表达各种概念的词或词组。这种目录具有专指性、集中性、直观性、灵活性的优点，便于特性检索，可以弥补因受分类体系、归类标准等因素限制而造成的不便，其缺点是缺乏逻辑体系，系统性差；又由于每一条目往往标引若干个主题词，手检的主题卡片须为每一主题词各制一卡，将同一形式的若干张卡片分别按不同主题词排列，因而造成卡片数量庞大的情况，不便于编制和管理。

5. 分类目录

打破全宗及其原有整理系统，按照档案内容性质，采用等级体系的分类法组织而成，通常依据统一制定的检索分类大纲进行分类排列。这种目录在揭示文件或案卷的内容和形式特征方面，具有分类系统、问题集中的特点，是沟通利用者与贮存系统的基本媒介，是档案馆（室）起主导作用的检索工具。

编制方法：以文件级或案卷级为单位著录成卡片条目，再按类别及分类号的顺序分别集中和排列，形成大类、项、目、细目的层次分明的线性系统，其格式一般以《档案著录规则》的规定为准。

6. 专题目录

超越年度、全宗的界限，按照一定题目，将涉及同一专题的档案著录成卡片条目，集中组合而成。其针对性强，便于迅速查找专门需求的档案材料。编制程序大致为：选题、选材、制卡，按问题、部门、时间、地域或其他特征设置类别体系，各类和类内再依照一定顺序系统进行排列。

7. 全宗文件目录

以逻辑体系分类的形式，将一个全宗内各种文件的内容和形式特征著录成卡片条目，按内容反映的主题分类排列组织而成。它突破按年度和组织机构等全宗内档案分类体系，便于从专业和专题的角度查找档案，有较高的查全率和查准率。其著录格式、填制方法和排列顺序分类卡片目录与大致相同，如将其条目编上顺序号，印制成簿册即为全宗文件目录。

8. 人名目录

将档案中涉及的人名情况著录成卡片条目，集中排列而成。它向利用者提供姓名及其有关信息的线索。人名目录主要有两种：简单地只著录人名（包括别名、曾用名）和材料出处的档号；详细地包括人物生平简况、档案内容提要和材料出处的档号、备考等。条目排列顺序：中国人名一般按姓氏笔画或汉语拼音字母等顺序，外国人名一般按姓的外文字母顺序，并在不同笔画或字母的人名卡片间放上突出的指引卡片。

（三）档案检索体系

1. 档案检索

档案检索是指对档案信息进行系统存储并根据需要进行查找的工作，它是开展提供利用工作的基本手段，也是开发档案信息资源的必要条件。它包括两个阶段：①按照一定的规则，对档案信息进行著录和标引，组成各种检索工具，即输入过程。②根据用户需求，依据检索工具，查找所需的档案信息，即输出过程。

2. 档案检索体系

档案检索体系是指为进行档案检索而建立的完整的检索系统。它由以下四个部分组成。

第一，检索语言。检索语言也称档案标引语言，是根据检索的需要而编制的一种专门语言，是表达档案主题内容和作为索取依据的一种标识。档案检索语言有两个基本特点：单义性、专业性。单义性可以减少匹配误差，提高检索效率。专业性要求档案检索语言的词汇及编排方法都符合档案的特点，便于档案标引和查找时使用。档案检索语言具有保证检索效率、揭示检索标识之间的逻辑关系、对检索标识进行系统化排列的作用。

第二，著录、标引规则。著录、标引规则是指对档案信息用检索语言和有关符号等加工存储，进行标识的规范。目前，我国已制定了《档案著录规则》《中国档案分类法》《中国档案主题词表》等标准，作为著录与标引的依据。

第三，检索工具。检索工具是档案信息经过加工浓缩而存储起来的一种载体，主要包括各种档案目录和各种数据库。

第四，检索设备。检索设备是指有关的设施设备，包括目录夹、卡片柜、计算机、检索网络的终端等配件设备。

3. 档案检索效率

档案检索效率是指在检索过程中满足利用者需要的全面性和准确性程度，它是衡量档案检索系统性能以及每一个检索过程质量高低的最基本的指标。档案检索效率通常采用检全率（查全率）和检准率（查准率）两个指标来衡量和表示。

查全率是指满足利用者要求的全面程度，即检出的有关档案与全部有关档案的百分比。与之相对应的是漏检率，即未检出的有关档案与全部有关档案的百分比。

查准率是指满足利用者要求的准确程度，即检出的有关档案与检出的全部档案的所百分比。与之相对应的是误检率，即检出的不相关档案与检出的全部档案的所占百分比。

第二节　计算机档案信息检索系统

一、计算机档案信息检索的基本知识

计算机档案信息检索是计算机技术在档案管理领域的重要应用内容，自 20 世纪 80 年代以来，我国各级档案馆及一部分单位的档案室进行了计算机档案信息检索的探索和实际应用。它极大地提高了档案信息检索的效率，大大提升了档案管理的现代化水平。目前，计算机档案信息检索正逐渐取代手工检索并占据主导地位。

（一）计算机档案信息检索系统的特点

计算机档案信息检索系统是以电子计算机作为检索设备，将档案信息以二进制代码的形式记录在磁性载体上，由计算机检索软件进行控制，对输入的档案信息自动进行存储、加工、检索、输出、统计等操作的一种信息检索系统。与手工检索系统相比，其优点十分明显。

1. 检索速度快

使用传统的手工检索查找档案，需要较长时间逐张翻检有关检索工具，这常常是一种繁琐、费时的手工劳动，而使用计算机进行检索，速度就快很多。要查找一个或一批文件级档案条目，少则几秒钟，多则几分钟就可完成。这保证了提供档案的及时性。

2. 存储量大，检索途径多

计算机能够用较小体积存储大量的档案信息，这是书本式、卡片式检索工具远远不能相比的。计算机具有为每个文件提供多个存取点的能力，因而可以实现档案信息的多元检索，档案著录的每一项目，既可单独作为一条检索途径，又可把若干项目结合起来进行检索。

3. 检索效率高

计算机信息检索系统对各种检索要求有很强的适应性。将文献的多种特征输入计算机后，通过计算机本身的处理系统可以满足利用者的多方要求，并将检索结果迅速打印和输出，其检索效率较之手工检索工具大大提高。

（二）计算机档案信息检索的现实价值

计算机档案信息检索的现实价值主要分为以下几个方面：

1. 直接向社会提供有价值的各种档案信息

几千年来，档案之所以作为一种重要的社会信息被历朝历代的统治者认真地收藏，主要有两个重要的原因：其一，原始真实的档案信息可以"存史"，即人们可以通过查阅档案的内容记载和解答历史，甚至可以再现历史；其二，档案信息中记载的历史事实可以发挥"资政"的作用，即帮助人们总结历史的经验教训，为现实工作提供参考和依据。如果我们只是将档案收集和保管起来而不对它进行利用，那么再多的档案到头来也只能成为一堆故纸。所以，检索工作通过对社会提供规范化、有序化后的各种档案信息，档案信息真正发挥社会功能，人们保存档案的目的才能最终得以实现。

2. 提高档案信息检索质量

档案作为一种特殊信息，它的保管方式从古到今都有一定的特殊性。全宗是档案实体保管的主要方式，是按照档案实体的来源和档案内容的内在联系形成档案信息的组成方式。这种方式不同于一般图书资料的管理，在检索时要求检索者对档案信息的来源情况有一定的了解，对于一般利用者而言，往往是提出需要检索的内容，而对于这些内容的来源情况并不熟悉，而档案管理者可以利用熟悉档案信息的来源和组织方式优势，提高检索的查全率和查准率，为利用者节约检索时间，提高检索质量。

3. 提高档案信息管理标准化、规范化、科学化水平

检索是一项对技术要求很高的工作，它不仅要求档案实体管理要全面规范，更要求档案信息处理要达到标准化、规范化的要求，比如检索工具应该多样化、层次化，分类方法应该统一；主题词选用应该规范；著录、标引格式应该标准化等。通过开展检索工作，可以极大地促进这些工作的开展，同时也能为实现全面档案信息计算机检索创造条件。

4. 促进档案管理的基础工作

档案信息检索不是一项孤立的工作，它必须以一系列档案管理具体工作为基础，比如检索的对象必须是集中保存的档案实体中的信息。没有进入保存系列的档案信息是无法通过规范的检索手段完成检索的，例如一些没有按规定及时归档的档案、散存在民间的档案、私家档案等；集中保存的档案如果没有进行有序化整理和加工，杂乱堆积在一起，位置不固定，内容缺乏联系，对这样的档案也很难完成相关信息的检索，即使是集中保存并进行了有序化整理的档案，如果没有完备的检索工具，要准确检索有关信息仍然是很困难的。可见，开展档案信息检索工作，不仅是档案信息直接服务于社会的需要，也能从根本上促进档案管理整体工作水平的提高。

（三）计算机档案信息检索系统的类型

1. 按数据库的性质分

按数据库的性质分为目录信息检索系统、事实与数值信息检索系统、全文信息检索系统。目录信息检索系统存储的是经过加工的档案目录信息，检索结果是符合检索要求的档案线索。目录信息检索系统目前在档案计算机检索系统中占绝大多数，它是发展最早、应用最广泛的检索系统。事实与数值信息检索系统存储的是档案中所包含的种种事实或数据，它对档案材料进行了更高层次的加工，输

出的检索结果为用户可直接利用的事实和数据。这种检索系统有逐渐增多的趋势。全文信息检索系统存储的是机读化的档案全文信息，通过这种检索系统可以检索档案原文中的任何一个字、句、段、节等，也可直接输出档案全文。

2.按检索方式分

按检索方式分为脱机检索系统、联机检索系统。脱机检索系统是将用户的检索提问集中起来，由系统操作人员统一输入、统一查找，再把检索结果打印出来分别分发给用户。这种检索系统的用户不能直接使用计算机参与检索过程，需要较长时间才能获得检索结果，适合于那些不需要立即获得结果但对检全率要求较高的检索。

早期的计算机检索系统大多为脱机检索系统。联机检索系统是以"人—机对话"的方式，通过计算机终端和通信线路由检索人员直接对档案数据库进行检索。用户可以随时查找所需的档案信息，并能马上获得检索结果，还可随时修改检索提问，直到获得满意的结果为止。

3.按服务方式分

按服务方式分为定题检索系统和追溯检索系统。定题检索系统是将用户提出的检索要求编成逻辑提问式输入到计算机里，组成提问文件存储在磁盘上，每隔一定时间对数据库中新收入的档案信息进行检索，并按一定的格式打印输出给用户。定题检索服务一般是以脱机方式进行的。

追溯检索系统是根据用户的检索要求，对数据库中积累的档案材料进行专题检索，可以普查若干年内与检索课题有关的所有材料，其检索可追溯到档案数据库所能提供的年代。

4.按检索语言分

按检索语言分为受控语言检索系统和自然语言检索系统。受控语言检索系统是采用分类表、词表等规范化的检索语言对标引和检索所用的词汇进行控制，检索时需通过分类表、词表将标引用语和检索用语进行相符性比较。自然语言检索系统是直接采用自然语言存储检索档案信息，能够方便标引和检索，但要以计算机检索技术的高度发展为前提。

（四）计算机档案信息检索系统的构成

计算机档案信息检索系统由机读档案数据库、计算机硬件、计算机软件三大部分构成。

机读档案数据库是将一系列档案文献条目用二进制代码的形式，记录在磁带、磁盘或光盘上，以便计算机阅读理解和运算，其内容与普通的检索工具基本一致，但为了便于计算机判断和处理，在条目中增加了指示符、分隔符、结束符等标志，并标明了各个著录项目以及整个条目的长度与地址。为了提高检索效率，计算机还需对目录数据库进行进一步加工，排成各种索引文档。一个计算机检索系统包含若干种文档。

计算机硬件指计算机及外部设备，它是进行信息存储、运算、输入、输出的实体。计算机的选型，应根据馆藏量、系统规模及检索功能的要求共同决定。根据我国档案馆（室）现有条件，一般以采用微型机或小型机为宜。尤其是微型机售价低，其容量和功能不断提高，能满足大多数档案馆（室）档案检索的要求，是财力不充足的档案机制的最佳选择。在配置硬件时应考虑各种设备的兼容性、处理速度与处理能力、可靠性与适应性等，既要考虑目前的需要，又要着眼于将来的发展。

计算机软件指控制计算机各种功能的一系列指令，没有这些指令，计算机就无法运行。目前，市场上出售的软件较多，先要配齐有关的系统软件，应用软件可以购买，也可以自己研制开发。由于档案种类的多样性、内容的复杂性以及档案管理、利用的特殊性，要求档案检索系统的软件开发须从档案的特点以及档案工作实际出发，进行系统分析和设计，不能完全搬用情报检索系统的软件。

二、计算机档案信息检索技术

（一）全文检索

档案全文检索又称档案原文存储与检索，是借助于光盘存储器与缩微设备联机实现的一种档案检索方式。全文检索系统的核心组成是全文数据库和全文检索软件。全文数据库是将一个完整的信息源的全部内容转化为计算机可以识别和处理的信息单元而形成的数据集合。全文处理采用了"一次扫描技术"，即计算机索引程序顺序扫描文章全文，对每一个（字）词建立一个索引，指明该（字）词在文章中出现的次数和位置；用户查询时，检索程序根据建立的索引进行查找，并将查找的结果反馈给用户。这个过程类似于通过字典中的检字表查字的过程。应用全文检索软件，可以对文件全文，包括字、句、段、章、节等不同层次的内容进行编辑、加工和检索，将受控语言与自然语言检索相结合，采用布尔逻辑检索、截词检索、邻近检索、模糊检索等方法查找原文中任何细小单元的信息。

（二）多媒体存储与检索

多媒体存储与检索技术是指将文本、数值、图形、图像、声音等多种类型的档案信息进行综合处理的技术。迄今为止，已有不少多媒体档案检索系统问世，如清华大学档案馆技术部研制的《THDA-MIS 多媒体档案及办公管理信息系统》等。多媒体存储与检索技术能够使用户更方便、直观、迅速地获得全方位的档案信息，保证了档案信息的完整性与准确性。比如本地区、本部门举行的重大活动，召开的重要会议等实况录像、录音均可录入计算机供随时调用，体现了档案的原始记录性。

多媒体检索系统是信息技术迅速发展的结果，与多媒体检索系统相关的技术包括数字信息处理技术、计算机存储技术、面向对象的数据库理论和技术。

（三）超文本和超媒体检索

普通的文本多为文字材料，其知识单元按线性顺序排列，只能进行顺序检索。而超文本是用非线性方式把知识单元及其关系组合在一起的一种网络结构，利用计算机进行快速扫描、追踪、查询和交流。超文本是一种包含多种页面元素（文字、图片、音频、视频）的高级文本，它以非线性方式记录和反映知识单元（节点）及其关系（链路），具有直观性以及人机交互性等特点，并且可以深入到知识单元。超媒体是超文本和多媒体在信息浏览环境下的结合。超文本主要是以形式表示信息，建立的链接关系主要是文本之间的链接关系。超媒体除了使用文本外，还使用图像、图形、声音、动画或视频片段等多种媒体来表示信息，建立的链接关系是多种媒体之间的链接关系。超文本具有两种检索模式，即浏览式的检索模式和提问的式检索模式。

（四）联机检索

联机检索技术产生于 20 世纪 60 年代中期，20 世纪 70 至 80 年代迅速发展，目前已经得到广泛应用。联机检索允许用户以联机会话方式直接访问系统及其数据库。

（五）光盘检索

沈阳市档案馆于 1991 年最早开始光盘原文存储与检索的应用研究。此后，光盘原文存储和检索逐渐由实验走向普及。档案原文存储与检索的发展主要依赖于光盘技术的支持。CD-ROM 可提供追溯检索、定题检索、子库、国际联机检索的预处理、检索人员培训等服务。

（六）智能检索

档案智能检索技术是应用人工智能技术模拟档案检索的过程，是实现档案信息的存储、检索和推理的一种先进的档案检索技术。从国防科工委档案馆等单位研制的实验性的智能化系统来看，这种智能检索系统可以部分实现自然语言检索，提高检全率和检准率，代表了档案检索系统的发展方向。

第三节　档案信息共享利用

20世纪90年代以来，随着社会信息化的不断发展，社会公众信息知情权日益提高，人们对获取档案信息的愿望逐渐加强，对信息的取得向不受时空限制、面对信息源直接检索而获得信息的方向发展。随着网络信息技术的发展，社会公众必然要求建立与之相适应的档案信息共享的同步发展。

一、档案信息共享的平台

数字档案馆网络架构一般应面向不同对象、立足现有不同网络，构建三个服务平台，并提供相应层级数字档案信息资源利用共享服务。数字档案馆应根据不同服务对象和不同档案开发范围建立相应的服务平台。一般主要包括：一是基于局域网面向档案馆工作人员和来馆利用档案人员的馆内档案利用服务平台；二是利用当地政务网建设的面向本级党政机关各立档单位的电子文件归档和档案信息共享平台；三是利用公众网建设的面向广大社会公众和进行馆际交流的公共档案信息服务平台。

（一）基于局域网的档案服务平台

局域网档案服务平台是数字档案馆（室）建设的基础平台。局域网档案服务平台应当具备馆（室）藏数字档案传输、交换、存储、安全防护的功能，承担档案馆（室）"收集、管理、保存、利用"四项基本功能，满足日常数字档案馆（室）业务管理和提供利用服务的需要。局域网通常还要承担辅助档案实体管理的功能。档案部门内部互通的局域网是档案行业系统网络的基础单元，是各级档案部门推进档案信息化的基本条件和基本建设内容。

档案局域网平台建设主要目标是实现档案部门各项工作的自动化和网络化管理，在建设过程中，要充分考虑局域网硬件的选型、网络操作系统的选择和体系结构等，按照资金情况、资源存储要求、安全管理需要等因素，有计划、有步骤地实施平台建设，提高平台应用功能。

按照工作职能不同，局域网平台分为两种基本形式：一是立档单位的局域网平台。立档单位档案管理局域网平台一般是各立档单位办公自动化系统的重要组成部分，通过建立办公事务和档案管理的一体化网络，可以实现各立档单位办公管理、办公事务管理和档案管理等各环节的信息化和文档一体化，可以更好地实现档案数据交流和档案信息共享。立档单位包括各机关和企事业单位建立档案管理局域网，要考虑档案管理与整个机关、企事业单位全局信息系统的关系，在档案管理系统的基础上，通过局域网建立起面向系统内部的相互联系；二是档案馆内部局域网平台。档案馆内部局域网平台连接本馆各科室、各部门，通过局域网实现档案的接收、编目、检索、利用、鉴定、编研开发以及保管等各个工作环节的自动化。同时，档案馆内部局域网也是档案基本数据库建设的基础，在建设过程中要充分考虑其开放性和扩展性，要从馆室一体化的角度，做好档案馆网络与政务信息网各单位的无缝连接，实现档案信息社会共享。

（二）基于政务网的档案服务平台

政务网档案服务平台是数字档案馆连接本级各党政机关立档单位的主干平台。它依托本级政务网，能够接收各立档单位电子文件，能够为政务网用户提供在线档案查阅利用、档案业务指导或其他档案工作服务，实现党政机关的档案信息资源共享和资政服务工作。

政务网是建设电子政务的前提条件和基础设施，各级政务网络的建设客观上为档案网络的构建提供了资源和信息通道。档案政务网平台是各级档案部门通过政务信息网连接各级党政机关的网络通道，是档案馆与各立档单位的信息桥梁，它的建设不仅可以满足档案馆与立档单位之间的网上工作需要，而且为信息服务于各级党政机关提供了最为有效的网络途径。在建设档案网络过程中，可以充分利用电子政务所提供的网络资源，以各级横向、纵向政务网为主干网络，实现档案网络的信息主干道建设，构建各区域性的档案政务网平台，为各级党政机关、企事业单位提供档案信息服务。鼓励具备条件的档案馆探索采用云计算等先进技术为各立档单位提供软件服务和存储服务。

（三）基于公众网的档案服务平台

公众网档案服务平台，如公共档案信息服务平台，是档案馆实现公共档案服务和档案信息资源社会共享的有效途径之一，它依托于公众网，通过档案网站建立满足公众查阅档案需求的利用窗口。同时，采集具有重要保存价值的各类数字信息，进行资源整合，实现公众档案信息资源的最广泛社会共享。如档案部门可以充分利用网络特点和优势，将档案工作发展情况、馆藏情况、档案法制建设、档案专题宣传、档案开放利用服务等信息制作成宣传内容，全世界的人可通过浏览网站从而了解档案工作，提高档案的社会意识和档案法制意识。还可以通过网上档案展览和档案工作成果展等形式，开辟爱国主义教育新阵地。该平台还可采取必要的安全措施，实现馆际档案信息交流。

档案服务平台建设当前应遵循的标准规范有：《电子信息系统机房设计规范》（GB50174—2008）、《信息安全技术基于互联网电子政务信息安全实施指南》（GB/Z24294—2009）。

二、档案信息共享的安全

随着国家信息化建设和电子政务建设的迅速推进，档案信息化建设进程也随之加快。信息技术在档案部门的广泛应用，一方面为档案管理和利用提供了高效便捷的手段和方法；另一方面也给档案信息安全带来了新的隐患，档案信息安全问题日益突出。因此，做好档案信息安全保障，是档案工作者面临的一个重要问题。解决好档案信息安全保障体系建设问题，有利于完善国家信息安全保障体系，促进档案信息化建设和档案事业健康、快速和可持续发展。保障档案信息安全是一项复杂而庞大的系统工程，它需要观念意识、政策法规、标准制度、技术手段、人才培养等有机融合，建立档案信息安全保障体系，从而全面提升档案信息安全保障能力。

（一）数字档案馆的信息共享安全

安全保障体系建设是数字档案馆建设的基础工作，数字档案馆的安全包括数字档案数据的安全和信息系统及其网络平台的安全。数据安全就是要保证数字档案信息的可靠、可用、不泄密、不被非法更改等，系统及其网络平台安全就是要保持系统软硬件的稳定性、可靠性、可控性。安全保障体系建设主要通过两方面途径实现。

第一，是按照信息安全等级保护的要求，采用相应安全保障技术方法，配备必要的软、硬件设施。数字档案馆系统一般要求达到二级（系统审计保护级）以上安全保护标准。数字档案馆系统集成商应具备相应的保密资质，并严格按照有关安全保密规范要求进行项目设计、系统开发和项目施工。建设、监理单位应当加强项目建设过程中的档案信息安全保密工作。

第二，建立健全数字档案馆安全管理制度，并严格遵守和实施。数字档案馆系统安全隐患包括数据窃听、电磁泄漏、电力中断、载体损坏、自然灾害、非法访问、计算机病毒、黑客攻击、系统超负载、假冒身份、权限扩散、数据篡改、操作失误等，应当采取相应的技术措施和管理手段应对这些安全隐患。应当高度重视数字化加工、电子文件接收等过程中的安全保密管理工作。同时，应当制定应急预案，完善灾难恢复机制，提高应急处置能力。

应当遵循的有关信息安全规范有：《计算机信息系统安全保护等级划分准则》（GB17859—1999）、《信息安全技术信息安全应急响应计划规范》（GB/T24363—2009）、《信息安全技术信息安全风险管理指南》（GB/Z243 64—2009）、《终端计算机系统安全等级技术要求》（GA/T671—2006）。

（二）数字档案室的信息共享安全

应结合实际，参照信息系统安全等级保护有关要求，从多层面为数字档案室应用系统建立安全保障体系。涉密数字档案室应用系统必须按照国家有关涉密信息系统分级保护的规定执行。

第一，应建立数字档案室应用系统的三员管理制度，明确系统管理员、安全管理员和安全审计员职责，并贯彻落实。

第二，应结合三员管理制度，为数字档案室应用系统设计、实施完善的用户权限配置和管理功能，为数字档案资源的安全存储、管理提供有效保障。

第三，应为数字档案室的应用系统配备正版杀毒软件。如有必要，应有选择地配备防火墙、用户认证、数字签名、移动存储介质管理软件、业务审计软件等安全管理工具。

三、档案信息共享

目前，我国各省市已经在如火如荼地开展档案的信息化建设，档案信息作为一种重要的信息资源在推动国家经济发展、文化知识普及等诸多方面的作用愈来愈突出。随着社会信息化进程的不断加快，公众信息知情需求的日益增加，推动档案信息化工作不断发展，实现档案信息资源的共享，已成为发展趋势。档案信息共享，就是档案馆之间通过协作、交流、合作等形式互通有无，档案利用者能方便地利用一个地区、一个系统甚至是全国的档案馆藏，从单一的馆藏利用变为网络式的馆际利用，使国家档案信息资源得到充分的开发利用。

（一）档案信息共享的意义

1. 有助于提升国家经济社会发展的软实力

数字档案馆拥有较为丰富的对国家和社会有保存价值的档案资源、相对良好的档案服务设施和政治业务素质较高的专业人才，在服务党和国家各项事业中可以发挥重要作用是毋庸置疑的。但是，这仅仅是问题的一个方面。关键是数字档案馆能否与时俱进地提高自身的共享化建设水平，即真正将档案资源、服务设施和专业人才潜在的共享性价值转化为公共服务优势，这应该是更具现实意义的一个方面。对于处在经济全球化环境下的我国而言，为了抵御经济社会发展的各种风险，既要重视增强硬实力，又不能忽视提高软实力。因此，从一定意义上可以说，加强数字档案馆的共享化建设，客观上有助于提升整个国家经济社会发展的软实力。

2. 有助于促进我国的服务型政府建设

近几十年来，随着我国改革开放和现代化建设的深入发展，客观上推动了我国服务型政府建设的进程。其间，政府加快转变职能，重心转向经济调节、市场监督、社会管理和公共服务，尤其是随着政府信息公开工作的开展，使原来作为党和国家重要档案永久保管地、各方面利用档案的中心和爱国主义教育基地的各级数字档案馆，又成为已公开现行文件和政府主动公开信息集中查阅的场所。实践表明，数字档案馆可以成为各级政府便民服务的重要窗口，为政府降低行政成本、强化公共服务、维护社会稳定都发挥特殊的作用。同时，数字档案馆需要进一步加强共享化建设，唯有如此，才能为公民行使合法权利和促进服务型政府建设发挥更大的作用。

3. 有助于促进数字档案馆的良性发展

关于档案馆的发展问题，不同的历史时期、从不同的角度，可以提出不尽相同的要求。然而，我国改革开放的实践表明，档案馆只有不断提高自身的共享化建设水平，以满足人和社会全面发展的需要，才能真正实现自身的存在价值，并得到可持续发展。在新的形势下，提出加强数字档案馆的共享化建设，从某种意义上来说，也是为了改善数字档案馆与人民群众的关系。可以说，只有通过不断优化馆藏档案结构，有效整合所有涉及人的档案信息资源，以及不断优化利用环境（包括服务设施、制度保障和基础工作），有效扩大老百姓查档的范围、简化老百姓查档的手续，各级国家档案馆才能在实现最广大人民群众的共享目标中获得自身又好又快的发展。

（二）档案信息共享的必要性

1. 档案信息共享是信息化社会的需要

我国正在步入知识经济时代，数字、信息、网络是这个时代的标志。互联网改变了以往管理模式下各类信息资源"各立门户、分而治之"的状态，以往利用者需要到档案馆才查到所需的各种信息，现在利用者希望通过互联网的信息资源体系对档案数据库进行访问、检索，并根据客户权限享受下载档案信息的服务，希望有更多的选择途径，而不是传统信息检索中的被动地位。为此，档案事业需要顺应社会发展需求，以档案信息共享的方式，不断满足信息化资源需求。

2. 档案信息共享是档案工作发展的内在需求

档案工作的目的是有效地开发档案信息资源，最大限度地服务于社会，创造档案的社会效益和经济效益，档案信息在大范围中的应用和共享才是最终的目的。而档案共享是使档案的价值更好地为社会和公民服务，现在档案工作最基本的矛盾不再是收集与利用之间的矛盾，而是档案信息需求与档案供给之间的矛盾，而用户需求的多样化及信息化的发展，使档案信息资源共享成为档案事业发展的必然趋势。

第四节　数字档案馆的档案利用与共享

一、数字档案馆的利用和共享要求

数字档案馆的档案管理系统应当根据档案信息的利用需求和网络条件，分别通过公众网、政务网、局域网等建立相应的利用窗口。系统应能实现档案查询、资源发布、信息共享、开发利用、工作交流、统计分析等功能。应当满足以下利用要求：

（一）档案查询

能够运用最新检索技术满足利用者在各种利用平台对档案数据进行快速、准确、全面的利用查询要求。

（二）资源发布

能够通过网络平台或特定载体发布档案信息和实现信息资源共享。

（三）开发利用

能够辅助进行档案信息智能编研和深度挖掘。

（四）工作交流

能够为档案管理者和利用者提供在线交流平台、远程指导、远程教育。

（五）增值服务

能够辅助开展数字档案的增值服务。

（六）统计分析

能够进行档案利用访问量统计、分布分析、舆情分析等相关工作。

（七）其他服务

能够对用户、数据项、功能组件进行利用权限的角色授权处理，能够进行门类设置、结构设定、字典定义等系统代码维护工作。

二、数字档案馆档案利用特点

传统的实体档案馆由于缺乏强有力的开发利用手段和受时间和空间的局限而不能迅速、广泛地为社会提供档案信息服务，限制了档案信息价值的发挥。而数字档案馆凭借网络优势，在更广泛的范围内发布数字档案信息，不受时间、地域的限制，提供快捷、方便的服务，实现档案信息资源共享。数字档案馆已成为档案馆发展的趋势，数字档案馆较传统档案馆利用工作而言，有以下特点：

（一）服务资源数字化

通过对纸质档案、缩微胶片、照片、录音、录像等传统载体档案进行数字化加工，实现档案实体"虚拟化"，能够与其他数字档案资源一并进行管理和规范。数字档案馆的信息采集，不仅包括了传统档案馆的档案信息资源，还可进一步扩大到各种组织和个人形成的现行文件、具有档案性质和价值的资料（包括各行各业专业数据库、社会公众服务信息、网上相关信息、数字图书馆信息中的相关部分），它形成了一个较传统档案馆更为丰富的、以档案信息为核心内容的和多层面的社会综合信息资源库，能更有效地满足社会各方面对档案资源的需求。随着数字馆建设的不断发展，档案信息资源将会更大面积地进行数字化工作直至普及档案服务资源数字化。

（二）利用空间虚拟化

数字档案馆可以通过网络技术将不同地域的、分散的档案信息数据库连接起来，用户可以不受地理位置和时间的限制，实现跨馆际分布式查询。数字档案馆通过提供了标准、友好的用户界面，用户可以通过多种途径查询，并且系统能对常用检索途径进行优化，满足用户对查全率、查准率的要求。同时，数字档案馆提供的信息咨询服务能在用户检索数字档案馆信息资源时遇到问题得到系统咨询人员的及时解答。数字档案馆的咨询系统分为自我服务信息和请求帮助系统，前者能在各终端微机上显示利用指南，可以利用菜单方式或窗口软件，自动引导用户使用数字档案馆；后者为请示帮助系统，是用户与档案馆联系的渠道，用户可以通过电子咨询信箱向数字档案馆提出咨询，也可接受提供的信息服务。

（三）档案信息利用资源共享化

档案信息资源共享是数字档案馆最为显著的功能之一。网络技术的应用使人们已经渐渐淡化了时空观念。通过数字档案馆，人们查询档案信息将不再有国界、区域等物理空间的限制。数字档案馆提供多种语言的信息，对同一信息以多种形式向人们展示，完全打破了人类自身的界限。数字档案馆的档案信息发布和传递主要有三种形式：光盘发布、局域网发布和因特网发布。光盘发布就是将档案信息复制到光盘，用户只需先执行光盘阅读程序，即可对档案信息进行浏览和检索；局域网发布一般是为立档单位提供档案信息查询服务；因特网发布就是通过档案网站向公众传播档案信息。

（四）利用高效率化

通过专用管理软件，数字档案馆可以对档案文件进行一系列自动处理，大大提高了工作效率，这些内容包括：对进入数字档案馆的各类信息按不同要求进行分类排序、价值鉴定、数据校验、目录生成、数据统计、自动标引、信息组织、打印输出等有序整合，确保其真实、完整、可读，使之形成一个有序的信息空间；以文件形成者的职能和业务活动为依据，自动鉴定和存储所捕获的电子文件；运用身份认证、加密、访问控制等技术，确保档案信息的安全与合理利用，并有效地维护整个数字档案馆系统的安全。在提高运行效率的同时，数字档案馆较之传统档案馆也节省了大量人力、物力资源。

（五）服务对象扩大化

在传统的档案馆利用服务中，服务对象主要是本馆利用者，在现代信息技术条件下，数字档案馆本身成为网络中的一个结点，其横向联系或直接联系更加广泛和普遍，网络用户的数量是巨大的，很多网络用户都是数字档案馆潜在的服务对象，利用者的范围已突破传统档案馆的限制而遍布全球各地。这也要求档案工作者必须转变观念，积极和主动地分析与挖掘档案信息的潜在用户，开展有效的主动服务。

三、数字档案馆档案信息共享模式

随着时代的发展和科学技术的进步，档案馆的利用也发生了一系列的变化，随着档案信息化建设的开展，档案信息共享模式也不断丰富和完善。目前，数字档案馆开展服务的模式主要有以下几种：

（一）一般信息共享模式

1. 档案信息咨询模式

这种共享模式主要是档案馆工作人员通过网络留言、电子邮件等方式向其他档案馆发布档案查询申请，由档案馆相关人员查询馆藏后给出答复，从而达到档案信息共享利用的目的。这种方式构建简单，能够较快地定位所需档案的存储位置，得到所需的档案信息数据，但是功能比较单一，适合于那些只需了解相关少量的档案信息，而不需要提供档案凭证的档案需求。

2. 网上浏览服务

这种服务是数字档案馆提供给用户的一种最基本的服务。用户登录数字档案馆网站，就可以浏览网站提供的档案信息，查找自己需要的内容。

3. 信息检索服务

在使用数字档案馆服务系统时，用户按一定的要求将检索词输入计算机内，由计算机对其进行处理，并与数据库或文档中的文献记录进行匹配运算，最后将检索结果显示在页面上。利用这种方法，用户可以对档案数据进行快速、准确、全面的利用查询。

4. 档案信息资源发布

档案信息资源发布能够通过数字档案馆网络平台或特定载体发布档案信息和信息资源共享。比如，一些数字档案馆把档案展览放在网站上，使档案在更广泛的范围内发挥作用。

（二）个性化服务模式

1. 信息分类定制服务

信息分类定制是指档案利用者可以按照自己的特定目的和需求，在某一特定的系统功能和服务形式中，自己设定信息的资源类型、表现形式、系统服务功能等。分类定制方法是建立在用户细分和数字档案馆信息内容分类及定制的基础上的。其具体内容包括数据库定制、个性化页面及服务定制。数据库定制是最初级的定制服务方式，该方式由于用户结构缺乏准确的细分和定位，因此个性化程度较低。而个性页面及服务定制是数字档案馆的发展方向，数字档案馆首先根据自身的内容及其他服务特征确定自己的用户，再将档案利用者按照相似信息需求划分为多个用户群，然后根据可能的用户群对馆藏的档案和各类服务进行分类，形成多个与用户群对应的信息资源块和服务模板。当利用者首次注册登录系统后，用户提交的个人信息和定制选项就被存储到用户数据库中了。通过分类定制方式，每次用户访问数字档案馆时，只需要登录系统，服务器便可以根据用户数据库中的信息，生成用户定制的动态页面。

2. 信息推送服务

信息推送服务是运用推送技术来实现个性化服务的一种方式。它是数字档案馆建设的一个热点，也是档案馆走向主动服务的一个重要标志。推送技术又称"Web 广播"，它是在网络上通过特定的标准和协议，按照用户的需求，定期、主动传送用户需求信息的一项计算机技术。信息推送分为两大类：一类是由智能软件完成的全自动化的信息推送服务；另一类是借助于电子邮箱，并依赖于人工参与的信息推送服务。

数字档案馆信息推送服务的一般过程是：档案用户首先向系统输入自己的信息需求，这包括档案用户的个人档案信息、感兴趣的信息主题等，然后由系统或人工在网上进行针对性地搜索，最后定期将有关信息推送至档案用户邮箱中或其他特定位置。

3. 信息智能代理服务

信息智能代理是一种能完成委托任务的智能计算机系统，模仿人的行为执行一定的任务，不需要或很少需要用户的干预和指导。当用户在检索信息时，有时很难清楚地知道自己的兴趣爱好和需求，或者用户知道自己的兴趣爱好和需求，但却不知道如何贴切地表达出来，分类定制的方法让用户填写兴趣表单，有时会使用户不知所措。智能代理技术的运用很好地满足了用户的这一需要。

　　智能代理能够跟踪用户在信息空间中的活动，从而自动捕捉用户的兴趣爱好，主动搜索可能引起用户兴趣的信息并提供给用户。智能代理一般包括两层智能体系结构，第一层是个人代理，第二层是系统代理。个人代理存放在用户计算机上，平时跟踪用户的各种行为，如用户常访问哪些网站内容、检索信息时使用哪些关键词等信息，个人代理能够分析并记忆用户的兴趣取向，并建立个性化的用户模型。系统代理通过与个人代理进行交互，最终向用户提供需要的相关档案信息资源。

　　智能代理的主要功能有：个性化的信息管理，管理用户个人资料；信息自动通知；浏览导航，通过分析用户的兴趣，提供建议性的页面和链接；智能搜索，进行信息过滤，为用户提供更精准的信息；动态个性化页面，给用户提供一个适宜的、友好的浏览界面。

4. 垂直门户服务

　　垂直门户是指针对某一特定领域、某一特定人群或某一特定需求提供的有一定深度的信息和相关服务，其特点是专、深、精。这是一种相对于综合性门户网站的服务方式。它不同于综合性门户网站的包罗万象，它追求的是信息内容的专业、深入，立足于提供某一领域的精品服务。

　　随着网络信息资源的急剧增长，数字档案馆网站上基于个人特定需求的信息却越来越少，消化吸收越来越困难，利用搜索引擎和综合性门户网站很难满足用户系统地获取专业相关信息的需求。对此，我们可将垂直门户的概念引入数字档案馆的个性化建设中，建成一个更加专业的数字档案馆网站，甚至是更加细分的数字照片档案馆或是专题档案馆网站等。

5. 帮助检索服务

　　帮助检索就是当档案用户输入一个检索词，系统会自动将检索词与内部词表中相关词进行比较，并将与该词有逻辑关联的词组显示在页面上。如何帮助用户进行高效的信息检索是当今信息服务向纵深发展的重要内容。目前，主要是通过分析用户检索行为的特点，来设计这种智能帮助系统软件。但是，研究发现，这种单向的、缺乏交互的信息搜寻常常是不精确的，用户的信息需求常常难以转换成准确的提问。实际上，人们常常希望在检索时，能够与检索系统进行动态交互，确定提问，形成相关的判断，由此来调整他们的目标。因此，一个有效的检索系统就应该为用户提供一个较低的起点，允许用户能够与系统多次交互，在用户修改提问中提供帮助，让用户比较容易地进入检索系统的主题领域，形成检索策略。

比如，当用户输入了一个检索词，系统会自动将检索词与内部词表中相关词进行比较，并将与该词有逻辑关联的词组显示在页面上，询问用户是不是检索这个关键词，这样就可以帮助用户选择更接近自己检索目标的关键词来完成检索，提高信息查询率。

6. 呼叫中心服务

信息呼叫中心是一种专门提供一对一的用户个性化服务系统。它是由最初的电话中心发展而来的，这种电话中心主要是利用电话、传真等方式来为客户服务，处理简单的呼叫流程。由于业务需要，信息呼叫中心引入计算机电话集成技术，可以处理复杂的呼叫流程，同时还增加了自动话务处理、交互式应答等多种功能。

使用呼叫中心服务方式，用户可以通过互联网方式访问数字档案馆，在系统自动导航的帮助下访问系统数据库，获取各种咨询服务或相应的事务处理。数字档案馆呼叫中心需要建立客户数据库，并对信息进行采集、统计、分析、处理，使呼叫中心可以得到每一个客户的详细信息，如过去的利用记录、客户爱好等，从而实现一对一的个性化服务。

（三）知识服务模式

知识服务是面向用户问题的服务，知识服务是数字档案馆的增值服务，强调利用自己独特的知识和能力为用户创造价值，提高用户知识应用和知识创新来实现价值。传统的信息服务仅限于提供档案信息来体现利用价值。随着数字档案馆建设的发展，用户对档案知识资源的利用程度不断加深，要求通过知识资源共享将分散在本领域及其相关领域的显性知识资源加以集中组织和管理，挖掘和提炼隐性知识。同时，用户在研究过程中对知识捕获、分析、重组的快速演化导致其利用知识服务的动态变化，推动了知识服务新机制的形成。知识服务是数字档案馆基本职能的延伸和发展。在建设数字化档案馆的基础上，逐步实现满足社会大众需求的档案知识服务，是满足多样化、知识化、一体化需求的必然选择，也使深层次、专业化、特色化的知识服务能力成为最具发展潜力的服务模式。

第五章　档案信息化的实施方法与策略

第一节　档案信息化的实施原则与方法

　　档案信息化就是指档案部门运用现代信息技术，加强档案信息资源的收集、整理、开发和利用。其基本内涵包括档案信息利用的网络化、存储的数字化和档案信息管理的标准化。档案信息化建设就是建立档案的信息管理系统，积累、管理和利用数字档案的变革过程，是提升档案管理、流程重组的变新过程，是一个转变观念、创新思维、大胆变革的革新过程。其战略目标就是将科学的、系统的、先进的管理理念运用到档案管理的实践中去，以实现标准化收档、自动化归档、规范化管档、网络化用档，最终达到为社会、为公众提供专业化、个性化和深层次信息服务的目的。

　　实施就是将档案信息化战略、档案信息化规划、档案管理信息系统落实到档案工作中去，用现代化的管理理念、方法和技术来管理档案信息资源，使档案工作者能够利用现代化的管理手段实现对档案的收集、管理和利用，并为社会和公众提供信息服务。应用就是在档案工作中建立和充分发挥档案管理信息系统和软硬件的支撑平台的作用，现代信息技术真正服务于档案业务，档案信息资源通过计算机、网络为社会所利用。

　　档案信息化是一个系统的工程，信息技术的应用和网络平台的搭建是手段，数字档案资源的积累和管理是核心，档案信息的开发和利用是目的。档案信息化建设的重要内容就是建立一个标准的、功能强大的、安全稳定的、可拓展的档案管理信息系统，并在档案工作中广泛应用。

　　实施与应用档案管理信息系统有三个要素：方法要科学、手段要先进、实施要得当。只有当领导和档案工作者都充分理解和认识档案信息化和档案管理信息系统的必要性、重要性和有效性，且期待通过信息化来获得更大的效益时，档案管理信息系统的实施与应用才能实现。

一、实施的原则

在档案信息系统实施的过程中，应在遵循信息化建设总体原则的基础上，采取有效的技术性原则以推动系统实施的成功。下面介绍的几项原则都是非常有效的基本原则。

（一）务实导向，重视实效

系统的实施以安全、稳定、实用、方便、易操作为主要目标，过分追求大而全、先进的软件产品，是一种不务实的做法。这主要是由于需求的差异，行业有差别，同时信息技术、软件产品的更新换代非常快，市场上会不断有新产品出现。

（二）软硬件资源共同建设

系统的实施过程中不仅需要重视硬件平台的建设、设备的购买，更要注重在人力资源和软件系统方面的投资。IT人才、档案工作者是信息化建设的核心力量。软件系统的技术含量、现代化的管理理念更应该重视，只有硬件设施平台是无法开展信息化管理工作的，软件系统是硬件系统发挥作用的"心脏"，因此软件系统的开发及其升级的投资十分重视。

（三）从实际出发，重视需求

信息系统的实施需要从当前的业务需要出发，提前做好需求分析，并在一定阶段的实施过程中，锁定相对需求来开展实施工作。边研发、边实施、边改变需求的做法只能得到事倍功半的效果。而对于变化较大、新增加的需求，需要放在下一阶段进行。

（四）重视维护，升级换代

随着信息系统的不断应用，档案管理信息系统也在迅速地发展，而其中的难度也在逐渐增加，软件系统的安全、客户化定制等工作量比较大，也比较复杂，非专业人员很难做到专业维护。另外，随着应用的不断深入，这就需要加强软件系统的拓展。因此，购买软件系统的同时，需要购买相应的实施、维护服务，以开展有效工作，支持系统拓展和业务的发展。

二、实施的方法

档案信息化系统建设有两种不同的策略和实施方法，即以组织战略为导向的战略推动类型和以实际业务需要为导向的需求驱动型。

（一）战略推动型

战略推动型的实施方法采取的是从整体到局部的实施路线，强调首先在观念、目标和方向的认识达成共识的基础上，逐步将工作分阶段实施，分阶段完成。采用战略驱动型的方法实施的前提是整体的目标和规划不仅要从全局出发，而且更需要符合档案管理机构的实际需求，既要注重发展的前瞻性，又要注重当前的实用性。一般来说，对实施战略管理的人员要求较高，既要有行业发展的规划能力，又要有信息化体系的架构能力，需要懂管理、懂业务、懂技术的专业档案管理的复合型人才。

（二）需要驱动型

需要驱动型采取的是从局部到整体的实施路线。这种实施方法强调以当前业务需求为主，首先在观念、目标、方向和认识等方面达成共识的基础上，逐步将工作分阶段实现，分步骤完成。采取战略驱动实施方法成功的前提是战略、规划的制定不仅要从全局的高度出发，而且更需要符合档案管理过程的实际需要，既要有前瞻性、发展性，又要注重当前的使用向；要求制定战略的人员既要有行业发展的能力，又要有对信息化驾驭的能力。需要懂业务、懂管理、懂技术，在档案管理和信息化的建设中有丰富经验的复合型的人才。

真正意义上的"战略驱动"实施方法并不是不允许在实施过程中坚持"永恒不变"的策略，而是根据实际需要和业务变动的需求进行机制的调整和完善，因战略与规划一旦制定，落实的过程往往需要很长的时间，而信息技术在发展，档案业务也在改进，管理模式在变革。因此，实施的过程中必须根据需求的变化而有相应的变革。

目前，我国档案信息化建设正在走向标准化和规范化，"战略推动""需求驱动""总体规划""分步实施"成为主流实施策略。各档案管理机构应紧密结合全国档案信息化的发展战略，将档案信息化纳入本单位档案信息化的全局，制定适合本单位业务发展要求的信息化规划和信息系统的实施方案，并在实施和应用的过程中，将以"务实"为导向的自我调整的策略贯穿于信息化建设的始终。

三、实施的策略

档案信息化建设的目的是档案信息的管理和利用。管理成功与否是信息化成功与否的关键，技术只是为推动现代管理的发展而存在。事实上，信息化源于现代管理的需求，因此信息化的效能来源于信息技术与管理、与业务的有机融合和互动发展。所以，更新观念、与时俱进，从档案信息管理的角度应用信息技术是信息化建设的重要手段。

（一）提高认识、需求驱动策略

管理信息系统是实现现代档案管理的一个重要工具和手段，它能给档案管理工作带来多少效益，一方面取决于所选择的管理信息系统是否适合本单位的实际情况并具有先进性；另一方面取决于档案管理人员采取什么样的理念来应用它。更重要的是应充分认识到网络、计算机及档案管理信息系统本身并不是万能的，它需要人们在充分认识的基础上，按照需求驱动原则并结合实际工作为它的功能进行准确定位，然后才能更正确地使用它，才能真正发挥计算机的先进作用。

（二）总体规划、分步实施的策略

档案管理信息系统是档案管理信息化的基础，它的应用与实施都必须围绕信息化建设的总体战略规划来进行，因此必须遵守整体规划、分步实施的原则。在实施的过程中，要有选择性地挑选基础工作做得比较好的部门来进行重点的建设，并将其成功的经验加以推广。

首先必须强调分步实施一定要从总体规划出发。信息化规划的目的是为信息化实施提供指南，那么规划与实施之间应是规划先行，实施紧跟其后。在选用应用软件时，就应该从整体的需要出发，避免脱离目标而陷入实际的困境；应该从业务变革出发而不是从技术变革出发，以有利于充分利用组织的现有资源来满足关键需求。如果不坚持这两项原则就很难实现信息资源的综合利用，也无法适应不断变化的社会需求。

另外，总体规划必须科学、务实，对分步实施才能有指导和依据作用。因此，信息化整体规划必须在设计上提供一个高度集成的、统一的、满足信息化管理整体需要的弹性应用框架，才能使分步实施有的放矢。其次是要讲究实施的策略。总体来说，长远规划、重点突破、快速推广是一种有效的策略。应该选择那些需求迫切、能较快实现业务流程整合和现阶段信息化应用较好的领域加以突破。在阶段实施的步骤上，由于数据库的建设是一项艰苦且长期的工作，不能马上见效，所以可以先加强网站的形象建设，以引起领导重视，增加投入。最后是要注意分步实施的系统之间的衔接问题。时间上的分阶段实施要注意前后系统的衔接问题，空间上的分阶段实施则要注意不同单位和部门之间所开发系统的标准化问题。

（三）转变观念、与时俱进的策略

社会信息化建设的不断发展，使人们对信息化建设的认识也在不断地深入，人们只有转变陈旧的管理理念，不断地加强自身的综合素养才能跟上时代的发展步伐，这就要求档案管理部门的领导能正确认识到信息化建设的社会效益，同时多给档案管理人员提供学习机会，让更多的人认识到档案信息化的重要性，确保在实施和应用档案信息化系统时做到：领导对档案信息化建设和管理信息系统的应用有足够的理解和指导能力，业务部门的领导能够制定规划并组织实施，档案工作人员能够配合。

（四）抓住机遇、勇于探索的策略

档案信息化建设的顺利开展必须在基本条件具备的情况下才能进行，因此抓住合适的机会开展信息化建设和网络化应用是非常重要的。特别是对于那些正处于采用什么样的方案、选择什么样的软件系统入门的初级用户更加重要。网络化应用首先是需求驱动的，并且是在档案业务管理比较规范、人员素质较高、业务流程清晰、标准规范严格、基础数据准备充分、网络及设备资源基本具备的情况下才能开展起来。因此，无论是正在开展信息化建设还是正准备开展信息化建设的档案部门，都应抓住时机积极开展，才能取得良好的效果。

一个单位开展信息化建设的时机是否成熟，主要看它周围的环境因素是否成熟，即人、财、物等方面是否具备，而具体需要什么样的条件取决于系统实施的内容、范围、应用规模及当前业务的规范程度等。特别是建立网络化的信息系统，涉及的人员比较多，系统的功能相对比较复杂，需要购买和配置数据库的服务器以及文件服务器等，实施的过程也比较复杂，这需要根据实际情况来确定资金、人员和设备、网络资源是否具备条件，同时还要考虑本单位当前业务需要和未来的发展需要，因此制定总体规划是十分必要的，这样可以确定近期和远期的发展目标、系统功能、工作计划、实施的范围、工作的内容、搭建软硬件的环境及管理人员的培训费用，进行风险分析，来确定开展工作的策略和方法。

（五）实行安全的保障体系和专业化服务的策略

在社会信息化的今天，档案信息化建设势在必行，但采用什么样的措施才能保障档案信息在为社会提供服务的同时还能保证信息的安全性呢？这里的安全性是指信息不被篡改，不流失。从讲"互联的程度"到与"因特网隔离"等信息安全策略应根据档案的密级、保管方式、加工处理及其存储方式等采取恰当的措施。为了保证安全采取"一刀切的孤岛式管理"的、极端的、片面的安全管理策略是不可取的。特别是在数字化和网络化推广应用后，档案信息管理和维护工作量比较大，数字化加工的工作量更大，一些单位采取自己加工的方式，结果耗费了大量的人力、物力和财力，而且工期拖得很长，最终是得不偿失的。另一方面是系统的维护问题，包括网络、硬件、操作系统及应用系统都需要专业技术人员进行统一的管理和及时的维护才能保障资源的安全性。针对这种情况，市场上出现了专业的数字化加工、信息化应用服务的新技术公司，对于一些有条件的、信息化工作量大的单位，在制定严密的安全措施和签订保密协议的基础上，委托第三方开展专业化技术服务是当前行之有效的解决办法。

（六）领导主抓的策略

档案信息化的实施与档案管理信息系统的应用几乎涉及本单位所有的工作人员，其中最难的是人与人之间的协调，而信息技术部门与业务档案部门之间能够解决的是业务上的沟通、系统上的理解和业务上的操作，但担任不同的职位、承担不同任务的人员从不同角度上对信息化的认识和系统应用是很难达到完全一致的。因此，工作上的不足、思想上的抵触、认识上的缺陷、观念上的差异等将会造成工作无法进行下去，而这些问题特别是人、资金及重要资源等问题，只有拥有权力的"一把手"管理层，真正"融入"到档案信息化的建设过程中，才能有效地解决。许多成功的案例也证明了这一点，只有坚持"一把手"工程，坚持管理层的参与和控制，才能将人力资源落实到位，才能将协调的难度降低，将IT资源达到最佳配置，信息技术才能真正发挥作用，应用系统才能得到深层的应用和广泛的普及。

第二节　档案信息化策略的实施措施

一、需要型措施

档案信息化是社会信息化的重要组成部分，因此它与其他信息化的部门建设有许多相同的地方，为了在信息化的过程中少走弯路，减少失误，我们必须汲取成功者的经验和教训，对自己所选用的档案管理系统有比较深刻的认识，并对本单位的实际需要进行个性化的处理，这是一项行之有效的实施方法，但绝不是直接的照抄照搬。选用的方案是在充分了解本单位情况的基础上，再借鉴其他成功单位成功与失败的经验教训，进而选择适合自己的管理系统，来开展本单位的信息化建设，坚决反对照抄照搬的拿来主义，或者过分强调自己的个性习惯又不符合标准，这两种做法都是脱离了实际需要的错误做法，都是不现实的、不可取的。

二、有效化的措施

在档案信息化的实施方法上，要结合本单位的实际情况，比如人才队伍状况以及目前档案工作开展的实际情况，切不可随意倾向任何一种实施方法。在选择实施策略上应根据本单位的技术力量状况来决定，如果本单位的技术力量比较薄弱，就选择现成的软件系统或者对外承包的实施办法，充分利用外在的专业化的资源，不仅能够在短时间内快速实施与应用，还可以降低实施的成本。如果本单位的技术力量较强，建议采用自主与外包相结合的实施方法。对于专业性强、功能复杂、开发周期长的系统，可以采取外包的形式，降低实施成本，提高实施效率，在开发的过程中本单位可以派人参与软件的开发和项目跟踪，了解设计的细节，为交付使用后系统的更新和维护打下良好的基础；对于专业性不强，设计的流程较为简单，开发周期短的系统采取自主开发的方式，这样不仅节约了购买软件的经费，而且在开发的同时培养了自己的技术人才，加强了本单位的技术队伍力量，无形中也培养了本单位的业务骨干。

三、过程化措施

（一）加强宣传过程

以此使大家充分认识到信息化策略实施是国家信息化策略的重要组成部分，使他们充分认识信息化的目的和意义，认识到管理的规范化给社会带来的良好的经济效益，认识到落实信息化策略的实施不仅是当前形势发展的需要，同时也是档案信息化建设的需要。

（二）加强培训的过程

加强对工作人员的业务培训，比如计算机技术的培训、档案管理软件的使用培训以及安全技术防范措施的培训。

（三）规划制定过程

根据业务需求进行咨询和总体规划，其中包括信息的安全、资源的需求、系统功能等，可以了解同行业的实施情况，或通过咨询公司的规划，然后再有针对性地开展工作。

（四）购买软件的过程

在充分调研的基础上，结合本单位的实际情况，选择那些售后服务信誉比较好的大公司以及比较有发展前途的、扩展性好的硬件和软件系统。

（五）选择示范，以点带面

根据工作的实际需要，选择那些比较重要的部门实施，先树立一个示范的典型，然后以点带面，全面突破。在成功示范应用的基础上，根据馆内业务的发展需要，逐步把信息化建设扩展到整个单位的每一个部门。

四、安全保障措施

档案信息化的基础是建立在网络软件和信息管理系统的基础上的，但这些也正是引发安全问题的隐患所在。造成黑客攻击、病毒蔓延、信息窃取的问题在于安全架构不科学、制度不健全、管理不规范、措施不到位，这其中既有客观的因素也有主观的因素，其中最主要的原因是信息化建设之初，安全意识薄弱，技术方案不成熟，系统的安全保护性能较差。要想在今后信息化的道路上走得更远，我们必须提高安全防范意识，强调今后在实施信息化的过程中全面设计和考虑安全问题，在今后的管理过程中制定并落实安全方案，加强信息化过程的安全管理，对一些机密的档案责任落实到人，并加强安全防范措施的技术监控，只有提高了安全意识，加强了安全管理的技术保障，才能最终保障计算机网络和信息系统的安全。

五、应用型措施

档案信息化建设的目的是为了更好地利用信息资源，但在实行的过程中容易出现信息化的建设与档案业务的管理脱节的现象，把信息化与业务管理分割开来，这种现象的出现主要有两种情况，一种情况是信息化的宣传归宣传，业务部门根本没有执行，仍然按照原来的工作方法和思路开展工作，为了追求上网的名声，只是把档案信息的目录录入系统，档案管理者根本不关心管理信息系统运行的情况，最多是利用查询模块查询一下档案信息；另外一种现象是对于购买的信息软件只使用很少的一部分功能，比如基础信息和查询模块等，对于信息的整个流程化的管理过程不了解；还有一些单位信息化的热情很高，舍得花钱购买贵重的应用软件，而实际应用的部分很少，在操作时仅限于目录数据的录入，并将此部分数据导入系统，以此来满足数据上网数量检查的要求，而档案信息系统中大量的功能如流程化管理、全文管理和全文检索都没有使用，运行几年后还要面临系统的更新换代，造成了投资上的浪费和信息资源的严重流失。造成这种情况的原因是没有从本质上真正理解信息化的含义，也没有将业务管理与信息系统真正地融会贯通，而是隔离开来甚至是对立起来，其结果是造成人力物力的极大浪费，不但没有感受到信息化带来的方便快捷，反而把人变成了档案的奴隶，无形中加重了管理人员的负担，在一定程度上挫伤了档案人员信息化建设的积极性，为信息化建设造成了负面的影响，因此如何应用好信息系统才是信息化建设的关键。

六、落实型策略

档案信息系统的实施与应用过程中最易出现将信息化与业务管理分离开来，认为是两件事情，出现一些极端现象。一种是业务部门照常按照原来的方式开展工作，雇佣临时人员来录入数据，档案管理者几乎不关心管理信息系统运行的任何情况，顶多使用查询模块查一下档案的信息；另一种现象是，业务部门的工作人员仅仅使用很少的一部分功能，如基础信息的录入和查询模块，对于管理信息系统中流程化的管理思想全然不理解；还有些单位花费巨资购买功能强大的信息管理系统，实际操作时仅习惯使用 Excel 简单的桌面系统，只将已录入的数据导入系统中，满足所谓的数据上网条数检查的需求，而档案信息系统中大量的功能如流程化管理、全文管理和全文检索没有用起来，几年后系统又将面临拓展、更新甚至淘汰，造成了投资上的浪费和信息资源的损失。实际上应用不深入本质上是没有将业务管理与信息系统融会贯通，而是隔离开来甚至对立起来，结果花费大量的人力和物力来维护系统和数据，使人成为档案数据的奴隶，不仅没有真正发挥信息技术的作用，反而成为管理人员的负担。

七、兼顾型措施

科学技术的发展使人们越来越考虑人的因素，即"以人为本"的理念越来越受到开发商的重视。随着人们需求的多样化，一些个性化的产品、个性化的界面、个性化的业务流程和功能模块充斥整个市场，这就与档案信息化管理标准的规范化相矛盾。因此，如何认识和处理个性化和标准化之间的关系也是档案管理信息系统实施过程中的一大难题。这个矛盾的解决，必须在实施的过程中找到一个既能满足个性化要求，又能满足档案管理规范化的平衡点，才能促进档案业务与信息技术的融会贯通，而选择平衡点的前提是，档案部门应制定适应时代变化的标准和规范，档案工作者也应严格遵守行业规范以开展业务管理工作。个性化是在标准规范的基础上根据管理需要进行扩充，个人习惯如果与标准背离应彻底改变。因此，在信息化的过程中，要正确处理好标准化与规范化的关系、安全与应用之间的关系，当个性化与标准化发生冲突时应首先考虑标准化的原则，即个性化适应总体化的原则，只有这样才能平衡好个性化与标准化的关系，保证信息化建设的顺利进行。

第三节　档案信息化实施的途径与过程

一、档案信息化的实施途径

（一）整体引进模式

这种模式是选择具有丰富经验、信誉度比较好的开发商，由其提供或统一购置档案管理商品化的软件及其硬件设备，由专业化的实施队伍负责项目的完整实施。好的软件一般是具有丰富经验的管理专家和高级专业计算机技术人员共同开发的，软件本身蕴含了许多先进的管理思想和手段，针对档案室提供各种功能的模块，这些软件模块为档案流程的优化与重组提供了可借鉴的参考模型，能够在较高的层次上提升档案管理的水平，而且软件已经拥有相当多的用户，经过实际的考验一般都比较成熟与稳定，质量有保证，售后的维护比较有保证，有利于档案信息系统的更新。但商品软件追求通用化，其功能无论在方位上或是在深度上常常使档案管理部门的需求只得到部分满足，但系统的实用性不强，更难以形成特色。在具体的实施过程中，单纯依靠软件的提供商可能出现用户过分按照软件提供的立项模式行事，而忽视档案管理的具体实际，或软件提供商过分依从用户的所谓特色，造成软件的先进性、通用性消失。另外，这种模式由于没有源程序代码，给系统的后期维护和二次开发造成一定的困难。

（二）自主开发的模式

采取自主研发模式的单位一般是本单位的技术力量较强，具备较强的软件开发实力，这种研发的模式一般是单位根据自己档案业务管理的需求进行定制开发，并随着业务的不断开展，对系统不断进行完善和改进。此模式适合业务比较特殊和有特殊需要的档案部门。这种研发模式的优点是能够充分考虑本单位的业务工作需要，针对性强，系统实施相对比较容易，可以考虑到本单位使用细节问题，其风险较小，可以培养自己的研发队伍，对于今后的系统维护和更新都能及时到位。缺点是由于大多数档案管理队伍的人员结构不合理，往往是业务人员多，技术人员少，尤其是高技术的系统开发人员更少，而技术人员不仅要开发系统，还要跟踪现代信息技术的发展，进行系统的维护，考虑系统的安全备份等问题，而且自主研发的工作量较大，开发的周期较长，相对成本比较高，并且自主开发人员不是专门的研发公司人员，在系统的开发过程中，与社会上的先进软件相比具有一定的局限性。

（三）对外承包的开发模式

采取这种研发模式的单位一般是资金比较雄厚的单位。采取的方法是购买社会上开发好的现成软件，或者选择一家软件公司，按档案业务实际需求定制开发，也就是说把档案信息系统的开发工作对外承包出去。这种模式对于档案部门的工作人员要求不高，在数据的备份和系统的维护方面主要是聘用专业的技术人员来做，或是委托给专业的公司。

这种方案适用于业务比较简单的档案馆（室），它的优点是充分利用了外部主要 IT 公司的力量，开发的时间较短，降低了开发的成本；缺点是如果不注重培养自己的研发队伍，而研发单位的人员又不熟悉档案业务，开发系统的实用性较差，而档案机构人员对信息技术的认识不充分，则很难提出比较好的建议，难以对开发单位的需求和设计资料进行准确的评价，往往是到了使用的过程中才有较为准确的需求，给实施完成后的正常运行带来困难，同时也浪费了资金。为了解决开发与使用之间的矛盾，档案部门在选择开发机构时应选择开展档案信息化解决方案的专业开发商，注重考察该公司的咨询和售后服务能力，要求他们不仅有咨询能力，还要有一定的培训能力，促进档案管理人员尽快理解和掌握系统的管理思想和应用模式，还需要提供长久的系统更新能力和良好的售后服务能力。

（四）外包与自主开发相结合的模式

这种模式也称为混合型模式，即信息化的项目在档案机构立项，委托第三方公司在其商品化软件的基础上，针对本单位的档案业务现状和业务发展需要进行客户化的定制和开发。采用此类模式的档案部门一般来说是基础条件较好的，相对来说资金比较充足，这种模式也是目前档案管理采用较多的一种方式。这种模式的优势在于由开发商解决技术难点，对开发过程进行科学的安排和严格的控制，这样既解决了档案机构开发队伍经验少、技术力量薄弱的问题，又为档案部门培养了懂业务、懂技术、懂管理的复合型人才。同时，档案管理机构还可以拥有信息系统的知识产权，更重要的是软件的开发切合用户的实际要求，系统未来的运行和维护也有保障。目前规模较大的一些综合档案管理机构大多采用此种模式，使用事实证明这种混合性的实施模式还是目前比较理想的运行模式。

二、档案信息化实施的过程

实施过程是在国家信息化政策的总体规划下，按照信息化建设的整体要求，来确定档案信息化建设的战略目标、总体规划，在人员、技术、资金、环境等各类资源已经具备的情况下，来开展档案信息化建设与档案信息管理系统的应用。

（一）正确理解国家信息化战略与档案信息化之间的关系

要正确理解国家信息化战略与档案信息化建设的关系。国家档案信息化战略是档案信息化目标、远景以及职能的拓展、业务流程的转变的完整融合，它描述了档案信息化的目标与方向、信息体系结构、技术路线、操作方法、信息化过程的内部操作标准、软件系统的评估方法和考核的指标体系等众多"软性"的规划和策略。

要正确理解档案信息化规划与信息系统规划之间的关系。信息化规划实际上是信息化战略的执行过程，它所研究的内容与信息化的战略有非常大的相关性，在战略体系下的具体软硬件系统设计过程中，是在信息化战略的指导下，分解总体目标，针对不同的业务内容、工作流程提出功能模式，做出系统建设的成本预算，制定系统的实施计划，确定系统的组织、管理、选型方案、评估标准和过程控制方法。

总之，系统实施是信息化建设的重要内容，是完成系统建设并投入使用的关键业务过程。其成功实施标志着信息化战略与规划决策的正确性，也标志着信息化进入实质性的运行阶段。

（二）从思想上充分认识档案信息化建设的艰巨性和复杂性

档案信息化建设是一项历时较长、涉及面广、内容复杂的系统工程，而档案管理信息系统的实施与应用，是以档案业务为核心，以计算机技术、网络技术、信息技术为手段，以现代管理为指导，以提高档案的利用率和利用价值为宗旨而开展的一项划时代的业务革命，其最终目的是提高档案的信息化管理水平，挖掘档案的社会价值，提高全民族的文化素养，推动社会进步，改变经济增长模式，适应信息社会发展的需要。档案信息化的实施与应用是涵盖计算机工程学、项目管理学、档案管理学、信息技术等多学科知识在内的系统化应用工程，在应用和实施的过程中严格遵循软件项目管理的先进理念，并将多学科知识融会贯通到档案管理信息系统实施与应用的每一个环节，这就要求参与档案管理的所有人员，特别是信息化项目的主要责任人必须从思想上认识到信息化建设的艰巨性和复杂性，在思想上、认识上和行动上做好迎接挑战的准备。

第一，要从思想上充分认识到信息化是一项具有划时代意义的新型工作，其最终目的是提高档案的现代化管理水平，挖掘档案的价值，提高全民族的素养，推动社会进步和改变经济增长的模式，适应信息社会发展的需要。充分认识到档案信息化带来巨大的社会效益和经济效益的同时，也给各级领导和基层的工作人员带来工作上的方便性和灵活性，使每个从事档案工作的人员都真正成为信息化的受益者，从而达到统一思想、统一认识的目的，确保档案信息化工作的顺利开展。

第二，加强档案管理业务的学习。信息系统的应用是实现档案信息化的基本手段，其一切活动的开展必须服从档案业务的全过程和未来信息发展的需要，信息系统的应用要求档案工作者必须是懂业务、懂技术的复合型的人才。如果说信息专业技术人员将软件系统设计完成后，仍然对档案业务及其知识一无所知，对档案管理流程含糊不清，那么他所设计的系统一定无法使用。因此，档案技术人员在开展信息系统的基础工作的同时，必须加强对档案管理业务的学习，在了解、熟悉、分析和发展档案业务和档案学基础知识的基础上，综合运用档案学、信息技术、计算机技术、网络技术等知识，加强对档案管理的理论、原则、策略、方法等内容做进一步探讨与研究。

第三，加强网络信息技术的培训。在信息化的今天，档案管理人员必须加强网络技术知识的学习，来提高自身的管理水平。档案信息化是一个复杂的系统工程，其过程包括可行性的论证、系统的规划、详细的设计、编码、实施、应用和持续性的维护等多个阶段，每个阶段都涉及多方面的技术知识的渗透、融合与综合运用。同时，整个信息化的建设过程也是一个不断完善和逐步发展的过程，所有参与人员无论是管理人员、操作人员、系统设计、系统开发和应用实施人员都必须了解和清楚各个环节的紧密关系和各个业务功能模块的来龙去脉，重点掌握自己业务范围内和所操作的系统功能模块的基础知识，才能使整个系统顺利运行并不断得到应用和完善。

第四，加强档案信息资源的建设工作。档案信息化建设涉及的内容非常广泛，而且这些内容会随着社会的不断进步发展而得到不断地丰富，档案信息化建设面临的任务很艰巨，困难也很多，因此我们要有重点地突破，把信息资源的建设当作核心工作来抓，实现重点带面的良好局面。在信息已成为重要的社会资源的今天，档案信息作为一种原生信息，正发挥着越来越重要的作用，把国家的档案资源建设好是档案工作的中心任务。

这项工作主要包括三方面的内容：①要加快现有档案馆藏文件级目录数据库和全文数据库的建设，以满足快速检索的需要。要加快现有档案目录的整理、著录和建库工作；②有条件的档案部门，要积极推进那些重要的、容易受损的、利用频率高的档案数字化进程，加强对重要档案的保护，提高档案的利用率；③对新产生的电子文档，要采取科学的管理方法和利用现代技术手段，收集好、管理好。随着信息技术和电子政务的不断发展，电子文件将是未来数字档案信息新的主要来源。管理好、利用好电子文件将是档案工作在信息化时代的一项至关重要的任务和面临的重要课题。各级档案部门要积极介入本地区、本部门电子文件的产生过程，加强对电子文件的积累、鉴定、著录、归档等环节的监督、指导，保证归档电子文件的真实、完整、有效。

第五，不断地提高档案信息化的服务水平。档案管理工作是一项服务性的工作，它的根本任务是为国家建设和社会的发展提供可靠的信息服务，在信息资源共享成为社会发展趋势的背景下，档案信息资源因其独特的价值而日益受到社会的关注，档案信息资源的社会共享已成为国家档案事业适应社会信息化发展潮流所亟待研究的重大课题之一。随着社会经济的不断发展，社会信息意识不断增强，这为信息资源的社会共享提供了良好的发展空间。新时期档案工作应做到：经济建设发展到哪里，档案工作就延伸到哪里；政治建设发展到什么阶段，档案工作就服务到什么阶段；文化建设发展到什么水平，档案工作就服务到什么水平；党的建设对档案工作提出什么要求，档案工作就提供什么服务。为了更好地实现档案信息化建设的目标，我们应根据社会信息化的客观趋势，在不断优化传统的档案服务方式的基础上，与时俱进地促进档案工作的创新。要实现档案服务方式的创新就必须更新服务理念，整合档案资源，兼顾需要与可能来创新档案服务模式，实现档案服务工作质的飞跃，使档案信息资源的社会化共享逐渐由理想变为现实。

第六，安全保障体系的建设。档案作为人类历史的记忆和现实工作的支撑，其信息的安全性至关重要。因此，在管理信息系统实施与应用的过程中，应保证档案信息不流失到非保管单位和个人，应确保档案信息安全并可读取，应确保档案信息分权限管理和分权限查询、浏览及检索利用。这不仅仅需要对档案管理信息系统提出安全保障要求，更重要的是实施单位的安全管理措施和安全管理方法要得当。

安全保障体系的建设是档案信息化建设的重要内容之一，各级档案部门在开发利用档案信息资源和网络系统建设的工作中，必须提高信息安全意识，防止失密、泄密以及档案丢失现象的发生。要保证信息的安全首先要加强安全保密技术的应用。依靠先进的技术手段，在档案网络技术建设中，充分应用信息安全保密技术，解决好档案信息传输与存储安全保密问题。其次是要建立完善的保密制度。各级档案部门在信息化建设的过程中必须制定针对性强、操作性好的信息安全保密规定，以此来确保档案信息的安全。最后是要建立严格的管理制度。各级档案管理部门要加强档案著录标引、数字化转换、档案网络信息公布等过程中的安全管理，实行安全责任制。非公开的档案信息一律不准在网上提供，已公开的档案目录或全文查询服务，要认真采取安全防护措施，实行严格的授权管理体系，确保档案信息和系统的安全。

我们要把档案安全问题提到议事日程上来，任何时候都不能有丝毫懈怠，越是在信息化程度日益提高的情况下，越要全面兼顾档案的实体安全和信息安全。要严格执行档案安全保管的责任制度，杜绝一切事故的隐患。严把档案利用审查关，不该提供的档案坚决不能提供；要严格执行"三网"隔离制度，采取可靠的防范技术和措施，确保档案部门的网络信息安全，对于面向公众的网上信息进行严格的审查，确保上网信息的安全性。

（三）加强资源建设

1.人才资源建设

档案信息化管理系统改变了传统的手工操作方法，因此对档案管理人员的整体要求比传统的管理要高，因为它的应用涉及许多方面的知识，需要有变革的管理思路。这就要求档案管理机构转变管理理念，因为档案管理信息系统本身就蕴含着现代管理思想，比如归档流程的自动化、信息著录标准化以及信息著录的一致性、系统集成等现代管理理念。它的成功应用是在对其进行深刻理解的基础上才能见到的明显效果，这不仅要求决策者而且要求业务人员能够接受和理解。其次是在认识上的转变。档案管理者应充分认识到网络化应用带来方便的同时也带来一些新的问题，认识到提高档案管理信息系统是提高业务服务效率与质量的手段，认识到资源共享的重要性，认识到需要不断地学习新的知识，认识到有了档案管理系统做助手，档案业务人员才能将工作的重心转移到钻研业务、深层次管理开发利用上。总之是要建立起一支既熟悉档案业务又懂信息技术的人才队伍，不断提高档案部门的人员素质。一方面应通过实施各种培训、提供各种学习条件使档案管理工作人员能够很快熟悉掌握信息技术的理念、方法和思路；另一方面应大胆引进信息技术、网络技术等方面的人才，将信息技术融入档案业务管理中，真正做到业务技术双精通，做到各尽其用。

2.信息资源建设

网络环境的核心资源是档案的数据和信息，它们是网络环境的基础资源，离开了这些基础资源，网络信息化就成了无源之水。在实际运行的过程中，不是所有的档案部门都能重视这些基本资源的建设，一些单位在规划实施甚至已经购买了设备和软件后，还未将档案的目录进行整理，系统就被淘汰了，更不用说电子文件的管理了。因此，各单位在建设网络环境之前，必须将基础数据录入到档案专用服务器中，建立分类数据库，为以后应用网络管理系统打下良好的基础。在数据信息录入的过程中必须遵循标准化、规范化的原则，这也是国家对档案信息化建设的基本要求，但是并不是所有的信息化单位都能够做到，在一些使用单机版的单位，其档案数据在遵循标准和规范方面离国家规定的档案管理目标还有很大的差距。因此，在进行网络化管理信息系统时，必须提前做好录入数据的规范性工作。

数据的整合也是网络化之前必须要做的工作之一。数据的整合就是按照标准、规范以及网络化资源共享的要求，将同类和相关数据进行整合，将数据字段整理出来，进行合理的分类，也就是将原来一个个独立存在的数据进行分类整合，并抽取其中规范的数据字段以方便统计，这项工作也是档案信息资源建设的基础工作。

3.安全资源建设

一个安全、稳定、可靠的信息系统，是顺利开展工作的可靠保证。网络版的档案管理信息系统必定需要支持网络化应用的数据库管理系统，目前有的解决方案只是将档案目录信息存储在关系性数据库中，而将电子文件全文存储在文件服务器中，这样又多了一层数据管理，这些数据一旦出问题，系统也就失去了存在的意义，因此必须制定相应的档案管理信息系统的安全保障措施，才能保证档案信息的安全和信息系统的安全，才能保证信息化战略的顺利实施。

4.设备资源建设

网络是信息化的基础设施，拥有一套可靠、稳定、安全的网络设备是档案信息化的基本保证。由于使用单位的情况各不相同，因此在建立本单位的网络体系时应根据实际需求和本单位的发展需要，构建适合自己的网络运行环境，这样既能保证目前的正常使用，又能为将来的网络扩展创造条件。

一般来说，网络布线、端口设计、设备摆放等网络基础设施的建设，在设计建楼时已经考虑到并予以实施，但在使用的过程中也会随着需求的不断变化而逐步调整。对于网络设备的购买，最主要是结合本单位的实际需要来购买，在购买的过程中一定要严把质量关，确保购买的设备是先进的、合格的产品，绝不能为了贪图便宜以次充好，结果造成工作过程中故障频出，那样就得不偿失了。最后是警钟长鸣的安全问题。一般来说，网关、防火墙、入侵检测等安全产品是网络安全保证的基本需要，如果将本单位的计算机接入 Internet 而没有采取任何的保障措施，那是非常危险的做法，也是违背安全保证工作条例的。

第四节　档案信息化系统实施的步骤

一、与信息系统实施有关的基本要素

（一）项目组织

项目组织与团队建设是项目启动工作的重要内容，也是决定整个项目能否成功的关键因素，每一个项目的实施，都涉及多方面的组织和个人的参与。为了确保项目的进度，把好项目的质量关，控制项目的资金投入，监理方通常被聘请来全面监督项目的执行，因此项目的实施至少会涉及建设方、用户方和监理三方的利益。

1. 建设方

承担信息系统建设的集成商或软件系统的开发商，其职责是提供商品化产品，为客户提供信息化解决方案，根据需要进行客户化定制、实施、操作等工作，以及实施软件系统并开展必要的咨询和培训等工作。

2. 用户方

客户是项目承担的主要对象，是档案信息系统实施与使用的最终机构。其主要的职责是，根据自己的需要设立项目，并选择供应商、开发商及软硬件产品。客户是项目的出资方，也是项目成果的使用商，是最终的项目受益者。

3. 监理方

客户出资聘请的项目实施顾问和项目建设质量监督方对客户负责。其主要的职责是监督和控制整个系统的进度、成本、质量等风险综合要素，维护用户的权益，降低系统建设的成本和风险，提高系统实施的成功率。

总之，项目的成功开发，需要协调这些利益相关者之间的关系，选择平衡点，最大限度地调动所有参与者的积极性，减少项目实施过程中的阻力和影响。

（二）项目团队

项目的开发需要人才，这就需要建立一个强有力的工作团队，并有组织地展开建设。项目团队涉及的面很广，几乎包括了所有的项目相关者，在项目实施的每个阶段将组织相关的团体。在项目启动前成立项目委员会来分析项目的可行性，而在项目的执行过程中，项目经理就起着举足轻重的作用。

当前，在我国开展档案的信息化建设基本形成了两套体系：一套是开展信息化建设和运行维护的信息管理组织体系；另一套是当前已经存在的行政及业务管理组织体系。其主要原因是业务管理和信息化应用没有真正融为一体，在业务管理和信息化的应用上存在着观念和认识上的差异。立项的管理模式是二者合二为一，这就要求档案管理的领导者是既懂档案业务又懂信息化业务的现代管理的复合型人才，要求信息化管理机构中的每一个员工都要把档案业务和信息化管理结合起来开展工作。

（三）项目资源

资源包括的内容很广，它包括自然资源、内部资源、外部资源、有形资源和无形资源。这里所强调的资源不仅包括支持项目开发的人力资源、资金资源、技术资源、环境资源，也包括档案信息化建设过程中不断产生的 IT 资源，如网络、服务器等硬件设备，操作系统、应用系统等软件资源，同时还包括档案信息资源。因此，要求我们不但要管好、用好能看得见的设备资源，也要学会管好、用好软件资源。项目开发的不同阶段，资源的需求在不断地变化，有些资源用完要及时追加，任何资源积压、滞留或短缺都会给项目带来损失，各类资源的合理、高效使用对项目管理尤为重要。

（四）项目的进展

项目的进展情况需要根据项目的目标要求来进行制定，然后才能具体落实和实施。这些计划的制定对供应商、开发商以及档案管理人员的工作进度都有明确的要求。事实上，在档案信息化建设的过程中，由于档案机构内部人员的不配合、工作繁忙、需求变化等影响项目进度的情况比较常见。因此，项目在实施的过程中，要求每一个参与此项工作的人员都要明确自己的职责、进度要求，只有这样才能保证项目的顺利进行。

（五）项目的质量

质量在信息的系统管理中起着举足轻重的作用，它的好坏直接关系着档案管理机构的根本利益，同时也影响着供应商和开发商的声誉，应该说参与项目的每一个成员都希望获得高质量的实施效果。在信息化的过程中，要想保证产品的质量，就必须严把质量关，严格对过程的质量监控，落实阶段目标，只有保证了每个阶段的质量，才有可能保证最终的项目质量。另外，由于参与项目的多方机构和人员对信息化项目的认知程度很难达到完全统一，质量的标准也不完全一样，即使用户在当前满意，也可能在短时间内满意度就会改变。因此，加强开发商与用户的沟通、交流、达成共识仍然是保证项目质量的有效方法。

二、系统规划

系统规划是项目工作前瞻性、全局性和关键性的第一步，档案信息化建设的高层行政管理人员和高层信息管理人员是系统规划的主要成员，其主要任务是确定系统实施的目标、系统的体系结构、系统实施方案和实施过程的资源计划。因此，参与系统规划的人员对档案业务、现代化管理和信息技术的掌握程度以及他们的创新精神和务实态度是有效开展系统规划的基础。

系统规划阶段所做的主要工作有：工作团队的组织、系统实施的进程计划、信息系统部署方案的确定以及资金的分配使用方案，还包括人力资源、行政管理、技术支持的协同以及对项目实施过程的风险评估。

三、系统的开发

系统开发是信息系统建设工作的核心，这一阶段的工作是由承担信息化建设的软件供应商来完成的，档案馆工作者的主要任务是提出目标阶段的需求，档案馆的技术支持人员则在业务工作者和开发人员之间起到沟通桥梁的作用，并解决系统开发过程中的问题。

分析市场的需要是项目开发的最终目的。因此，项目开发的基本任务是为了解市场需要什么样的软件系统；该软件系统具有什么样的功能，这些功能的优缺点是什么等等。尽管项目在启动时已经确立了系统的目标，但这个目标相对来说是宏观的，具体一些细节的内容并不明确，因此明确的需要将会对目标系统提出完整、准确、具体的要求。需要分析阶段主要涉及三类人员，即档案业务的管理人员、管理信息系统的研发人员、系统的实施人员，这一阶段的主要任务是加强沟通和交流。这一阶段对档案管理人员的要求是能够准确描述当前及未来业务的发展需要，系统分析并能够准确理解、认识业务的需求，必要时可以借助自身的工作经验对客户进行启发和诱导，让他们说出自身更深层次的业务需要，从而指导今后的开发工作。需求阶段的工作内容主要包括以下几个方面：

（一）组织结构的调研与分析

了解用户单位当前的机构设置与管理模式，充分分析其运用的合理性、完整性及运作的有效性，用以确定信息系统的体系结构，包括系统的运行结构、功能框架结构和系统的总体部署方案。

（二）对实际需要的调研分析

以用户的需要为出发点，充分考虑用户对软件的实际需要，编写可满足用户需求的规格说明书以及用户手册，对目标系统外部行为的完整描述，需求验证的标准，用户对系统的性能、质量、可维护性等方面的要求以及用户界面描述和目标系统的使用方法等。

（三）信息化现状的调研分析

在充分调研的基础上，了解归档单位与档案馆目前的硬件和软件运行环境、当前应用系统的使用情况、当前的数据格式和数据规范性、数据处理的方式等，分析开发的继承接口系统的内容和功能、数据迁移和数据导入导出的需求，确定进行二次开发或进行系统实施过程中的具体工作和任务以及软硬件系统的需求。

（四）对需求的检验过程系统分析

技术人员需要在档案管理人员和系统软件的实施人员的配合下对自己生成的需求进行检验，保证软件需求的全面性、准确性和可行性，获得档案管理人员的认同，并对需求规格和用户手册的理解达成共识，达成对目标系统理解的一致性。

我们所作的需求信息的获取、需求的分析以及编写需求规格、需求说明等工作是相互渗透、增量并行和连续反复的，其工作的过程主要包括以下几个方面：首先是系统分析员和档案业务管理员开展的面对面的交流，记录用户提供的信息，即开展信息的获取活动。其次是系统分析人员对获得的信息进行分析归类，并对客户的需求同可能的软件需求相联系，也就是开展需求分析活动。再次是系统分析人员对档案业务需求信息进行结构化的分解，编写成文档和示意图，形成需求规格的说明书。最后是组织档案管理业务的代表评审文档并纠正其错误，完成需求的验证工作。以上这几个过程是由浅入深、循环往复并渗透到客户业务系统的各个环节，贯穿于客户业务系统的各个环节，和贯穿于需求分析的整个工作过程，直到双方对目标系统的功能、流程、接口、数据、操作等多方面达成共识后，需求分析阶段的任务就结束了。但并不是说业务需求就不可再发生任何的变动，这只是需求的"相对锁定"。

四、系统的设计

系统的设计是基于对需求分析的工作成果，对系统做深层次的功能分析实现流程设计，分析总结出行之有效的系统实施方案，使整个项目在逻辑上和物理上得到良好的实现，从而实现对最终目标系统的准确架构。

（一）系统的设计

软件系统设计的首要任务是体系结构的设计，在此设计的基础上逐步完善详细的设计工作，把设计的风险降到最低程度。虽然一个良好的软件结构不一定能产生令人满意的软件，但一个非常差的软件结构设计，一定会导致软件项目的失败。因此，我们应高度重视软件的设计工作。

（二）软件的编码

编码就是软件系统实例化的具体过程。在完成系统分析和设计工作之后的主要任务就是信息系统运行结构、模块结构和数据组成的确定，下面的工作就是把系统设计的结果翻译成某种程序设计的语言编写的程序以及信息系统代码编写。这一阶段的任务是将需求分析和系统设计的结果与内容转换为用户需要的实际应用过程。

（三）系统的自测

软件的测试是系统开发过程中非常重要的环节，是系统实施阶段的一项重要工作，开发人员进行系统自测试的目的是为了尽可能多地发现和修改系统设计和系统编码中的错误，开发人员自测试阶段发现的问题越多，交付的目标系统的质量就越高，后期纠错型的维护工作就越少。在实施和应用档案管理信息系统时，软件开发的执行人因项目的开展方式不同而有所区别，如果是自主研发的，则是本单位内部技术人员在开展系统设计、软件的编码和测试工作；如果采用购买商品化的软件实施方案，则一般的供应商已经根据档案业务的共性和标准流程开发出管理信息系统的原型产品，本阶段的主要工作除了是用户在熟悉和使用商家产品，更多的是按照自己的需求对系统进行功能、性能等方面的测试，最终确定商家的产品是否满足目标系统的要求；如果采用自主开发和商品化应用相结合的方式，也同样执行以上三个环节的内容，并对商家提供的产品原型进行改造，来适应本单位业务管理的需要。

五、系统的实施

系统实施的主要任务就是软件系统的客户化定制过程，这一时期的主要任务是建立能满足需要的软件系统。其工作的内容主要包括客户化的定制、系统的测试、系统的试运行等，另外还包括数据的导入与客户的培训等工作。系统实施阶段主要包括以下三方面的任务：

（一）对软件系统的针对性定制

主要包括四项内容：一是框架定义，即根据用户的业务需求建立系统总体框架结构，比如按照档案的门类进行系统分类，或者按照信息分类方式，或者按照用户自己的管理方式进行分类定制；二是数据库结构定义，即按照每一个档案门类确定逐字段的属性、操作方式等；三是业务流程的定义，即按照用户档案业务流程定义系统的功能；四是用户模型定义，即按照实施单位用户操作系统的功能和数据权限建立用户模型并授予其操作权限。

（二）数据的整合

在系统的使用过程中，数据的迁移、载入等工作是需要软件的供应商来帮助完成的，而用户单位的主要工作是定制数据的管理规则，严把实施过程关，并建立严格的档案保密措施，来保证档案信息的安全。这一内容是实施过程中工作量较大的部分，也是最容易被忽略的部分，同时也是最容易出现问题的部分。档案管理部门应充分认识到这一点，并在实际工作中引起足够的重视。如果原有的数据不能安装到系统中，新系统的实施工作就等于失败了。

（三）系统的检测试用

当客户定制了新的软件系统，并把原有的数据迁移、装载完成后，一个新的应用系统就算建立起来了。在这一工作完成的过程中，首先由供应商或软件开发人员对系统的原型进行全面的测试，测试的过程中一定要按照软件的要求严格测试，由建立单位严格把关，并从专家的角度提出测试意见和改进意见，最后由用户单位的档案管理人员根据最初双方形成的分析报告中规定的系统功能进行测试，如果测试没有问题则进入试运行阶段。对用户来说，试用和测试新软件的过程非常重要，它不但是检验软件系统的过程，同时也是对一个系统的学习、理解和接受先进管理理念的过程，要求所有的用户积极地参与并提出合理的建议，以便软件开发商对软件中不合理的部分及时改进，通过不断地升级更新，试运行一段时间后确定一个用户系统运行的版本，最终达到满足用户需要的目的。

六、系统的应用和培训

（一）对管理人员的培训

根据档案管理系统对各类管理人员的要求，结合用户对计算机操作系统、网络知识、数据库知识的掌握程度，以及信息系统的管理人员的工作内容进行分期的培训，以适应新系统对档案用户的要求。

（二）系统的操作培训

结合档案信息化的用户操作手册，对用户进行针对性的培训，确保每个用户都能够在自己的权限范围内完成正常的系统与业务操作。在对业务人员的培训完成其后要进行上岗前的考试，其目的是督促其掌握培训内容。在系统各级操作人员对应掌握的内容都掌握后，用备份的数据库文件替换用户培训时使用的数据库文件，使系统投入试运行。

（三）系统信息的归档

一是整理此次系统实施的架构模型，特别是基础数据表、工作流程，形成本单位独有的系统运行模式，并将本单位的数据库结构进行拷贝，进行归档，以备未来使用；二是建立客户信息档案，将其基本信息实施情况、使用系统版本情况等进行归档，同时将数据库结构一同刻录成光盘进行归档，为以后系统的升级维护奠定基础。

（四）系统的实施切换

当用户得到一个可以真正接受的系统后，就可以实施系统的正式切换，也就是说可以正式利用新系统开展工作，为了保证数据的准确性以及防止数据的流失，在应用新系统开始工作时不必急于将原有的系统毁掉，应在使用新系统后继续保留一段时间，在确保没有丢失数据后再彻底停止对原有系统的使用。系统切换的过程中，一定要将系统试运行阶段部分的数据及时装载到新系统中。

七、系统的检测和验收

档案信息系统项目的验收标志着该系统已经得到用户的认可，同时也标志着实施工作将要结束。在这一阶段项目实施单位的工作内容：在此项目实施的过程中一些特殊性的信息资料，如增加了新的档案类型的数据库模板、增加了新的功能模块等，要及时进行整理，以便归档。整理可以作为项目验收依据的相关资料，比如使用说明书、变更登记、用户手册等。另一项工作是编写项目验收的文档，结合项目合同和需求说明书的内容，整理出验收的内容以及目前的运行情况及验收的标准。这一阶段客户方的主要工作内容：成立项目机构，其主要职责是按照验收申请报告、项目的合同、系统试运行报告、需求说明书等材料，结合系统现场使用的情况和递交给用户的资料情况，检查实施工作是否达到了合同中规定的要求。另一项工作是进行项目的验收。由项目验收机构对系统实施的现场进行实地考察，检查各项实施工作。如果各项工作都已达到了合同中规定的要求，即验收可以通过；对于不符合要求的项目要提出改进和完善的建议。

八、对实施系统的评价

档案信息系统投入使用并运行一段时间后，用户和开发商可根据双方的合作协议及共同认可的需求分析报告、系统设计方案及相关要求，对系统进行综合分析与评价。评价的内容主要从实用与适用的程度，分析较之以前手工管理方式效率是否有明显的改善，目前已解决了哪些问题，使用是否方便，是否达到了预期的效果。如果与最初设定的目标相差甚远，尽管满足了一些实用功能的要求，也不能算是有效地实施：

当然在最初设定阶段目标时，也应该采取比较现实灵活的态度，采取由小及大的方法，不断扩大成果的应用范围。一般情况下衡量管理信息系统是否成功主要有五种情况。

第一，档案信息系统实施完全成功，即指项目的各项指标都已经完全实现或超过了预期设定的目标。

第二，档案信息系统的实施是成功的，即项目的大部分目标已经实现，基本上达到了预期的要求。

第三，档案信息系统的实施只有部分成功，即项目实施实现了原定的部分指标，没有达到预期的目的。

第四，档案信息系统的实施是不成功的，即项目实现的目标非常有限，根本没有达到预期的目标。

第五，档案信息系统的实施是失败的，即项目的目标没有实现，必须终止项目。总之，对档案信息系统的评价结论是档案工作者应该十分重视的工作之一，应当从评价信息中汲取档案管理信息系统实施过程中的经验和教训，以提高今后系统建设的成功率，从而提升档案管理信息系统的时效性。

第六章　档案信息数据库的构建与实现

第一节　档案信息数据库的总体架构和主要功能

一、档案信息数据库性能指标分析

　　用户的需求不仅是数据库架构设计的基础，也是制定数据库性能指标的依据。性能指标体现了档案信息数据库设计的总体原则，也是确保用户需求和数据库功能无缝对接的前提条件。档案信息数据库由多主体协同参与建设和管理，目的是通过对异构信息和系统的动态集成，面向用户提供交互式信息共享，以及一站式检索、获取服务。

二、档案信息数据库架构设计

（一）用户需求分析

　　需求分析是整个档案信息数据库建设的基础，这一阶段的主要任务是通过了解和明确用户的需求，比如用户需要数据库中存储哪些信息和需要数据库提供哪些功能等。对于数据库设计人员而言，一方面要了解档案部门的管理需求及其业务流程；另一方面要明确使用档案资源的用户信息需求，在此基础上构建数据库的整体结构，并且将整体结构反馈给用户，然后进行进一步沟通和修改，如此反复直到数据库的整体结构设计能够解决用户的真实需求，得到用户的认可，才能继续进行下一步的设计和实施。了解用户需求的方法主要有：跟班作业、座谈会、专人介绍、调查问卷等，这些都是促进数据库设计人员熟悉业务流程、理解用户真实需求的有效方式。

　　档案信息数据库的使用者主要有三种类型：档案管理人员、查档用户和系统管理员。其中系统管理员主要负责的是档案信息数据库的维护，该需求及其对应的数据库功能设计与一般数据库类似，这里不再赘述。

　　档案管理人员主要负责的是档案资源的管理，包括整理、标引、录入、存储、修改、调档提供利用服务等工作职责。在档案馆建立的馆藏数据库中，这些都是基本的功能设计。

　　查档用户是档案资源的使用者，这类用户对档案资源的要求以全面、方便、详实为主。全面是对档案资源的要求，即档案信息数据库中的资源能够系统而详尽地反映社会重大事件的前因后果，来龙去脉，除了档案文件，还可以包括新闻、社会评价等。

（二）基于协同的整体架构设计

　　从用户需求来看，档案信息数据库需要具有一系列功能模块，才能准确实现用户需求的满足。根据用户类型及其需求特点的不同，档案信息数据库功能模块设计分为三类：一是满足系统维护人员的需求，如系统、软件、数据的正确性维护、差错性修改及兼容性扩展等功能；二是满足档案管理人员的资源建设需求，如档案资源的采集、标引、存储等功能；三是满足查档用户档案信息检索、获取及咨询、反馈等交互门户服务功能。此外，由于档案信息数据库涉及数据和系统的异构分布集成，需要多主体共同参与管理、维护，因此需要具有让多主体实时分布协同互操作的功能。

　　可见，档案信息数据库在宏观上主要需要实现档案信息的采集、标引、协同管理、提供档案服务和实现用户反馈这五个功能。

　　需要注意的是，资源数据库系统和服务平台之间并不是相互独立的平行关系，它们之间是由档案信息数据库协同管理系统紧密联系而形成的一个有机系统。因而在下文论述档案信息数据库建设系统和功能模块设计时，一般基于档案信息数据库这个系统的整体性来考虑，围绕用户需求来设计这个系统所要具备的功能特点。

三、档案信息数据库的功能模块分析及具体设计

（一）档案信息采集

　　信息资源的采集是档案信息数据库建设的基础，也是数据库能够提供档案服

务的核心所在。信息资源采集模块的主要作用就是将所有与本专题相关的信息资源收集、整合，作为数据库的内容基础为后续工作服务。档案信息数据库的信息来源一般有四个，分别是既有档案数据库、纸质档案数字化、Web 收集和信息征集。

既有档案数据库是档案信息数据库最重要的数据来源，它包含了大量结构化的数字档案资源和各种专题性内容，对于这部分信息的收集主要是通过技术手段将其一次性或分期导入档案信息数据库中，如此能节省不少录入的人力、物力。

纸质档案数字化主要针对的是没有录入原有档案数据库中的档案信息。这又分为两种情况：一是新增加的档案，暂时还没来得及录入；二是该档案的保存单位没有进行档案的数字化管理，所有的档案都是以纸质形式保存的。无论是哪种情况，这种类型的信息首先要经过数字化处理，处理方式可以是人工录入，也可以是通过扫描或拍照将正本档案数字化。不同的是，人工录入时，录入格式可以直接根据数据库的标准进行，扫描和拍照得到的图片信息需要进行进一步的标引。

Web 收集则是对网络中新更新的信息进行收集的活动，包括互联网的原档案数据库更新的内容，以及与某些专题相关的电子文件、新闻动态、专家观点，乃至用户言论等方面的内容。信息来源的网站可以是其他各种数据库、专业的新闻网站、各大门户网站、社交网站、社会化问答网站等。这种类型的信息可以通过"网络爬虫"进行自动采集，采集到的信息再通过自动和半自动的方式进行标引，最终存入专题型资源档案库。

信息征集是信息采集过程中常用的方法之一，主要针对的是信息资源比较缺乏或信息资源内容需要补充的情况。信息征集法根据其征集的内容可以分为图书资料征集、档案征集和意见征集，根据征集资源形态可以分为纸本档案征集和数字档案征集。纸本或数字形态的图书资料征集和档案征集都属于信息资源补充征集，包括登文征集、信函征集、发文征集、电话征集、广告征集和网络征集六种形式。在进行信息征集时，又可以根据需要选择是否给予信息提供者一定的报酬。就当前的信息环境而言，网络征集具有覆盖面广、及时性高、方便快捷等特点，是信息征集中最有效的方法。征集到的信息需要进行人工审核，考证其适切性、真实性和可信度，进而决定是否将其存入档案信息数据库。对于适切性、真实性和可信度达到要求的纸本档案，可以经数字化途径后再进入档案信息数据库。

（二）信息标引模块

信息标引就是对信息的描述，即完成对数据的元数据著录，目的是实现信息资源的组织和检索。专题型档案资源是多个信源相关信息的集成，资源内容建设既来源于图书馆、档案馆、博物馆等领域机构，也来源于万维网的数字信息。这些不同领域机构形成的不同类型和格式的信息资源，其原有的著录标准和工具是不一样的，对资源之间关联的揭示程度也各不相同。如此，难以实现信息和服务的标准集成。毕竟图书情报领域的著录标准和规范不能完全适用于档案领域。早期的《档案著录规则》过度承袭图书情报领域著录方法，因而在著录过程中出现著录级别少，无法反映档案产生背景及文件之间的关系等信息，这不符合网络电子文件著录的要求。另外，网络发展导致的信息集成和服务融合趋势，也要求一种新的著录技术，具有能够兼容不同领域之间不同类型的信息资源的著录特点。

EAD（编码档案著录）技术正是在这种需求背景下产生的。EAD 以 XML 作为编码语言，由档案工作者参与制定，定义检索工具结构化元素和相互关系，非常合适档案工作者编制检索工具，是真正属于档案工作者的编码标准。通过一套标准规则来描述档案的信息特征，以使这些信息不再依赖于某些特定系统或平台就能被查询、检索、显示和交换。基于标准通用置标语言 SGML 的 EAD 具有很强的检索功能，并且不依赖任何硬件和软件平台，就能实现多种级别的标示符著录、变更和转化，因而对万维网有良好的适应性和灵活性，可以适用多种类型的馆藏。EAD 的这些特点能够很好地甄别、管理、利用档案库中的馆藏档案，且能够促进多种检索工具之间的交换与互操作性，因而获得广泛的应用，尤其是针对图书馆、博物馆与档案馆等信息融合服务等方面业务，具有得天独厚的优势。由此，EAD 的这些特点十分符合档案信息数据库的建设和使用特点，是数据库信息标注的不二选择。

档案信息数据库的信息标引主要可以通过三种方式进行：程序辅助转化、人工著录、自动和半自动标引，对于不同的信息源类型，可以采用不同的标引方式。

数字档案信息是已经进行了标准化的信息，可以通过程序批量转化为档案信息数据库所需要的 EAD 著录格式，而新增的纸本档案由于尚未通过数字化转化，需要人工进行著录。部分 Web 信息由于其重要性和官方性，如政府机构或企业官网发布的重要通知，也需要人工进行标引或人工对自动标引的结果进行审核，以保证著录结果的正确性。对于大部分的 Web 信息来说，自动标引是主要标引方式，一方面，现在的 Web 信息大都是通过网页展示的，HTML 和 XML 本身就有着标准的格式，因此实现 Web 信息的自动标引是很容易的；另一方面，Web 信息是档案信息数据库所有信息来源中更新最频繁的，通过自动标引可以节约大量的人力资源、提高标引效率，从而提高数据库的运行效率，实现档案信息数据库建设的价值。

（三）信息存储模块

将标引完成的档案信息资源存入数据库是数据库运行和提供服务的基础。目前，有很多信息存储的相关技术，如网络存储、分布式存储、云存储等。分布式存储和云存储虽然能很好地利用空间资源，但与档案资源的保管要求不符，尤其是安全性一直受到质疑的云存储。信息存储模块的设计，不仅要考虑到档案信息数据库功能的实现和性能的优化，也要考虑到档案信息数据库设计的安全性和保密性原则。因此，选择档案信息数据库的信息存储方式应该根据具体的用户需求和数据库运行环境而定，而不是追求最新最好的技术。网络存储技术，包括网络附加存储（NAS）和存储区域网络（SAN），在档案信息数据库中都有着很好的应用前景。

除了存储技术之外，数据的存储结构也是需要注意的重要内容。在数据库的物理设计中，数据存储的基本原则是将易变数据和稳定数据分开存放，将存取频率较高的部分和存取频率较低的部分分开存放，因而在数据库的存储设计中也需要遵循相同的原则。这样做的目的是在数据的存取时间、空间利用率和维护代价三者之间寻求平衡，以达到相对最佳的系统性能。依照该原则，可以进行如下存储设计：

第一，数据库的数据备份、日志文件备份等由于只在故障恢复时使用，数据量很大，可以单独存放。

第二，在存储时将资源分别存储在不同的磁盘上，查询时物理上的输入 / 输出的读写效率就可以增加，这是由于磁盘驱动器处于并行工作状态。

第三，可以将比较大的数据表分别放在两个磁盘上，这样存取速度会快很多，另外，多用户环境下这一方法同样有用。

第四，可以将不同来源的档案信息资源分别存储，这么做主要有两点考虑：其一，来源的信息更新频率是不同的，Web 信息更新频率最高；其二，来源的信息格式各不相同，同种类型信息统一存储，可以通过中间件技术便捷地进行整合，在用户进行分类浏览时也可以提高存取效率，减少系统开销。

（四）信息服务模块

1. 一站式检索服务

档案信息数据库的信息服务最主要的目的是为用户提供一站式检索，根据用户的检索条件限制返回符合条件的检索记录，并提供该记录的相关信息、全文地址或下载链接。在信息采集模块中有四种信息来源，不同类型的信息来源之间，同种类型的不同来源主体，都会造成专题档案信息的异构性，为了消除这种异构性，提供统一的接口是档案信息数据库提供一站式检索服务首先要解决的问题。

中间件的概念是人们为了解决分布异构问题而提出的，是解决信息异构、实现信息资源整合，实现门户平台服务集成的技术基础。中间件是独立于硬件系统和数据库企业的一类软件或服务，处于应用软件和系统软件之间，它对于分布式应用起到了一个标准的平台作用，可以集成应用系统，而这些应用软件的开发和运行则不必依赖于具体的计算机硬件和操作系统平台。门户服务平台是信息服务的集成，能为用户提供统一标准的信息资源和服务。因此，在门户服务平台接口所对接的是统一标准格式的信息资源和应用系统。换言之，门户服务平台与资源管理系统之间，应该基于中间件构建一个统一标准的接口，以实现用户一站式获取同一标准的档案信息服务。

中间件作为一个承上启下的存在，通过中间件技术，整合了异构化的各种信息资源，实现了数据库各个子库之间的相互连接，达到了资源整合的目的。在此基础上，中间件还支持标准的协议和标准的接口，标准接口对于可移植性非常重要，标准协议对于互操作性也是如此。这两方面使得中间件成为标准化工作的主要部分，在档案信息数据库建设中有着不可替代的作用。在这样的档案信息数据库结构模型中，中间件为档案信息检索服务和协同管理这两大应用功能的开发提供了一个较稳定的高层应用环境的接口。因此，不管数据库的各个子库在运行过程中如何更新换代或是调整完善，面向用户和管理人员的应用软件都很少需要变更，只有少数情况下需要对中间件进行升级和更新，在这个过程中，只要能够维持中间件对外的接口定义不变，就可以维持原检索功能和协同管理功能，避免投资浪费。

2. 具体功能介绍

档案信息检索是数据库向用户提供服务、实现自身价值的途径，从检索特点上又分为基本检索和高级检索；用户交互功能主要是解决用户不能通过数据库解决的问题和在数据库使用过程中产生的问题，主要采取的方式是咨询、常见问题

（FAQ）和用户反馈。

（1）基本检索功能

本功能涵盖分类浏览和简单检索两种功能，无论是浏览还是检索，都应该提供多种检索字段，如关键词、资源类型、时间、来源、馆藏地、馆藏编号等。这些字段不仅在检索中使用，在检索结果的提炼和筛选中同样也发挥着重要作用。

（2）高级检索功能

高级检索功能主要是面向专业研究人员而设计。该功能可分为两个部分：一是设计高级检索语言的检索入口，能更好地保证专业人员对信息的查全率和查准率，提高其工作效率；二是定题跟踪功能的实现，即将符合用户制定的主题或检索式的新更新的信息推送给用户的一种服务模式。

在用户实施检索后，档案信息数据库将符合用户检索条件的记录，都以检索结果页面的形式反馈给用户。检索结果页面不仅提供满足条件的记录及记录的各项信息，如时间、来源、馆藏地等，还可以根据各字段对检索结果进行提炼，并且将全文地址或下载链接提供给用户。

（3）咨询服务

档案信息数据库的咨询服务主要是指导和帮助用户完成检索任务。咨询服务的实现途径，可以是向用户提供咨询电话、在相应的档案馆或博物馆设立人工咨询的服务台，也可以是在系统中增加在线咨询服务。在线服务能够较好地提供不受时空限制的交互功能，用户可以通过数据库提供的嵌入式聊天功能直接向工作人员提问，进行交流，最终解决问题。

（4）常见问题（FAQ）

常见问题是各个网站和系统中常用的疑问解答方式。档案信息数据库协同管理组可以将用户经常询问的问题整理出来提供解决方案，制成图文并茂的指南，并辅以文档检索功能，以帮助用户自主解决数据库使用过程中遇到的问题。同时，数据库门户协同管理组还应根据用户的咨询内容不断地补充与更新常见问题库，保证其有效性。

（5）用户信息反馈

用户信息的反馈是数据库不断优化的重要依据，主要包括对档案信息数据库本身的意见和对数据库内容的意见两方面的内容。通过用户信息的反馈，档案信息数据库才能在内容资源和数据库本身的设计使用上不断完善。同时，反馈功能还可以作为向广大用户征集信息的途径，充实和拓展数据库的内容。

除此之外，在信息服务模块中，用户与数据库的交互设计——数据库界面设计，也是非常重要的部分。在进行数据库界面和行为设计时应该尽量与用户在长期使用电脑、网络、数据库中形成的语言和行为习惯一致，如在高级语言检索设计时应该遵循公认的逻辑运算方式而不是特立独行、重新构建检索逻辑，使得系统具有良好的界面友好性和易用性。

（五）资源维护模块

资源维护模块在数据库正式投入使用后才开始发挥作用，这是一个长期的工作任务，包括对数据库设计进行评价、调整、修改等方面。维护模块的重要性和必要性主要是由两方面因素决定的：一是数据库的应用环境在不断变化，如用户需求和物理环境发生改变；二是数据库在运行过程中，其物理存储会不断地变化，需要通过重新安排存储位置、回收垃圾等手段对数据库进行优化，提高系统性能。类比于数据库的维护，涉及的主体应该是数据库管理员，其职责主要是对档案信息数据库进行经常性的维护，包括数据库数据的转储和恢复，数据库的安全性和完整性控制，数据库的监督、分析和改进，以及数据库的重组织和重构造等。

（六）协同管理模块

协同的对象一般是两个或者多个资源或主体，资源或者主体共同完成某一目标的过程或能力称为协同。协同的实质是消除资源（包括人力、资金、设备、信息、规范）之间的各种壁垒和边界，重新规范其共同目标，然后充分发挥以上资源的作用以实现这一共同目标。档案信息数据库建设是一个多主体参与，通过信息技术使与某一特定主题关联的异构分布档案信息资源重新序化、组织，形成一个标准化的虚拟集合，为用户提供交互式集成服务的过程。在这个过程中，要实现上述目标和功能，档案信息数据库就要具有多主体协同互操作性的特点。在档案信息数据库中，所谓协同管理就是指该专题档案所涉及的各种主体对档案信息数据库的共同管理，包括采集、标引、存储和维护，都要实现异地协同互操作性，而这又必须要从技术和管理两方面着手。

从技术角度上说，目前已经形成很多成熟的协同软件，协同软件是现代信息技术发展到一定阶段的产物，通过现代网络技术和通信技术，提高组织和机构人员进行跨地区的沟通与管理能力。协同软件围绕"人、信息、流程、应用"这几个要素，主要包括人员协同、知识协同、应用软件协同和工作流程协同四个部分，从而建立一个综合的沟通平台、团队协作的环境，以及应用整合和支持平台。协同技术有着完善的框架，并通过这些技术作为支撑，使得档案信息数据库所涉及的各个主体能够实时地、并发地、跨区域地、协调地对数据库的资源和系统进行操作，最终实现档案信息数据库的协同管理。

从管理角度上说，档案信息数据库与数据库、信息系统一样，都有着"三分靠技术，七分靠管理"的特点。各个档案馆、图书馆、博物馆等可以通过设置专门的部门或者增加一部分工作人员职责的方式参与到档案信息数据库的管理中。各部门的协同管理不是在数据库运行之后才开始，而应该随着数据库的构想和设计产生。质量控制是各部门在档案信息数据库建设和使用中的主要职责之一，主要分为前期、中期和后期三个阶段的质量控制：前期质量控制主要是"专题"选择和整体方案设计；中期质量控制主要是对档案信息数据库建设具体实施的方案的控制，包括内容编排、著录和人员安排等；后期质量控制主要是对档案信息数据库运行的监督、反馈、安全管理等。

在档案信息数据库协同管理过程中，不同的管理主体在进行管理操作时，要经过权限验证和并发控制，这十分有必要。在档案信息数据库的管理中，单一主体的管理中，上下级之间本身在管理权限上就是有区别的，尤其是在多主体的协同管理中，这种区别变得更多、更复杂，在同一主体内和不同主体间都存在权限区别。因此，为了让管理更加有序化，档案信息数据库应该对管理人员的权限进行统一分配。权限级别按照业务部门—分主管部门—高级主管部门依次递增，如业务部门只能访问、更新与本部门职责相关的信息并进行相应操作，而高级主管部门可以访问所有信息。权限的设置对带有密级的档案信息管理显得尤为重要。

档案信息数据库协同管理的主要目的是实现各个管理主体间的异地、同步、实时操作。在多主体管理的模式中，并发操作和冲突是难以避免的，这是由于档案信息数据库的各管理主体在空间上是分散的，但在职责上很多是重合的，所以两个或多个工作人员同时对一组数据进行访问和操作是很有可能发生的。

四、档案信息数据库的功能

（一）信息检索功能

无论早期开发的文摘索引库还是当前发展较快的全文数据库，人们对信息检索功能研究历史较长，构成该功能的软件模块技术已相对稳定和成熟，内容主要包括信息检索、结果显示及下载。在信息检索方面一般数据库都提供基本检索（或称为简单检索、快捷检索等）和高级检索（或称专业检索、复杂检索等）功能，并通过二次检索进一步缩小检索目标，获得更准确的结果。同时，支持逻辑运算、模糊（精确、前方一致）检索，提供规范化词表和索引浏览等检索方式。在检索结果的显示方面，除对命中文献提供文献题名、作者、出处、文摘或全文内容外，许多数据库还增加作者电子信箱、引文等信息。在结果显示输出方面给用户多样化的选择，如可以选择命中最大记录数、每页显示记录数及显示字段，可通过相关度、时间等选择排序方式；对于命中记录的保存提供存盘、打印、电子邮件输出；如果是全文库还提供 PDF、HTML 等输出方式的选择。许多数据库都提供检索策略的存储和再使用等功能。从应用角度来看，信息检索功能可以满足用户的基本信息检索需求，且大多数据库信息检索功能模块已经标准化，检索界面简单直观，用户不需要经过专门培训就可以方便地使用。另外，数据库系统的"帮助"（Help）或"检索提示"（hint、tips）、"常见问题"（FAQ）等引导工具比较详细地介绍了信息检索方法，为用户掌握数据库检索要领提供了方便，这也是网络数据库能赢得高效益的重要原因之一。

（二）内容扩增功能

内容扩增功能是数据库在原有基础上增加的新功能。从传统数据库概念来看，每个数据库都有对应的文献收录范畴，即时间、地域、学科及文献类型范围，数据库收录的文献内容范围是衡量其质量的重要指标。随着各门学科的深入发展，交叉性和跨学科文献越来越多，数据库作为文献信息的动态集合体，必须打破原收录的文献范围限制，扩增其收录范围，网络技术为数据库的内容扩增提供了优越的条件。

1. 多种数据信息的集成

近年来，数据库的发展表现出规模化趋势，各大数据库商一方面除了加紧对原数据的连续性和回溯性建设，还整合一些免费资源，并不断购买其他相关数据，作为其原有内容的补充；另一方面开发跨库检索平台，使各种类型的单一数据库形成了一个相对完整的资源系统，为用户提供一定范围内最全面的文献信息，实现了较大范围的内容增值效应。目前，国外类似的数据库系统如 ISI、CSA、OVID 等，国内如中国知网（CNKI）、万方、中国高等教育文献保障系统（CALIS）、TRS、天宇等都是具有统一跨库检索平台。用户通过多个角度一次性可以获得某主题的期刊论文、学位论文、会议论文、图书等不同类型的文献信息，实现检索内容的增值。

2. 二次文献和一次文献的无缝链接

提供全文是全文数据库的主要功能，由于网络平台的支持，近年来，国际著名的文摘、索引等二次文献库也都为用户提供获取一次文献，即全文资源链接，实现了文摘到全文内容的增值。目前，越来越多的文摘、索引数据库与本单位图书馆订购的电子期刊库、联机目录系统（OPAC）、文献传递系统等都可建立无缝的全文链接，为用户获得全文信息提供方便。这是文摘、索引库人性化建设的重要方面，如 ISI、CSA、EV2 等系统，它们把二次文献和馆藏电子或纸本的一次文献、馆际互借结合起来，形成了完整的文献保障体系，为用户既提供相关主题的文摘，又提供特定的全文链接。

3. 资源的整合

通过常用搜索引擎查找的相关内容很难达到学术资源质量的要求，因此，整合网络资源就成为数据库建设的重要任务。目前，数据库对网络资源的整合模式主要有两种：一是通过选择、标引网络上的学术资源，与文献数据库建立统一检索平台；二是提供相关专业搜索引擎的链接。国外大多数的数据库具有这种资源的整合功能。

4. 记录的字段增多

字段的多少也是反映数据库信息量大小的重要指标，增加字段是各家数据库商开发信息平台的主要目标之一。目前，大多数数据库从增加记录的字段数来实现其内容的扩增功能。国外数据库以 ISI 系统为先导，增加了引文、被引文献等字段。国内 CNKI 系统的知识网络服务平台具有知识元链接，为读者提供更为广泛的网状知识链，从一篇文章的知识元素，如专业术语、机构及个人、动植物名称等链接可以获得其详细的解释，给读者提供更深入的信息内容，同时增加了参考文献、共引文献、引证文献、共被引文献、二级参考文献、二级引证文献、相似文献、相关研究机构、相关文献作者、相关期刊、读者推荐文献、文献分类导航、相同导师文献等十多种字段，扩大了检索范围，满足了读者的多种需要。

（三）服务拓展功能

服务拓展功能也是数据库的新增功能，包括文献分析和管理、定题通报、个性化服务、个人书目管理等服务功能。通过开发数据库的服务拓展功能，使数据库产品成为一个完整、立体的服务体系。目前，许多数据库正在从单一的信息检索工具向综合的信息资源与服务体系转型。数据库在信息服务的整体环境中，已逐渐显示出其服务功能的强大。

1. 文献分析和管理

文献数据库是大量文献的集合，在很多情况下，读者通过检索获得的文献数可能是几百、几千个甚至上万个。这些文献表现的各种特点，可以为读者提供重要的信息，数据库系统提供的文献分析功能实际上就是对所检索的文献的特点进行各种分析。目前，最具代表性的是 ISI 系统，通过分析功能，可以对所检索文献按年代、国家或地区、作者、主题领域、语种、文献类型等进行统计分析，从而获得所检索的某一主题文献。在以上几方面表现的特征，为进一步吸收利用提供了科学依据。实践证明，这是一项很好的拓展性服务功能，可以使用户很好地把握某研究领域的知名专家、权威机构及文献的语种、时间分布等特点，准确地吸收某研究领域更多的信息。虽然目前还没有其他数据库系统提供检索结果的分析功能，但它确实提供了人性化信息服务的方向。

2. 定题通报服务

定题通报服务是一种由数据库系统软件自动执行的定题服务，系统根据存储的用户检索策略自动进行检索，定期将最新的相关信息发送到用户的电子邮箱，用户可以直接从邮件超链接到数据库中的有关记录，从而方便、及时地了解自己所关注的最新研究成果及动态。目前，大多数数据库具有这种服务功能，用户可以随时获得系统中给定课题、选定期刊目次的最新信息通报服务。

3. 个性化定制服务

个性化定制服务是指将每个用户查找和筛选的动态结果保存下来，每次通过数据库服务网站进入个人账户之后，用户便可以找到自己关心的资源和经常使用的系统功能，为用户节省了大量的时间。

4. 个人书目管理

个人书目管理可以有效地帮助用户管理检中文献信息，它将个人累次检索并选择的检中结果信息存入个人数据库，用户可以随时进行排序、增添、删除、数据导出等操作。同时，还可以按用户需求输出标准的出版格式，方便个人写作和投稿。

（四）其他功能

文献数据库功能的不断扩充与完善既是数据库开发商的利益需求，更是广大用户对信息服务业提出的要求。目前，国内外著名的数据库都以以上三大功能为开发信息平台的主要目标，且不同数据库还有其他一些附加功能。

第二节　档案信息数据库的逻辑设计、物理设计和功能设计

一、档案信息数据库的逻辑设计

系统对信息数据的管理，借鉴文档管理知识和结合档案信息数据库系统的特点，概括为专题库下的分类型知识条目管理。系统根据需求分析结果建立八个固有专题库和内建分类体系，每个专题库中存储该专题所对应的非结构化文档和结构化数据。

档案信息数据库系统在逻辑结构上由数据库系统、目录服务系统、信息系统及网关系统进行有效集成。以下对系统总体逻辑设计的各组成部分逐项说明如下：

（一）数据库系统

档案信息数据库系统主要由资源平台、业务平台、资源获取模块、统一资源存储模块构成。

资源平台模块又包含了专题库管理、分类管理、知识条目管理、信息统计、信息检索、知识浏览六个子系统。

业务平台模块又包含了信息采集、信息上报、信息统计管理、档案入库等子系统。

资源获取模块包含了档案数字化系统、数据交换系统、数据录入系统和数据校对系统这四个子系统。档案数字化系统是纸质档案要进入数据库的数字化加工环节，数据交换系统则主要支持外部电子政务系统的信息交换，数据录入系统则是多种数据来源提供的不同结构化的信息进入数据库的入口，数据校对系统是保证信息准确性的重要保障。

统一资源存储模块又包含了知识文档资料存储和业务操作数据存储两个子系统。知识文档资料存储于知识库或文档库中，包括文档管理、文档元数据管理、文档关系管理；业务操作数据存储于数据库中，包括数据管理、数据元数据管理。

（二）目录服务系统

目录服务是信息仓库、存取法和相关服务的组合。信息仓库通常是用于存储

位置信息和其他有关资源（如用户、打印机、文件服务器和应用服务器）的详细信息数据库。存取法是指轻量级目录访问协议（LDAP）或其他可用来与目录服务组件进行通信的方法。相关服务是指目录服务提供的用于查询、操纵和认证数据库中信息的设施。

使用目录服务，可以一次定义用于所有应用程序的用户和组，而无须为每个应用程序分别定义用户和组。目录服务对于实现安全性很有帮助，即通过认证控制用户对资源的访问。没有目录服务，可能为不同的软件产品（如应用服务器、Web服务器和操作系统）重复定义相同的用户和组，这是因为这些软件产品不共享安全性数据。

数据库系统提供对目录服务系统的支持，可以与现有Active Directory等目录服务系统紧密集成，提供统一资源目录和用户权限的管理，便于对数据库进行统一的用户权限管理。系统的设计和实现同时提供独立的用户权限管理功能模块，在不需要借助外部目录服务系统的情况下，可以使用系统内独立的用户权限管理功能模块。

业务平台的信息资源目录体系建设可以采用元数据技术，遵循相关标准，对共享信息资源特征进行描述，以形成统一规范的目录内容。并按照易于理解、分类清晰的原则，形成物理分散、逻辑集中的以主题和部门类别为主的多级档案信息资源目录框架。

目录服务系统提供了用户目录和统一资源目录，在此基础上，完成系统的统一授权管理。用户授权管理可以实现针对不同角色的用户提供对统一的档案信息资源目录灵活授权策略，从而实现统一的分级分类授权等一系列管理。

用户访问门户网站时，通过授权访问接口来确定该用户被授权的所有可访问资源。

（三）消息系统

档案信息数据库系统除了提供门户集成的集成方式，供用户基于Web访问外，针对用户的业务应用，还提供了通过短消息的移动客户端接入功能。系统在移动客户端接入的基础上提供更加快捷的消息通知方式，并通过接收和处理短消息，提供一定的移动应用功能。借助系统内部或外部的消息系统，基于即时通信平台、短信服务平台及邮件服务平台等，提供即时消息、短消息和邮件传递等功能。建立本系统范围内的电子邮件和网络通信系统，使机构内部通信与信息交流快捷流畅，并且与Internet邮件互通。

1. 即时通信平台

以 Web 方式向在线用户和非在线用户发送信息。在线用户会在瞬间收到提示，不在线用户在登录时会得到提示。

2. 短信服务平台

系统支持短消息应用，用户可以通过手机接收短消息和向系统发送短消息。与短信平台的接口通过 MAS 机或 Web Service 完成。可向指定手机号码发送短消息，可接收用户通过手机发送到系统配置接入号码的短消息。

3. 邮件服务平台

系统支持邮件应用，用户可以使用电子邮箱接收信息。基于 Web 的邮件系统，可用于内部、外部，每个账号自动带一个电子信箱，可以接收、发送、回复电子邮件及超文本邮件；用户可建立树状的邮箱目录；可结合通信录来选择邮件地址，实现单发或者群发邮件；提供邮件搜索功能；可以把其他的邮件账号集成到系统中。

依据平台选择，有多种可选接口方式。在 Windows 平台下，可以利用服务器间的集成进行部署和配置完成。在 Java 平台下，可以利用 Java Mail 等技术完成。通过与邮件系统的发送邮件接口向指定的电子邮箱发送电子邮件。

（四）网关系统

网关是外部网络和内部网络之间的守护者设备。它既可以作为过滤器，防止未授权的用户进入内部网络，又可以作为代理服务器，保护内部网络节点的安全。安全网关也提供隧道模式手段，用于隐藏内部网络间的地址，使内部网络中的节点可使用非法或未注册的 IP 地址与公共网络通信。安全网关通过公共网络为保护的节点协商 IPSec SAs，并提供硬件加密/解密服务。总之，安全网关快速、平滑、透明地实现内部网络对外部网络的安全访问，使网络外部不能看到内部，以提高内部网络的安全性。

网关系统通过防火墙或互联网安全产品，从网络层面到站点资源访问层面等各个层面进行必要的过滤，进一步保证系统边界的安全。

防火墙在网络网关服务器上运作，在内部网（信息网）与外部公共网络（共用网）之间建立起一个安全网关，阻止对信息资源的非法访问，并强制所有的连接都必须经过此保护层（或隔离层），在此进行检查和连接。防火墙可以被认为是一种访问控制技术（或机制），用来在不安全的公共网络环境下实现局部网络的安全性。它通常置于一个私有的、有确认的网络和互联网之间，主要负责检查网络入口点通过的信息，根据一定的规则，对通过它的数据流进行监测、控制，以保护私有网络资源免遭其他网络使用者的擅用或入侵，保证内部网络的安全。防火墙采用的基本技术有：

1. 数据包过滤技术

指系统按照一定的信息过滤规则，对进出内部网络的信息进行限制，允许授权信息通过，而拒绝非授权信息通过。数据包过滤防火墙处在网络层和逻辑链路之间，截获所有流经的数据包，从其 IP 头、传输层协议头，以及应用层协议数据中获取过滤所需的相关信息，然后依次按顺序与事先设定的访问控制规则进行一一匹配比较，执行其相关的动作。在系统内部设置了访问控制表，用来作为进行选择过滤的逻辑依据。通过对数据包包头信息中的源 IP 地址、目标 IP 地址、TCP/UDP 源端口号、目标 TCP/UDP 端口号的检查，来确定该数据包是否合法，以决定是否允许它通过。

这种防火墙具有成本低、易安装、透明性好、运行效率高等优点，但不具备身份认证功能，安全性较低，同时要制定一套合适的过滤规则集也很困难。

2. 代理服务技术

指运行在防火墙主机上的一些特定应用程序或服务器程序。对于每种网络应用服务都有相应的代理程序提供服务，这种技术在应用层上实现。当远程用户要与一个应用网关的网络进行连接时，应用网关会阻断此远程连接，然后对连接请求的各个域进行检查。如果该连接请求符合预定的规则，网关便会在远程主机和内部主机之间建立一个"桥"。可以根据应用的不同在"桥"上面设置相应的过滤规则。

这种基于软件的防火墙将内部网络与外部网络完全隔离开来，安全性较高，能提供用户级的身份认证、日志记录和账号管理；能对应用协议命令进行控制和过滤；能自动实现内部地址的隐藏。但是，由于每一个用户发出的请求都需要创建客户代理进程和服务器代理进程，这将消耗大量 CPU 资源和内存资源。另外，当客户请求较多时，防火墙的效率会急剧下降，对网络性能影响较大。由于每一个数据包都要经历网络层、传输层及应用层才能进行处理，因此系统吞吐量低，时延较长。而且，对每个服务都需要一个对应的代理服务，对用户来说透明性较差。

3. 动态防火墙技术

这种技术可创建动态的规则，使其适应不断改变的网络业务量。根据用户的不同要求（应用、协议、网络地址、端口、通话状态、方向等），规则能被修改并接受或拒绝条件。这种通信技术它可分辨通信是初始请求，还是对请求的回应，即是不是新的会话通信，以实现"单向规则"，即在过滤规则中只允许一个方向上的通信。在该方向上的初始通信（请求）被允许和记录后，其连接的另一方向的通信（回应）也将被允许，这样不必在过滤规则中为其回应考虑，大大地减少了过滤规则的数量和复杂性。同时，它还为协议和服务的过滤提供了理想的解决方案，能很好地实现"只允许内部访问外部"的策略，使内部网络更安全。从外部看，在没有合法的通信时，除规则允许外部访问的所有内部主机端口外，其他端口及非保留端口都是关闭的，只有当其访问外部某主机的某端口时，才对该外部主机的该端口开放，并且当连接结束时，也随之关闭。而从内部看，除规则明确拒绝外，所有外部资源都是开放的，并且它还为一些针对 TCP 的攻击提供了在过滤器上进行防御的手段。

在非法软件（病毒、木马程序、黑客、蠕虫、间谍软件等）的传播途径中，基于 Web 的传播方式是最为流行、最为广泛的一种。因此针对 HTTP/HTTPS 认证协议传输内容的 Web 非法软件扫描功能，可以阻止病毒、木马程序、黑客、间谍软件等非法软件通过 HTTP/HTTPS 协议来实现传播，因此提高系统网络的整体安全性。

HTTPS 是 HTTP 和 SSL 协议的组合。SSL（安全套接字层）是一个网络安全协议，它用来提供服务器和客户机之间必要的安全防护。如果选择 HTTP，认证数据的接收无任何保护；如果选择 HTTPS，认证数据在每个 SSL 协议中加密，包括用户名和密码，即服务器端和客户端所传送的所有数据都是加密传送的。如果要使用证书认证，那么必须使用 HTTPS。

网络入侵保护主要基于两方面实施保护：第一方面，根据特定的网络数据包特征码，判定网络入侵或者漏洞注入行为并进行相应的阻止；第二方面，对于常见的协议，检查协议通信是否符合标准。

二、档案信息数据库的物理设计

档案信息数据库系统物理设计充分支持体现"系统网络化应用"和"信息安全性"。

（一）系统网络化应用

数据库系统在逻辑上划分为几个部分，分别在不同的计算机上运行，这些计算机既可以在局域网内，也可以在内联网上。采用这样的数据库系统，在结构设计时，应注意将应用逻辑从用户界面中分离出来，形成不同的模块。

联防联控机构可以通过外部网络（Extranet）或虚拟专用网络 VPN 访问档案信息数据库系统。总之，通过网络将各方从物理上连接起来，实现信息远程服务与业务协同交互。

（二）信息安全性

简单地说安全性就是确定谁可以访问重要的系统资源，这些资源包括文件、目录、程序、连接和数据库。系统的物理设计提供对数据库的安全性支持，包括身份认证登录和权限管理、数据存取权限管理、网络访问管理、Web 安全管理、终端监控管理等。

1. 系统安全性需求

包括用户登录安全设置、系统人员角色 / 安全级别定义及系统监控三方面。

（1）用户登录安全设置

在系统客户端登录验证中，通过用户名、密码、验证码进行验证，在数据库中对用户的密码进行加密。采用的验证码是随机产生的，为了防止暴力破解而内含加密机制。

（2）系统人员角色 / 安全级别定义

对系统的所有使用人员在系统设置中定义其角色和安全级别，角色分得越细，安全性就越高。对于系统中的信息，可通过各种设定方式读取和查看所对应的人员角色 / 安全级别，并在相当范围内进行权限的细分，从而使系统中所有的操作都在严格的控制下。

（3）系统监控

提供强大的数据库日志功能，对关键信息的操作进行监控，帮助系统管理人员跟踪、分析、调试办公自动化系统。

2. 系统的安全设计

档案信息数据库的安全设计分为安全管理体系、物理安全体系及应用与数据安全体系三个部分。

（1）安全管理体系

安全管理体系包括：安全防护和安全管理。前者是对物理环境采取必要的措施，例如数据库系统和互联网的物理隔离，在工位上提供连接不同网络的多个信息点。后者是对工作人员、系统安全信息的组织和管理，是实现网络系统安全的管理手段。据统计，大部分的信息安全事故是由于安全管理不善所引起的，所以应该充分重视系统的安全管理工作，构建统一的安全管理体系，通过建设集中统一的安全管理制度，加强安全防范意识，实现对整个安全体系的综合管理。安全管理也包括对系统中各种运行日志的手工安全审计，这也是事后发现系统漏洞、非法入侵者的重要方法。

（2）物理安全体系

物理安全体系包括：涉密信息网络建设和数据库定期全量备份。前者是根据知识信息内容和应用服务类型有选择地进行建设，后者是对数据库进行定期全量备份，以便在系统遭受到破坏时进行恢复。在具体实施时，可以根据经费情况，选择适当的备份策略。

（3）应用与数据安全体系

应用和数据安全体系包括：数字签名、加密体系、认证登录和授权体系、存取权限控制、网络和计算机系统安全、网络访问管理、Web安全管理、安全监控体系及安全审计等。

①数字签名。所谓数字签名是指在信息通信过程中，发送方对要传送的信息加上自己的电子签名。这一技术能够保证发送方事后不能否认自己的签名，同时接收方也无法伪造发送方的签名。数字签名是确保信息来自发出信息的人，以防止信息被仿冒和篡改。数字签名是对传统文件手写签名的模拟，能够实现用户对电子文件或电子形式消息的辨认和验证。这是以数据加密技术为基础和前提的。所谓数据加密技术，就是对信息进行重新编码，从而达到隐藏信息内容，使非法用户无法获取信息真实内容的一种技术手段。其目的是防止信息被未经授权而泄露、篡改和破坏。数据加密过程由各种加密算法来具体实施，它以较小的代价换来较大的安全保护。根据密钥的特点，加密算法可分为对称密钥加密系统和非对称密钥加密系统。前者是发送方和接收方使用相同的密钥，即加密运算和解密运算是相同的。这种算法的不足之处是双方都使用同样的密钥，这就存在发送者或接收者单方面泄露密码的可能。此外，每对用户每次使用对称式算法都需要使用其他人不知道的唯一钥匙，以保证信息的机密性。这就使得密钥的数量呈几何级数增长。为克服对称密钥系统的这些弱点，又引进了非对称密钥系统。非对称密钥系统的主要特点就是加密和解密使用不同的密钥，每个用户保存一对密钥：公钥（SK）和私钥（PK）。公钥（SK）可以公开，用作加密密钥；私钥（PK）则需要用户自己保存，用作解密密钥。其优点是可以适应网络的开放性要求，且相

对于对称加密密钥管理要简单得多，尤其可以方便地实现数字签名和认证。但非对称密钥算法相对复杂，加密数据的速率较低。因密钥越长，其加解密所耗的时间也越长，所以效率不是很高。目前，比较流行的非对称密钥算法是椭圆曲线算法（ECC）。这种密码体制的诱人之处是在安全性相当或同等的前提下，可使用较短的密钥。即该算法所需的密钥长度要比 RSA 方法短得多，这就有效解决了 RSA 方法为增强保密强度而必须提高密钥长度带来实现上的难度问题。它建立在一个不同于大整数分解及素域乘法群而广泛为人们所接受的离散对数问题的数学难题之上。同时，椭圆曲线资源丰富，同一个有限域上存在大量不同的椭圆曲线，这为安全性增加了额外的保证，也为软件、硬件实现带来了方便。可以说，从长远看 ECC 必将取代 RSA。ECC 属于公钥密码体制，便于密钥管理，可以方便、快捷地实现数字签名。

②加密体系。所谓加密体系就是对系统中的涉密信息提供传输加密、摘要、密钥的安全导出和导入（利用公钥技术）等密码服务，建立传输加密、接收解密体系和功能。信息加密的目的是保护网内的数据、文件、口令的控制信息，保护网上传输的数据。加密技术通过信息的变换或编码，将机密的敏感信息变换为难以读懂的乱码型信息，以达到保护数据安全的目的。

③认证登录和授权体系。所谓认证登录和授权体系，就是将身份认证登录和权限管理结合起来，从而实现对系统的访问控制。例如，使用"Active Directory"活动目录提供统一的身份认证和权限管理。

④存取权限控制是对数据存取权限进行管理，保证只有授权人员才能执行特殊操作。例如，使用存取控制表（ACL）来保护资源。

⑤网络和计算机系统安全。网络和计算机系统安全是以防火墙技术、网络入侵检测技术、主机漏洞扫描、病毒防御、网络防窜改等为依托，实现对安全事件在网络层、系统层、应用层等的基本安全防御功能。

第一，防火墙。防火墙是解决网络的边界安全问题，实现网络访问控制的有效解决方法。设备采用硬件和软件结合的方式，是一个或一组软硬件系统，用于两个或多个网络间加强访问控制。使用不同的技术策略可构成不同的类型，其基本类型有网络层防火墙、应用层防火墙和链路层防火墙，能够满足用户的不同需要。

根据防火墙的构成结构，它可以分成双主机防火墙、主机屏蔽防火墙和子网屏蔽防火墙三种，双主机防火墙使用的是两块独立的网卡，主机屏蔽防火墙和子网屏蔽防火墙是把路由器和代理服务器结合使用。

第二，入侵检测。是指对来自信息系统外部的入侵威胁进行实时检测。是对计算机和网络资源的恶意使用行为进行识别和响应处理过程。它可以帮助系统对付网络攻击，扩展系统管理人员的安全管理能力，提高信息安全基础结构的完整性。按入侵检测的策略来划分，可以分为基于异常统计和模式匹配两种类型。模式匹配类型建立在已知的入侵特征库基础上。而异常统计则建立在已知的系统正常工作模式基础上，异常统计模型包括两方面：一是为用户和系统建立正常行为特征，二是观察系统和用户的实际活动与所建立的正常行为是否存在差异。模式匹配和异常统计两类模型具有互补性，模式匹配模型能够精确地检测已知的入侵活动，误警率低。而对于一个确定的应用环境，异常统计模型会拥有一个比较精确的系统正常工作模式，从而发现一切偏离正常模式的活动，包括一些未知的入侵活动。

按入侵检测的手段来划分，入侵检测模型可以分为两种：一是基于网络的模型通过实时监视网络上的数据流，来寻找具有攻击特征的数据包；二是基于系统的模型通过分析系统的审计数据来发现可疑的活动。这两种模型也具有互补性，基于网络的模型能够客观地反映网络活动，特别是能够监视到系统审计的盲区；基于系统的模型能够更加精确地监视系统中的各种活动。基于网络的模型受网络结构的限制，而基于系统的模型不受网络结构的影响。入侵检测必须实时执行。网络是动态变化的，入侵者会不断利用所发现的各种安全漏洞，采用新的方式、方法进行攻击。所以应该不断跟踪分析各种非法入侵的行为和手法，研究网络和系统的安全漏洞，这体现在安全检测产品上就是入侵特征库及安全漏洞库，也是评价一个安全检测产品的一个重要因素。

第三，漏洞检测。网络系统的入侵者首先通过寻找系统中的安全漏洞来寻找入侵点。漏洞检测的主要目的是先于入侵者发现系统的漏洞并及时进行弥补，从而提高系统的安全性。检测可以针对网络层、操作系统层、数据库层、应用系统层多个层面上进行，可能是一些系统自身的漏洞，也可能是一些管理、配置上的漏洞。漏洞检测的原理主要是通过查找安全漏洞库及采用一些模拟攻击的方法来发现漏洞，所以评价一个漏洞检测产品的好坏有一个很重要的因素就是安全漏洞库的大小。因为网络是动态变化的，所以漏洞检测应该定期执行在网络结构发生了变化、主机上新安装了软件等之后。

第四，病毒防御。病毒和非法入侵同样是对网络系统的动态威胁。计算机网络病毒往往在毫不知情的情况下悄悄入侵计算机系统，因此采用适当的措施防治病毒，也是减少和避免档案信息文档损坏，提高网络安全的重要措施。除了要安装可靠性高的防火墙，经常更新杀毒软件，预防病毒入侵外，还要制定严格的规章制度，从各个方面入手进行防范，如限制共享目录及读写权限的使用，将服务器上某些可执行文件的属性设为禁止，对重要的系统盘和数据盘经常进行备份和定期检查软硬件系统等。针对病毒的危害主要的解决方法有两种：一是针对被感染的系统进行病毒扫描和检测清除，二是对正在传输的文件和信息进行病毒检测。为了进行病毒防护，可以使用因特网网关处防毒软件和内部网络防毒软件。

第五，网络访问管理。基于防火墙技术，有效对网络传输进行过滤。通过分组过滤和伪装，监视网络内外通信，阻止网络黑客访问某个网络，起到对内部网的保护作用。它既可以阻止外界对信息的非法访问，也可以阻止机密信息和专利信息等重要信息从网上被非法窃取。

第六，Web 安全管理。通过 Forefront TMG，实现对 Web 访问内容进行过滤，对恶意软件进行过滤等。

第七，安全监控体系。以流量控制、终端监控管理（含非法外联管理、防病毒等）为主要监控对象，实现对网络安全的实时监控，及时发现不安全的隐患和行为。同时，加强对终端的非法外联、非认证主机的非法接入等行为进行监测与审计，确保应用系统处于安全状态。

第八，安全审计。以旁路侦听方式对网络数据流进行采集、分析和识别，实时监视网络系统的运行状态，记录网络事件，及时发现安全隐患。同时，加强对终端设备的非法外联、非认证主机的非法接入等行为进行监测与审计，确保该应用系统处于安全状态。

三、档案信息数据库的功能设计

（一）专题库、主题分类、知识条目管理

1. 专题库管理

专题库管理是对已有数据库以外的，在实际业务中产生的，对已有数据库的信息进行统一的管理设置，起着补充更新的作用。专题库管理的功能有新建专题库、修改专题库、删除专题库和专题库访问设置等。

管理人员可以通过新建专题库界面提供专题库名称，专题库（可选）和专题库描述信息，系统检查专题库名称有效性（在同级专题库不能同名），通过验证

从逻辑上创建专题库，生成专题库资源 ID（标识）和 URI（统一资源定位符）。

管理人员指定待删除的专题库。如果专题库内已经存在其他子专题库、分类和条目，则提示用户是否级联删除。得到用户确认后，删除指定专题库。系统固有的专题库不允许删除。

管理人员可以编辑修改专题库的名称、子专题库和专题库描述的信息，系统检查专题库名称有效性（在同级专题库不能同名），验证子专题库有效性，通过验证从逻辑上修改专题库信息。

管理人员可以进行专题库访问设置，设置能够访问指定专题库的机构、部门，借助权限模块，系统根据用户指定的专题库，确定资源 ID，生成相应的资源访问控制说明项目。

新建、删除或修改专题库，对专题库访问设置，都借助日志管理模块生成相应的日志记录。形成新建、删除或修改专题库的日志记录。

2. 主题分类管理

管理人员可以通过新建主题分类界面提供主题分类名称、主题分类的上位主题分类（可多个）和分类描述信息，系统检查主题分类名称的有效性（唯一主题分类名称），通过验证的，创建主题分类，生成主题分类描述符；以及在存储主题分类时，存储主题分类和上位主题分类的类属关系。

管理人员可以指定待删除的主题分类。如果在主题分类中已经存在指定主题的下位主题分类，或者数据库中已经存在标定为该主题分类的知识条目，给出提示信息并建议用户不要删除。得到用户删除确认后，将主题分类的所有下位主题分类向上移动一级，即所有下位主题分类的上位主题分类修改为删除主题分类的上位分类（如果待删除主题分类无上位主题分类，则置空），通过索引反向查找标定为待删除主题分类的知识文档，将这些文档的主题分类转变为待删除主题分类的上位主题分类（如果待删除主题分类无上位主题分类，则置空），删除指定分类。确定的是主题分类的删除功能使用频度低。

管理人员可以修改指定主题分类的分类名称、主题分类的上位主题分类（可多个）和分类描述信息，系统自动检测主题分类名称的有效性（主题分类名称是唯一的），通过验证后的信息，系统将主题分类信息的形式加以保存。

形成创建、删除和修改分类的日志记录。

3. 知识条目管理

（1）档案数字化

档案数字化是随着计算机技术、扫描技术、OCR 技术、数字摄影（录音、录像）技术、数据库技术、多媒体技术、存储技术的发展而产生的一种新型档案信息形态，它把各种载体的档案资源转化为数字化的档案信息，以数字化的形式存储，网络化的形式互相连接，利用计算机系统进行管理，形成一个结构有序的档案信息数据库，可以及时提供利用，实现资源共享。档案数字化还能有效地保护档案原件。数字化档案能代替原件使用，并能恢复档案材料模糊褪色的字迹，对污损残缺照片档案进行修复。而且数字化档案副本异地保存，以及输出缩微胶片永久保存，可以在突发紧急情况下最大限度地保持档案的完整性。

在信息处理中，除可以获取的数字化档案外，还存在大量纸质文档，对这些纸质档案的数字化，是加强系统对业务文档归档和信息管理的重要手段。

参照纸质档案数字化技术规范，业务管理操作规程，采用基于扫描接口和工作流组件，实现对现存纸质档案进行扫描、校验，二校验后进入阶段库的协同工作方式。

阶段库是存储完成档案数字化扫描的图像文档的数据存储区域和管理机制。阶段库中的扫描图像类型文档可以进一步通过数据录入系统在协同办公平台数据库中完成入库。

对于重要性不同，再利用不同的文档资源可以采取不同的入库方式。扫描图档进一步完成入库，系统提供两种方案：

一种是系统提供的扫描图档存储和 OCR 全文检索字段自动抽取方案。该方案将扫描图档入库存储，由系统自动根据 OCR 结果对按词进行全文检索。这种方案的优点在于既能够保证扫描图档还原纸质样式的效果，还可以提供根据内容进行全文检索的功能，缺点在于用户调阅的电子文档为图片格式，不利于进一步的再利用。

另一种是系统提供的带有版面识别的 OCR 光学字符识别信息入库方案。该方案借助 OCR 版面识别和校对 API，提供对扫描图档的深度加工，在人机共同协作下，将纸介质样式还原到 DOC、PDF 格式文件中，即入库前已经由图档转换为包含文字和版面信息的常见电子文件格式。该方案的优点在于既能够保证还原纸质样式，也便于再利用，缺点是数字化过程复杂，效率低，准确性低。

（2）数据录入

数据按结构化程度基本上可以分为结构化、半结构化和非结构化数据，分别指示了系统对外部数据表达的信息和信息模式的认知程度。对系统而言，从外部获取的数据大都不是结构化数据，要通过系统对数据的整理和转换实现前述系统需求中的数据向半结构化和结构化数据转换。结构化数据主要有从关系型数据库管理系统获取的数据；半结构化数据主要有通过电子政务交换服务得到的公文数据，其特点是基于 XML 格式的数据文档，以 XML 语言表达的信息和信息模式一并出现，在半结构化数据信息模式可预知的情况下，可以实现由系统内到结构化数据的转换；非结构化数据主要有大量无标准化结构定义的文本型数据、声音、图片和视频等。

文档格式标准化处理是将多种数据源得到的不同类型的文件格式和数据格式进行标准化，最终得到标准的文件格式和数据格式。所有数据均提供相应的元数据管理。

针对提取结构化数据、外部交换数据、导入文件、图片和音频、视频格式，分别制定标准格式。

①提取结构化数据。提取结构化数据是指从外部 RDBMS（关系型数据库管理系统）提取的结构化数据，针对特定类型的数据，在系统的数据库设计和部署中有与之对应的关系模式（表结构）及表空间，用以表达结构化数据的模式和存储特定的结构化数据。对应于数据的元数据集中存储于元数据库中，并建立元数据与数据的链接关系。

②外部交换数据。外部交换数据因其自描述性普遍具有较好的内容结构，属于半结构化数据。所谓半结构化数据，就是介于完全结构化数据（如关系型数据库、面向对象数据库中的数据）和完全无结构的数据（如声音、图像文件等）之间的一种数据形式。

它一般是自描述的，数据的结构和内容同时在一起。由于 XML 文件可以自定义数据内容，并可以通过 DTD，Schema 等辅助文件来定义 XML 数据模式，校验其所包含数据的类型和层次。这样在使用 XML 文件作为不同形式数据转换的中间格式时，可以保证数据的有效性。

档案信息数据库保留此类文档的原文件内容，并与相应元数据进行打包封装，使之成为系统标准电子文档。基于外部交换数据的内容结构，系统提供元数据提取的映射机制，可以通过映射规则的配置和使用，实现部分元数据的自动提取。

另外，这部分数据也可以在有需要的时候通过映射等机制转换为结构化数据并存储在本系统的关系型数据库中，用于进一步的分析。

③导入文件。目前，主要包括图片文件、音视频文件等不同来源的文档格式

转化，导入文件一般结构性差，通常包括文本、数值和图像等多项内容，有的还具备重要的显示格式等。系统保留此类文档的原文件内容，并与相应元数据进行打包封装，使之成为本系统的标准电子文档。

需要说明的是，对于需要通过 OCR 技术提取文本信息以提供全文检索的扫描图档，也归类为导入文件。

④图片文件。图片文件资源以 JPEG 标准格式转存，在损失少量信息的同时可以获取较高压缩比，有助于节省存储空间和降低网络带宽。对应于数据的元数据须集中存储于元数据库中，并建立元数据与数据之间的相应链接关系。如果用户所录入的图片文件格式不满足系统要求，系统可在客户端提供格式转换界面，实现格式转换功能。

⑤音频视频文件。按照电子文档管理的标准，音频采用 MP3 或 WAV 存储，视频采用 MPG 或 AVI 存储。在本项目的建设要求下，音频采用 MP3 格式，视频格式采用 MPEG-4 格式。这两种格式既能保证音质和清晰度，又具备较高的压缩比，这样不仅能节省存储空间，还能降低网络带宽。对应于数据的元数据应集中存储在元数据库中，并建立元数据与数据之间的相应链接。如果用户对录入的音视频文件格式不满足系统要求，系统在客户端提供格式转换界面，实现格式转换功能。

在系统可以预计到的数据中有相当大的比例是导入文件型数据。如前所述，系统中的数据均使用著录系统的功能，通过自动获取、映射和手工录入结合的操作方式，形成原始数据的元数据，遵循按元数据管理的原则。导入文件型数据和外部交换数据与其他几种数据在元数据的存储方面有所不同，导入文件型数据和外部交换数据与元数据打包封装存储。

对系统中多种类型的导入文件型电子文档的元数据打包封装存储，是参照工业标准进行设计的。

档案信息数据库借鉴国内外电子文件和元数据的分离和封装设计思路，参照相关标准和实现，设计本系统的数据封装规范，使其尽可能与标准统一，使各种类型的电子文件交换纳入标准化、规范化体系，既做到满足目前系统对信息协同办公平台系统基础信息数据库的管理需求，又能够为系统与外部电子政务系统的各种类型的电子文件交换提供可参考的规范和实践基础。

目前在开放文档数据格式方面，有三大数据标准可供参考：一是 Open Document Format（ODF，办公应用程序开放文档格式）；二是 Office Open XML

（OOXML）；三是国内提出的"中文办公软件文档格式规范"（Unified Office document Format，UOP，中文简称为标文通）。另外，我国在电子文件的封装方面也提出了标准征求意见稿。

其中 ODF 在国际上被较多国家政府选为技术标准，并且提供了 Java 和 C# 的开发工具 ODFDOM 和 AODL（An Open Document Library）。ODF 在开放性方面所做的大量工作得到世界范围内的认可。UOF 是我国推出的推荐性标准，使用基于 XML 的内容和格式表达以及文件存储。ODF 和 OOXML 标准均采用了 XML+ZIP 的技术，即通过 XML 技术保存文档的文本信息、格式信息和元数据，通过保存文档中的图形等其他类型对象，并通过 ZIP 技术封装上述资源形成压缩文件。相比而言，ODF/OOXML 标准在数据的编码、数据和其他信息的分离，以及存储空间需求等方面具有明显优势。

综合比较各种标准的特点和应用现状，以及在开发方面提供的技术和支持，系统基于 OOXML 及 PDF 技术的文档格式作为主要的标准化文档格式，另外兼顾 JPEG、MP3、MP4 等重要媒体格式。

数据录入系统的设计，在很大程度上能够适应非结构化、半结构化和结构化数据的录入，采用统一的元数据管理机制，从而满足信息化建设的需求，有助于充分利用现有资源，整合现有资源到数据库系统中。

（3）著录

著录模块是对文档内容和形式特征进行描述的功能模块。数据库文档采集员录入文档后，文档管理模块通过工作流引擎通知著录人员对文档进行著录。著录人员也可以选择知识文档并启动著录过程。

用户选择的文档，首先系统检查该文档的内容类别，从而选取适当的文档类型元数据模板并创建相应的元数据实例，系统自动提取部分信息填入元数据实例，例如，文件名称和文件大小等。其次用户在此基础上补充和修正元数据内容，并提交著录元数据。最后用户提交元数据时，系统保存元数据内容到文档库中，存储文档和元数据的关联关系；将元数据索引化，生成相应的索引。

（4）数据校对

系统提供以开放式词库管理为核心的文字校对引擎，提供人工校对界面和对校以实现对上下文的有效管理，提供基于工作流引擎的校对业务流程管理。校对系统能够充分利用现有基础信息数据库内的词条和用户向词库添加的词条持续扩展开放式词库，通过开放式词库增加自动辅助校对的准确性：系统对校对上下文、校对环境和校对结果进行有效的管理，使得三个校次有更好的延续性和可对比性；系统基于工作流引擎的校对业务流程能够更好地将传统人工校对中的"三校"，合理迁移到高效的计算机平台上，并保证职责清晰和权限明确的特点。

对于 OCR 字符识别（尤其是 OCR 版面还原）的纸质文档数字化，基于 OCR 校对 API，系统还提供校对 OCR 文字和校对版面的功能。

（5）文档关系管理

档案信息数据库系统还以元数据管理的手段实现了对文档关系的管理。

系统中采集、存储和管理的档案信息存在各种各样的关系和联系。然而很多良好的应用系统忽略了这些重要的文档关系，导致对有相互联系的文档使用出现一定的困难。

文档关系管理系统完成对文档数据之间的上述各类关系和联系的抽象、存储和使用。用户可以在录入数据后，对文档之间的关系进行指定。除可以指定系统提供的几种预设关系外，用户还可以根据自己的需求创建新的关系定义类型。

在信息检索系统和其他业务应用系统等众多系统中，借助文档关系管理系统中管理的文档关系，可以为用户提供更多相联系文档的简单提示，也可以基于这些关系更方便地完成相关文档的查看和比对等操作。

（6）审核

对于通过审核的档案信息数据库文档创建入库，系统逻辑上分配该文档到联防联控数据库相应的专题库，创建 URI。

对于通过审核的档案信息数据库文档进行更新，系统逻辑上删除原版本文档在相应专题库中的知识条目，替换为新更新的版本知识文档，维持原 URI。

（7）信息检索

基于著录工作和索引化得到的索引，提供分类检索、主题词检索等基于元数据的检索方式；基于全文索引提供全文检索方式；对应本系统的需求，提供专题检索、元数据检索、条件检索和多媒体检索等检索方式。系统还提供其他检索方式和检索特性。

系统自动检测著录得到元数据，并将元数据索引化，生成由描述信息定位原文档的必备信息。例如，通过计算机自动著录和人工著录得到文档的元数据，针对元数据中的分类、主题词，系统将生成分类或主题词用作该文档的索引，这样在信息检索中，用户指定的分类或主题词将借助索引，检索到该文档。

系统基于全文索引引擎，完成切词和索引化，生成文档中的词语到该文档的索引，这样在信息检索时，用户指定的文本将借助索引，检索到该文档。

专题检索是数据库系统面向专题的检索方式。专题检索也基于元数据的索引化完成，在数据库条目入库时，系统能够根据用户使用的功能操作以及用户设定的信息，检测并正确存储知识条目到相应的专题库中，同时形成相应的元数据项，该元数据索引化后，得到专题名到该文档的索引，用来支持后续专题检索。

元数据检索将基于内容类型，自动提供元数据模板中更加全面的可检索项。前述众多检索方式实际上是元数据检索的特例和简单运行过程。

对应于系统内的结构化数据，基于对文档元数据的结构化管理和其他统计信息，系统提供条件查询，能够支持常见的关系和逻辑运算，从而支持条件检索。基于索引的检索是通过反向定位信息完成检索；条件检索是综合元数据和关系型数据库，提供更加全面和灵活的检索依据。

多媒体检索是基于用户对多媒体信息的描述和计算机自动著录的多媒体元数据，同时借助文档关联，得到多媒体数据相关联的主文档（一般多媒体数据多以附件形式存在），这样对多媒体的检索命中率更高，检索出多媒体的检索条件将更加灵活。

通过组合使用分类检索、标引检索和全文检索，系统提供直观的检索条件设置界面，根据用户选择的检索项目和原则，形成复杂的检索条件，并对检索结果进行有效聚合，对搜索范围和搜索条件进行更加细致的设定。

档案信息数据库系统可以将搜索条件的设置保存为个性化搜索，方便用户快速地使用一些个人常用搜索。这样避免了用户在搜索中心的使用中，每次都要进行搜索分类、条件和范围等的设置，极大地提高了用户的办公效率。

档案信息数据库系统除按照前述元数据、分类、标引和全文检索机制提供多种检索方式和途径外，还考虑到发起信息检索的使用者的权限级别问题。通过对检索会话的用户识别和权限级别判定，有效地对搜索结果进行过滤，从而保证了数据的安全访问。

另外，档案信息数据库系统能根据不同的条件和不同信息类型设置搜索范围和搜索方式，如对于项目的搜索和部门文档的搜索就有不同的搜索范围、搜索方式和搜索结果。

（二）档案信息采集、数据上传、信息分析管理

1.档案信息采集

档案信息采集分为自动采集和手动采集。

自动采集是指系统通过数据库接口或者其他 Web Service，按照档案业务系统连接相关数据信息，以及一定时间间隔，从对象业务系统中获取相关增量数据。然后由档案业务系统导入增量数据到相应数据分类中，并形成详细的自动采集日志。

当档案业务系统检测到自动采集到的档案记录数据有误时，档案业务系统会提供半自动采集界面，用户可在该界面上借助查询，筛选出其所申报数据记录的类属并填入指定待导入数据条目，然后档案业务系统导入用户指定的数据条目并形成导入日志。自动采集可以完成自动导入日常业务数据到本系统中的功能。

手动采集可以用于未采用外部系统进行业务数据管理的通道，提供单条录入和批量导入的录入方法。手动采集是指系统提供用户操作界面，通过表单录入各类信息数据，系统生成相应的 ID 数据记录并加以保存的过程，这个过程也可以通过导入指定格式的文件来登记监测数据，上传文件后，系统临时保存该文件并解析文档，为用户提供解析结果，用户验证无误后正式提交，提交的数据信息与前述表单提交数据一样，生成唯一监测 ID 并保存该数据记录。手动采集也可以用于信息采集。

2. 数据上传

数据上传是在传统上传工作方法基础之上形成的信息化手段。数据上传既具有信息上传和信息反馈的功能，既能对各种信息提供上传支持，也具有通知功能的信息反馈，这极大节约了传统档案上传手段中人员通信和访问反馈的时间，提高了档案信息上传的效率。

数据上传主要分为档案信息上传、档案信息反馈和档案信息上传汇总三个模块。档案信息上传模块支持通过表单进行档案数据化数据上传和一般的档案文档上传，这样就能全面支持档案上传信息，既能支持对数据化档案等信息的上传，也能支持一般报告等的文档上传信息反馈模块，提供对档案上传信息核查后的反馈功能，基于信息接收者对档案上传信息的评定，为信息上传人员提供反馈通知。

档案信息上传中，用户可以指定档案上传接收机构部门，可以指定直接上级或非直接上级机构部门，从而支持档案逐级上传和灵活地跨级别上传。

档案信息上传人员提交上传数据或上传文档时，档案信息上传模块检查上传接收机构和上传信息主题分类的有效性，并将相关数据存储于关系型数据库或文档库中，为档案数据记录和文档分配资源 ID，形成 URI（统一资源定位符），形成相应的上传资源记录项，并在资源访问控制列表中，建立资源访问控制描述项目，描述上传发送机构和接收机构对该上传数据或文档的可访问性。完成资源的存储和资源访问描述项设置后，信息上传模块使用工作流引擎发布通知，通知上传接收机构有上传数据或文档送达。最后，向信息上传人员返回信息，表示信息已经上传。

数据上传接收机构的信息上传员可以接收到前述上传数据或文档送达的通知，得到通知后，可以查看该上传数据或文档，并对上传内容进行评定或提出意见，提交反馈。反馈提交后，将信息反馈存储于上传资源记录项中，通过工作流引擎向上传内容发送单位发出信息反馈通知，通知上传内容已经得到反馈。

数据上传接收单位的信息上传员可以使用上传模块的上传汇总功能核实下级上传数据，对于结构化数据还可以提供内容汇总。数据上传汇总模块按照用户指定的时间期限日、周或月和信息分类，统计时间跨度内的机构上传数，结合机构树，形成下级机构上传数统计结果。对于结构化数据，对筛选所得上传记录的数值字段汇总。

通过档案信息上传与机构部门管理的接口，获取所有上级机构部门。得到指定机构或部门的所有直接上级和间接上级机构部门，用于支持档案信息上传功能中对上传信息接收机构部门的指定。

3.信息分析管理

信息分析管理分为信息类型分析、信息类型确认、信息评估报告等步骤。

信息类型分析，将档案数据加以分析，从档案信息资料的专业领域特点进行的信息类型划分。

信息类型确认，将档案信息资料加以分析和归类后，还应从流程上加以确认。

信息评估报告，根据模板技术生成相应的档案信息资料评估报告，相应的资源，以及 ID 和 URI，以便用户访问。

信息分析管理按照分类和时间，创建信息分类和信息评估报告数据和文档，一般存储于关系型数据库和文档库中。

（三）归档管理和文档安全

1.归档管理

档案信息数据库系统提供自动归档和手工归档两种途径。自动归档针对监测数据和通报，手工归档针对通报。

监测数据属于结构化数据，在超过一定时限（如一年）时，系统将监测数据转入数据仓库。在操作型数据存储中删除原数据，标记数据记录在历史档案库中，标记记录已归档。系统提供归档时限的设置，并周期性（一般按天）执行自动归档任务。

对档案文档的归档，系统检查通报的发送时间和通过的归档时限，满足条件的，将通报转存到历史档案库中。归档人员也可以手动强制对有关档案信息进行归档。归档后的记录和文档，只有归档人员才能够检索和查看。

2. 文档安全

档案信息数据库系统中的信息既有上传下达的指令与命令，又有不同人员的个人信息。因此，在传送和保存中要有严格的安全机制做保证。

数字签名用来证明信息产生者的合法身份和签名后的信息是否被更改。数字签名可以解决否认、伪造、窜改及冒充等问题，即发送者事后不能否认自己的签名、接受者能够核实发送者的签名、接收者不能伪造发送者的签名、接收者不能对传送的信息进行窜改、网络中的某一用户不能冒充另一用户作为发送者或接收者。数字签名实际上也是一种加密，其核心技术就是数据加密技术。一般采用公开密钥算法进行签名，最近又有新的加密方法使用，即椭圆曲线加密方法。

私人密钥加密保证信息传输和到达后只有指定的人员才能看到。

存取权限控制从数据库、文档乃至区段字段级的加密，使有存取权限的人员才能阅读或修改相应的内容。

档案信息数据库系统的存取权限控制基于 ACL（控制列表）实现。在使用访问控制列表保护资源的基本过程中与安全性相关的概念包括用户、组、资源、许可权、领域和存取控制表是紧密相关的。

用户：一个可被 Web 服务器认证的身份，可以是人也可以是计算机；组：用户的集合，它提供了一个管理大量用户的有效方法，这是因为管理人员可一次指定一个组的许可权；资源：通过 Web 服务器进行存取的有价值资源包括 HTML 文件和目录（Web 页面）、其他文件和目录（如 FTP 文件）、Web 应用程序（Java Servlet 或 CGI 程序）；许可权：表示请求访问资源的特权，管理人员可通过建立存取控制表向用户和组授予许可权，以保护资源，它与特定的资源是相关的；领域：用户、组和存取控制表的数据库，为了使用户能访问领域中的资源，必须在该领域中定义需访问资源的用户，一个用户可以属于几个领域，但在同一领域中用户标识符不能重复；存取控制表：与资源关联的存取控制表指定了领域中的哪些用户或组可以访问资源。

存取控制表、领域和资源的关系如下：一个领域可以包含许多 ACL，一个领域可以包含许多资源，一个 ACL 可以仅属于一个领域，一个资源可以仅属于一个领域，一个资源仅与一个 ACL 相关，一个 ACL 可与许多资源相关。

可通过为每个资源在单个领域中建立单个 ACL 来保护该资源。ACL 将指定可以访问或修改资源的用户或组。对于要保护的每个资源，需要指定 ACL、安全性领域、认证方案（用来验证访问资源的用户的方法）。

档案信息数据库专题库下的知识文档的存取权限无配置时，由继承专题库的存取权限配置。系统的专题库无配置权限时，系统认定为允许访问。系统的固有库建立缺乏的存取权限配置项，不属于专题库下的文档和数据。按照资源对待，核实存取权限，无相应配置项时，对外不可访问。

第三节　档案信息数据库核心业务流程设计

一、档案信息数据库的采集业务设计

（一）普通档案信息的采集流程

普通档案采集业务的流程大致如下：

第一，文档采集员启动基础知识积累采集业务流程，向条目管理请求。

第二，档案文档管理子系统收到请求后，暂存知识条目，并借助工作流程管理引擎向审核人员发送通知，通知审核人员对该知识文档进行审核；再向文档采集员发送通知，通知文档采集员知识条目已提交等待审核。

第三，审核人员提交对文档的审核通过或不通过审核结果，文档管理子系统保存知识条目，并借助工作流管理引擎通知文档采集员审核结果。

第四，工作流管理引擎向校对人员发送通知，通知校对人员对文档进行校对，向著录人员发送通知，通知著录人员对文档进行著录。

第五，校对人员对文档完成校对，必要情况下保存校正后的文档。

第六，著录人员对文档完成著录，完成知识积累采集业务流程。

（二）特殊档案信息采集的流程

特殊档案的信息采集流程大致如下：

第一，特殊档案的信息采集业务流程的启动方式有自动同步、人工导入和监测登记三种方式。

第二，自动同步方式的档案信息采集业务，由资源平台在工作流管理下自动调度任务，外部档案提供者通过系统添加业务数据，然后再由资源平台择取适当的档案数据存储进来，最后生成该档案导入报告。

第三，人工导入方式的特殊档案信息采集业务，由特定人员在系统中发起档案数据的查询或申报，数据平台作为代理；数据平台可进一步向资源平台系统查询业务数据，并将反馈的结果显示给申报用户；资源平台按照申报用户指定要求导入相应档案数据。平台存储用户指定导入的档案数据，并形成档案导入报告，以供用户查看。

第四，档案信息采集业务，可由档案信息采集人员通过表单提交档案信息数据（单条提交或批量导入），平台存储申报信息并向用户反馈操作结果。

二、档案信息数据库的知识管理业务设计

（一）专题库管理

采用分库条目式管理方式。分库用于对专题库的管理，即按照机构、功能等业务特性人为划分数据库单元。作为数据库分库，既要借助关系型数据库有效支持结构化数据，也要借助文档库良好支持非结构化数据。同时应该借助元数据管理手段有效描述结构化数据和非结构化数据，采取必要手段管理知识信息的相互关联。

分库可以关联多种内容类型。内容类型可以约定一致的元数据模板、文档模板和工作流等相关特征。

分库下可以建立知识信息条目；提供条目的增加、删除和修改功能；支持分库的维护，从逻辑上支持划分分库专题库，允许新建、修改和删除分库，在分库下可以建立子库，提供对分库操作的权限管理，为不同的联防联控机构开放相应的分库或子库。

（二）知识入库及更新

数据库中的文档创建，可以基于文档模板，创建基知识文档，也可以不借助文档模板，直接提交文档到数据库中。

对数据库中创建的文档，可以通过引入校对环节提高文档内容的准确性。对数据库中的文档进行著录，可以更完整地描述知识文档的内容和特征，对自动词条索引和全文检索的应用有极大补充作用。

数据库中的文档对外公开是受审核管理约束的，因此知识入库和知识更新都要接受审核管理，文档通过审核后，用户才能查看创建的文档和被更新的文档。

（三）知识检索

知识检索通常指文本信息检索，其核心是文本信息的索引和检索。在档案管理领域，检索是存储和查找档案信息的过程；索引是指明档案或目录的某种特征，以一定次序编排并注明相应出处的档案检索工具；标引是对档案内容进行主题分析，赋予检索标识的过程。在进行信息检索时，通过提供一个或多个检索项与检索内容，检索系统会通过索引查找档案。例如，常用的主题词检索、标题检索等。

实际上，所有"标引项"都可以作为检索依据。例如在这些检索方式中，掌握主题词规律和掌握档案的内容特征的程度直接决定检索的实际效果。

在计算机信息检索领域内，全文检索技术不仅越来越被重视，还得到了更广泛的应用。全文检索技术是一种重要的关键词检索方法。所谓全文检索，就是给定一个字符串或字符串逻辑表达式，对文档库进行相应的检索，查找出与指定表达式相匹配的文档，并将包含这些文字信息的文档作为检索结果反馈给用户。全文检索技术分为两种：一种是根据检索表达式直接在原文档中匹配查找，这种方式适合于对小型文档库的检索；另一种是对文档预先建立索引，检索时对索引进行检索，这种方式适合于对大容量的文档库的检索，如互联网上的文档检索。全文检索技术包含两方面的核心问题：一方面是如何建立和维护索引库，另一方面是如何提供快速有效的检索机制。面向网络的全文检索系统所处理的对象是海量数据，要实现对它们快速有效的全文检索，主要需要从三方面进行考虑：一是检索的响应速度，二是索引库的建立与维护，三是索引数据的压缩。

全文检索系统是按照全文检索理论建立起来的，用于提供全文检索服务的软件系统，是计算机程序通过扫描文档中的每一个词，对每一个词建立一个索引，指明该词在文档中出现的次数和位置。当用户查询时，根据已建立的索引查找，类似于通过字典的检索字表查字的过程。

实际上，各级机构在工作中要大量频繁地调阅档案等信息资源，系统提供的信息检索性能的优劣直接影响着档案信息资源利用的效率和水平。系统遵循元数据管理的电子档案科学管理方法，充分发挥元数据在信息资源描述和概括方面的重要作用，并且扩展和实现灵活的元数据著录模板机制。通过自动化和人机结合的元数据著录，对信息资源的主题、标题等关键特征加以描述，还可以针对特定类型的信息灵活地进行更多信息的描述。著录所得到的元数据，通过标引可以得到丰富的检索标识。此外，充分利用计算机全文检索的优点，将信息资源进行全文索引，提供按词寻文的便利性。信息之间的关联性在系统的信息检索中也得到了充分的考虑，系统还支持对相关联信息的检索，使得对信息的提取更有益于相关信息的调阅和使用。

综合使用上述各种信息检索方法和特性，系统提供灵活、复杂的组合式信息检索方法，通过信息资源的各种特征加以检索，大大提高了检索的效能，提高了工作人员的办公效率。

检索的工具是索引，系统提供基于元数据的索引管理，得益于著录系统，尤其是信息采集方案规划中第二阶段对信息的可管理性全面提升后，检索结果中可以提供详细且有价值的著录项目。系统提供三种基本信息检索方式，分别为分类检索、标引检索（含标题、主题词和其他标引项检索）和全文检索。其中分类检索可以与标引检索或全文检索综合使用，也可以单独使用。系统提供高级检索，即组合使用上述三种基本信息检索方式。

1.基于元数据的索引管理

文档元数据适合使用 XML 技术来实现，便于系统在元数据管理方面提供更加灵活的管理，提高元数据可扩展性。同时，元数据作为对信息资源的描述，其中包含重要的检索标识。这些检索标识说明了文档的特征，如果以一定的合理次序编排并注明相应出处，则可以作为检索的工具，这就是索引的基本特征。

系统提供可配置的元数据创建索引方式，即在用户界面上通过复选的形式，允许用户配置对哪些元数据的数据项进行索引，被选择为检索标识的数据项由系统生成索引，加速检索过程。

2.分类检索

档案信息数据库支持对数据进行分类检索。在数据信息录入系统下人机结合完成分类标引的前期工作基础上，系统支持对简单或组合的分类检索。如果独立使用分类检索，则系统给出属于指定分类的资源列表；如果和其他检索方式综合使用，则分类可以缩小检索范围，从而满足更加具体的查询要求。这样的设计可以为办公人员在日常工作中的大量检索节省时间，提高工作效率。

3.标引检索

（1）标题检索

标题检索便于用户在大致清楚信息资源的情况下，对信息资源进行标题的模糊查询。

（2）主题词检索

主题词检索是借助较正式的主题词表，让用户选择（或输入）一组主题词后进行的检索。系统提供主题词表的管理功能，标引人员在主题标引时，应尽可能使用正规的主题词，必要时，也可以对主题词表进行扩展。

（3）其他索引项检索

系统提供的可定制式标引管理，有助于形成更多检索依据。系统允许建立适当的标引体系，当用户检索时，可以适当地建立标引体系。用户还可以自由选择简单或组合的检索标识作为检索依据，例如，报告人检索、日期检索、刊号检索等。

与分类检索一样，系统允许保存其标引检索的偏好，这是他们的共同优点。

（4）全文检索

索引是用来从索引词定位内容出处或信息资源的方法，在档案管理中一般用于定位对应文献和档案，在系统的全文索引应用中用于定位对应文档。目前，实现方法主要有倒排文件索引、签名文件索引和位图索引。例如，倒排文件索引是从书目索引中受到启发而派生出来的，是一种面向单词的索引机制，它是目前应用最广泛的全文索引模型。但与其他方法相比，在空间效率方面存在倒排文件增长过快的缺点，相关统计研究表明倒排文件的存储空间可能是原文档的50% ~ 300%。

中文的词语和英文的单词有着较大的不同，中文用词一般都是多字词，词与词之间不像英文以空格符号间隔。因此全文检索对原文档进行分词，并以切分得到的词为索引对原文档做词级索引，保证了索引更有意义，保证了搜索效果，也避免了倒排文件不必要的过快增长。

因此，要提供全文检索，首先要有原文档的文本信息（因为系统录入的信息来源丰富，类型各异，因此要对各类文档的文本信息的提取）。其次要有好的分词工具（例如，好的分词工具可以切分出数量适中、语义全面的分词集合）。最后要通过高效的索引和检索机制将分词索引化并提供按词检索。

（四）知识归档

知识归档是指，对知识分门别类，按照用户指定的存储位置，完成历史性资料的标准格式档案存储管理。目前，主要用于对通报信息按照年份和专题进行归档。

知识归档提供自动归档和手动归档方式。

知识归档提供知识分类的归档位置和归档时效配置功能。配置的归档位置可以指定专题库位置，配置的归档时效指定知识文档自创建到自动归档的时间跨度，系统自动归档模块会检查文档的该分类知识文档，满足自动归档条件的，将文档以标准化归档格式存储于用户配置的归档位置中。

（五）知识联系

知识联系，主要体现在知识文档间的内容意义上的相互关系。

通过知识树模型引擎，基于知识分类，自动管理知识间的联系。知识树模型按照知识的分类设置及分类的类属层次关系，自动构建知识树。在著录过程或系统自动分类时形成的知识分类，使得经过良好描述的知识文档能够在系统中得到更好的梳理，更好地体现系统管理知识的知识结构，也便于用户更方便地按照主题去访问相关的知识文档。

除了基于知识主题分类的知识树模型外，系统还提供知识目录等多种知识文档间相关联的管理。知识目录主要是将系统中的知识文档进行目录结构组织，便于用户进行知识文档的集成，提供用户习惯的目录浏览方式。

档案信息数据库还提供参考、引用等人工指定的联系类型。在知识文档的管理中，通过指定参考文档、引用文档，系统也能够基于这样的知识联系，提供与该知识文档相关联的其他知识文档。

三、档案信息数据库的信息共享业务设计

档案信息共享业务由信息索取人员或信息提供人员启动。

档案信息索取人员向信息索引索取共享信息，资源平台定位信息，档案信息定位成功后则返回相应的信息条目，否则，返回错误说明（一种常见的错误就是资源平台无法定位索取人员所期望的信息，例如，资源平台共享库中没有该信息）。信息索取者可以向资源平台发送申请共享信息的请求，资源平台接收到共享申请后，通知审核人员对共享申请进行审核。审核人员完成共享申请的审核后，对通过审核的申请，平台进一步向共享信息发布人员发送通知，共享信息发布人员接到通知后发布特定信息。信息发布人员在数据库平台中检索的该信息如果仍不存在，可以要求信息提供人员提供信息，收到信息后再由共享信息发布人员负责发布到共享库中。

档案信息提供人员也可以主动要求信息共享。由档案信息提供人员向平台提供信息并发出共享申请，数据库平台收到共享申请后，通知审核人员，审核人员对共享申请以及待共享的档案文档内容进行审核后，反馈审核结果。平台依据审

核结果发出通知，当审核通过时，通知档案共享信息发布人员发布共享信息，未通过的档案信息则不予以发布共享。平台共享结果要通知档案信息提供人员。

第七章　档案信息化管理的创新思路

信息化是一场革命，它引起了档案管理的深刻变革。社会信息化为档案事业的发展提供了一个集理念、方法、技术为一体的大背景，档案事业作为社会文化事业的重要组成部分被列入国民经济和社会发展的总体规划，遵循和服从社会信息化发展的总体要求和战略布局，从而使档案事业的自身发展与国家信息化发展战略相统一、相协调。档案信息化是 21 世纪现代档案管理区别于传统档案管理模式的重要特征，也是信息社会档案管理业务发展的必然趋势。档案信息化改变了档案工作者的思想观念、档案业务的工作环境、档案馆的组建方式以及档案的载体形式。档案不再拘泥于以纸质、录音和录像为载体，而是多以数字化形式形成、传递、移交、鉴定、归档、保管和利用，档案工作借助于计算机实现自动化，开展档案工作，挖掘档案资源，提供档案利用。信息化为档案利用者提供了前所未有的方便性，馆藏档案数字化成为历史的必然，数字化档案信息在急剧增长，以全新的思路、方法和举措来发展档案事业是信息时代、知识型社会赋予 21 世纪档案工作者的新使命。

第一节　多载体档案统筹管理

在我国，信息化真正意义上在各行各业应用起来并产生有历史价值和凭证作用的电子文件和数字化档案信息，是 20 世纪 90 年代以后，有条件的档案馆也随之探索和开展档案信息化的初期建设和简单的案卷目录计算机化管理和查询利用。但从全国来看，依然还有很多档案馆尚未启动信息化或还未真正将计算机和信息系统使用起来，各行各业档案信息化的应用水平也参差不齐，产生和形成的档案有模拟的，也有数字的，使用的载体有纸质的，也有光盘、硬盘和其他数字格式的。

应该说，进入 21 世纪，我们处于一个纸质与电子、模拟与数字共存的状态，处于传统管理向现代管理转变的过渡转型期：档案馆内部存有大量的纸质档案、缩微胶片、录音和录像带等各种载体的实体档案，档案馆新接收的档案有各种形式，既有电子信息，也有大量的纸质档案。在这个特殊时期，档案载体形式多元化、管理工作复杂化、技术手段多样化、服务利用个性化成了现实的挑战，而档案管理的组织和队伍却很难随之更新和发展。因此，随着档案资源和档案信息管理规模的不断扩大，档案信息的管理问题势必引起社会的高度重视，这就要求档案工作者思考统一的管理思路，兼顾所有载体档案的统筹管理。档案目录信息统筹管理。

一、档案目录信息统筹管理

无论是电子的还是纸质的档案，无论是手工管理还是采用计算机实行自动化管理，整理、分类和编目始终都是档案工作的重要组成部分，档案目录是各级各类档案馆提供档案服务利用的基础信息，也是实现档案检索和提供档案利用的重要依据。

馆藏的传统载体档案中，手写档案目录是最常见的方式，而新归档的各类档案会形成各种机读档案目录，或以 Excel、Access、Word 形式或以关系型数据库格式存储的数字形式的目录信息，为了方便档案利用者，档案馆必须对已有馆藏和以后归档的所有档案的目录信息进行整合，按来源原则或信息分类方式分别进行整理、分类与合并处理，形成能够覆盖各类档案资源的目录信息，并采用档案管理信息系统对档案目录信息实行统一管理，实现目录信息的资源共享和统筹管理。避免长期以来一些档案馆的传统做法：数字化档案采用管理信息系统进行管理，纸质档案采用手工翻本的方式进行检索。在档案馆实施信息化过程中，目录信息的数字化也是很重要的一项任务，不能由于工作量大、过去没有录入就成为历史遗留问题。

档案目录信息统筹管理的另外一个含义是案卷目录和卷内文件目录的关联管理，即尽可能将卷内文件目录也实行计算机化管理，并与其对应的案卷目录进行关联。当检索到案卷目录，就可以方便地浏览其卷内文件目录，提高检索的准确度；当检索到卷内文件目录时，也能够更快地定位到它所对应的案卷目录及其所在的库房存址，以方便调卷。

当然，由于档案馆人、财、物等资源的限制，档案信息化工作也是一个循序渐进的过程，不可能做到一蹴而就，因此，需要根据业务工作需要的紧迫程度，首先解决重要问题。有些档案馆在信息化实施一开始，注重新接收档案的目录建设和全文管理，而将原有馆藏档案的目录和实物数字化作为二期工程来实施。实力较强的档案馆则将两项工作同时开展，以加快档案数字化处理和信息化利用的效率。无论采取哪种策略和方式，档案信息化最终的效果是将档案馆的档案全部实行信息化统筹管理，既方便档案工作者，又方便档案利用人员，更能为未来档案资源的社会化服务与信息共享奠定坚实基础。

二、目录全文一体化管理

档案全文，一方面是指馆藏档案内容的数字化信息，如缩微胶片、照片以及纸质档案数字化形成的静态图像文件，磁带、录像带等经过模数转化后形成的声音、图像等多媒体文件；另一方面是指各机构使用计算机和办公自动化系统等产生的电子文件归档后形成的数字化档案信息。这些全文信息是档案的实体内容，与档案目录信息相比较，档案全文能够提供更详细、更完整和更准确的内容和信息。然而，很多档案馆在接收电子文件或进行数字化加工后，没有将这些原文信息很好地管理及保存起来，而是将这些数字化全文和图像存储在光盘、磁盘或网络存储器上，与保管纸质档案一样，把他们放在库房中，甚至没有进行分类、编目，根本无法进行系统化管理或提供利用。这完全违背了档案馆馆藏数字化和接收电子文件进馆的根本宗旨。我们知道，数字化信息最大的特点是利用的方便性和检索的快捷性，档案馆花费大量的时间、人力、物力和财力开展馆藏档案数字化和接收电子文件进馆的主要目的是为了方便利用，对于使用频繁的历史档案而言，也起到保护档案的目的。

实行目录全文一体化管理是信息化管理中比较有效的一种方式，其工作原理是首先在档案目录中进行检索，缩小范围，然后再检索全文，以便准确定位查档目标。通常采取的方式是，将档案目录信息采取关系型数据库管理系统实行统一管理，将扫描后的图像文件和新接收的电子文件档案以文档对象或文件形式存储在文件服务器或者内容服务器上，并通过一定的访问规则将档案目录信息与这些文件对象进行关联。在检索到档案目录信息时，就可以浏览和检索全文。如果在信息系统中，还需要按照系统设定的用户对目录和全文的浏览、检索权限进行处理。

目前，很多档案馆在接收电子文件时，采用"目录全文关联归档"方式。这种归档方式是将电子信息分门别类，整理成方便检索的目录信息，并将电子原文与电子目录进行关联挂接，即将电子信息的目录与全文进行捆绑。具体实现思路就是把目录信息与电子全文信息分开存放，将电子信息进行分类、编目，形成档案目录信息，将目录信息存放在关系型数据库中，将电子全文存放在文件服务器或数据库的二进制存储对象中。因此，在实现电子信息归档时，必须做好分类编目、原文整理以及他们之间的对应关系梳理。同时与之相配套，需要建立"电子信息背景应用环境"自动下载中心，以确保电子文件档案的可读性。文件中心可以是一个将所有欲归档的信息集中到的一个逻辑管理中心，其物理位置可能是分布式存放在每一个业务系统内部，也可能是存放在档案馆的一个专门的服务器上，网络的使用已经模糊了电子信息的物理位置，只需要工作人员方便管理、方便访问就可以达到目的。

在实际利用工作中，并不是所有有价值的档案都会被所有的档案利用者频繁查找，如工程设计或建筑系的人员需要经常查询的是工程图纸类的档案信息，而很少关心财务类的档案，而建筑专业的利用者基本上只查看此类档案的应用软件和浏览工具。正是基于档案利用者的这个根本需求和特点，因此"目录全文关联归档"方案是方便可行的，不需要像"脱机存储法"那样，针对每一类电子文件信息都记录它们的应用背景、环境信息，使存储介质中贮存了大量的冗余信息，造成资源浪费。但是，为了满足和方便使用者查看其他类电子档案信息，如单位领导可能会查看各类综合档案，"目录全文关联归档"方案采取提供"电子信息背景应用环境"自动下载并提示装载的手段，以满足对那些想查看数字档案信息，但其客户机上没有安装运行环境的网络用户的要求。

实施"目录全文关联归档"，要求档案工作者要转变传统的工作方法，从档案利用者的需求出发，分析档案被利用的范围和特点，遵循档案管理的原则和标准，对部门形成的数字化档案实行即时归档，即将"目录全文关联归档"的思想贯穿于电子档案形成的全过程。档案馆的工作人员也要充分利用现代化管理手段，通过网络开展指导、鉴定、归档与管理工作，将工作重点转移到分析档案使用者的需求、开发档案资源的编研与开发、监控电子文件的形成过程，将工作模式从"被动接收"转变为"主动挑选"，将真正有价值的、值得保存的电子文件转化为未来社会需要参考和利用的档案资源。

档案信息的"目录全文关联归档"方案，充分体现了档案工作者在电子文件归档过程中采取的"主动服务、一体化管理"的全新理念，也保证了归档以后的电子信息能够获得科学有序的管理和利用价值。这种方案已经被很多档案馆所采用，并且推广应用于馆藏档案数字化处理后的目录信息与电子图像信息的管理中，这是目前我国档案信息化工作过程中值得借鉴和采纳的、行之有效的解决方案。

三、档案工作的"双轨制"

各行各业信息化的大力开展，已经形成了大量的电子文件和电子档案，但这并不等于档案馆以后就不再接收纸质文件。由于电子档案的法律依据、永久保存和安全管理等方面还存在这样或那样的需进一步探究和明确的问题，而实践经验告诉人们，优良的纸质档案可以保存上千年。因此，在未来相当长的时间里，电子档案和纸质档案将长期共存，二者之间的共存、互助与消长构成了信息时代人类记载历史的特殊方式。"双轨制"将成为21世纪档案工作的主流模式。

"双轨制"是指在文件形成、处理、归档、保存、利用等过程中，纸质文件和电子文件二者同时存在，两种载体的文件同步随办公业务流程运转，同步进行归档、同步进入归档后的档案保管过程。实行双轨制的机构，在文件进入运转程序时就以电子和纸质两种载体并存，业务人员要对同样内容的两类文件进行并行办理。由此看来，"双轨制"的核心是从文件的产生开始就以两种载体形式记录各项社会活动的信息。这些记录中有保存价值的将作为档案进入归档阶段，将纸质和电子的记录同时移交到档案馆。实行这种从头至尾的彻底双套做法是各行各业信息化应用的初级阶段，特别是在《中华人民共和国电子签名法》发布之前，电子文件的法律效力还未得到认可，电子文件的安全性、真实性和完整性很难得到保障。2004年8月28日《中华人民共和国电子签名法》经全国人大审议通过，2005年4月1日正式生效。有了法律保护，电子签名具有与手写签字或盖章同等的法律效力，电子文件与书面文书一样具有同等法律效力。从此，借助于网络环境、数字签名、身份认证等技术，确保电子文件从产生、审批、流转、会签、归档等各个过程的原始、完整、有效和可读，实现无纸化办公，成为21世纪人们追求高效率和科学化、规范化、自动化管理的现实需求。在这种形式下，是否还需要在文件的运转过程中实行"双轨制"成为大家关注的焦点和热点问题，也是学者们研究的重点。

就网络、电子环境本身而言，尽管他们存在先天的"不安全"和"淘汰快"等缺点，但每一种新的服务器、存储器、数据资源管理系统的出现都会兼容老的版本或者出台新的数据转换或迁移方法，目的是确保原始的电子数据不失效或可读。事实上，很多"读不出来的""丢失的"数字化的文件和档案，究其原因主要是在计算机硬件环境和软件平台升级的特殊时期，没有及时做数据的转换或迁移工作，这当属管理上的失职。然而，每一次转换或迁移都有可能破坏档案文件的原始性，或者丢失一些相关信息，这才是为什么要实行"双轨制"的根本原因。

彻底的"双轨制"需要投入很多人、财、物，在电子文件形成过程的管理上也很复杂。因此，很多单位采取了"双套归档"的做法，一种是将办公自动化系统中属于归档范围的电子文件在归档前，进行纸质拷贝，归档时将二者同时移交到档案馆；另外一种则是对纸质的文件进行数字化扫描和文字识别处理，形成纸质档案的电子拷贝。这样，保存的电子文件可以方便网络化利用，纸质文件则主要用作永久保存，有些单位则采用缩微技术，实现档案的缩微化保存。这些做法不可避免会增加档案馆接收档案和管理档案的复杂性，提高档案管理和保存的成本，但这依然是21世纪档案工作的主流方式。随着时间的推移，档案馆保存的纸质档案和电子档案的比例将会逐渐发生变化，但纸质档案将还会拥有相当长一段时间成为馆藏的主要成分。

因此，各档案馆需要根据自身管理档案的特点和所拥有的资金、人才、网络设备资源等状况，选择恰当的档案接收方式，开展档案的接收和档案信息化管理工作，比如，是将全部档案做双套归档还是将重要的部分做双套归档，是在管理过程中随着档案利用的需要做数字化还是全部数字化等。在这一点上，每个档案馆的情况都不完全相同，因此无固定的模式可循。

第二节　文件档案一体化管理

计算机的普及，电子文件的产生，各种办公自动化系统的推广和应用，使文档一体化管理真正成为可能。一套新的管理思想、技术和方法将取代过去的管理模式。文件档案一体化管理是文件生命周期理论和全程管理与前端控制思想应用于电子文件管理的典型模式。在网络信息系统中，电子文件和电子档案很难完全分清，各行各业的信息化形成大量的电子文件，在结束其现行业务之后，需要将有保存价值的电子信息进行整理、归档，进入永久保存期，这必然使文档一体化管理模式进入实质性的应用阶段。

一、文档一体化管理思路

文档一体化强调电子文件全过程管理的连续性和信息记录的完整性，目的是确保有保存价值的电子文件，自生成开始到生命周期活动过程结束的全过程，信息能够获得完整的记载和一致的保存。文档一体化管理的思路体现在以下几个方面：

1. 管理过程的互动性

文档一体化最重要的特点是：将现行业务系统的工作与档案工作实现互动与交叉。一方面使档案工作者从文件生成之日起就能够开展鉴定、归档及归档后的管理，通过前端参与和过程控制，加强为社会积累财富的执行力；另一方面也使得开展现行业务活动的工作人员增强了对档案的认知程度，不仅认识到，只有将有价值的文件完整归档并移交给档案部门进行保管才能算相应的工作真正结束，同时还要意识到，在开展现行业务系统的过程中，要责任明确、学会积累，记录电子文件活动全过程中所有重要的和有价值的信息，确保电子文件的真实性和完整性。管理过程的互动性加强了多方人员工作中的交流与沟通，对形成和积累有价值的、完整的、真实记载社会活动记录的电子档案具有非常重要的社会意义。

2. 应用系统的统一性

文档一体化管理模式的实现是文件和档案共同依赖统一的管理信息系统，并运行于同等的网络、服务器、数据库管理平台，采取相同的数据、文件存储格式，不同的是管理文件与档案工作人员对信息系统的操作权限有所不同。在文件的生成、处理、会签、审批等各业务工作处理阶段，业务工作人员拥有对文件的增加、修改、删除等权限，而档案工作者只有查看、浏览的权限。在文件结束其现行期业务工作之后，进入归档阶段时，由电子文件的归档整理人员进行筛选、整理，而档案工作者则开始履行电子文件的鉴定职能和归档前的指导工作。在电子文件归档形成电子档案后，档案工作者则需要开展电子档案的保管工作，并为档案形成单位和社会提供档案的服务与利用。应用系统的统一性使得在从文件到档案的转变过程中，不再需要数据转换和迁移，保持了文件信息的真实性和完整性，同时也降低工作人员使用信息系统的复杂性，减少了使用过程中错误的发生率。

3. 工作流程的集成性

在传统的文件管理过程中，文件的形成、归档和作为档案保管与提供利用等环节，都将文件生命周期清楚地划分为三个相对独立的过程，即现行期、半现行期和非现行期，并通过现行业务工作部门、机构档案室和档案馆三个位置不同的部门分别完成各自的工作。而文档一体化则将文件、档案的管理流程实现了集成，要求在一个统一的系统内，有统一的控制中心，统一的工作制度，统一的且各有特点又互相衔接的工作程序，将档案著录、鉴定、保存和管理等工作贯穿于整个文件的形成、流转、会签、批准或签发、整理、鉴定、归档、移交、保存或销毁等各个环节，实现各个过程中工作流程的集成和信息的共享，而且能够根据不同的文件与处理要求定义特定的工作流程，实现流程的优化和个性化处理，提高了工作效率，降低了档案接收和保管的复杂性，避免了信息的多次录入和产生不一致信息的可能性。工作流程的集成性体现在以下几个方面：

（1）归档工作与文件处理业务活动的集成：各单位在采用办公自动化系统形成和处理文件时，可以考虑对重要文件贴上归档标记，保证其在处理完毕之后即可存入档案数据库。这个动作将一直被定位为业务活动最后环节的归档，贯穿于电子文件处理的业务流程的各个阶段。

（2）归档工作和鉴定工作的集成：文件形成之日对重要文件做归档标记，是对文件保存价值的一个初始判断，档案工作人员在开展鉴定工作时，重点考虑带标识的文件。这样既保证了鉴定的质量，又提高了工作效率，使归档文件的质量控制和文件的技术鉴定工作得以同步进行。

（3）归档工作和用户权限设置、数据备份等安全保护活动的集成：归档意味着电子文件管理权由文件形成单位转移到档案保管单位，系统用户对文件的操作权限随之发生变化，另外归档过程中需要对归档电子文件做电子签章、做数据备份，这些工作都需要随着归档工作的结束同步完成。

（4）归档工作与档案整理工作的集成：归档的同时，系统将根据预先设定的档案目录信息著录的规则，实现自动分类、自动著录，然后，在人工参与下进行核对、再确认和添加档案馆保管档案的其他元数据项的内容。

4. 业务处理的自动性

文档一体化是在充分信任的网络、计算机和信息系统的数字环境下开展工作，采用信息技术和基于工作流程管理理念实现的自动化信息系统，不仅提高了工作效率，而且降低了错误发生的机率。同时，在一些业务处理环节增加了系统自动处理技术，如电子文件版本信息的自动跟踪、电子文件处理过程中的责任链信息的记录、基于管理规则实现的电子档案的自动标引等，都大大提高了业务处理工作的自动化程度，减少了人工操作的复杂程度。由于这些自动化的处理过程是通过系统进行身份认证之后自动生成并保存记载的，因而，大大提高了电子文件整个生命周期活动中信息记载的真实性和完整性。

5.归档工作的及时性

通过对文档一体化应用系统的广泛使用，档案工作者能够随时对归档范围内的、已经完成现行期使命的文件实行鉴定、整理、归档和提供利用等工作。一旦电子文件的形成机构确认该文件已经结束现行期的历史使命，就能够完全实现即时归档、即时鉴定，避免以往通行的隔年归档中存在的各种问题，如丢失、泄密、滞后等。

6.安全管理的有效性

文档一体化，一方面使电子文件归档过程变得简单、快捷，自动化程度高；另一方面使人们对电子档案原始文件与档案目录数据实现了同步管理，最大限度地减少了人工的干预，不仅提高了归档工作的效率，更重要的是大大增强了归档过程的规范性和安全性。至于网络和信息系统带来的安全风险，是能够通过各种现代技术手段得到控制和加强管理。事实上，据权威机构统计，70%的信息安全事件来自于管理上的漏洞，应该说采用自动化手段执法比靠人工执法的安全性要高。特别是在《中华人民共和国电子签名法》颁布实施后，电子签名、数字证书、身份认证等一些安全措施和技术手段的采用，也将大大增强电子文件和电子档案安全管理的有效性。

二、文档一体化实现方法

文档一体化管理系统的建立离不开计算机与网络技术的支持。现代化的办公系统要求文件与档案工作紧密衔接，实现办公信息的传递、存储、查阅、利用、收集的现代化和自动化。由于受我国文件和档案分开管理传统模式的束缚，迄今为止，办公自动化系统与计算机档案自动化管理系统是两个相互独立的系统。

目前，不少名为"文件和档案管理一体化的信息系统"，其实也只是将文件管理和档案管理并列，而非真正将数据集成在一起，仅仅是将办公自动化系统产生的数据自动导入档案管理的信息系统，这绝非真正意义上的文档一体化管理信息系统。文档一体化要求对归档文件的真实性、完整性、有效性要在文件产生阶段就要加以控制，鉴定、编目、著录、标引等工作也要在文件产生和处理阶段进行。因此，研发能够覆盖电子文件全部活动，实现文档状态记录和全过程管理的集成系统，将部分"档案管理工作"前置到"公文处理工作"中的文档一体化计算机管理信息系统，是实现文档一体化管理的关键。

从文件产生到利用的整个周期角度看，文件与档案的关系决定了它们具备实行一体化管理的条件。一方面，现行文件与档案是一个具有内在联系的整体，它们的物质形态、内容主题以及本质结构都是相同的，均是附在有形物质上的信息，其区别仅在于文件是现行文件而档案是历史文件，从现行文件变成历史文件，是一个顺序完成的过程。显然，归档文件与档案只有文件所处阶段的区别而无本质的区别，对处于不同阶段的文件实行一体化管理，是社会发展的根本要求；另一方面，文件形成、处理部门与档案部门只是分别管理处于不同阶段的文件，在文件的产生、流转、审批阶段，文件处于不停地流转过程中，所以需要分散保存和管理，这有利于随时查用和迅速运转。文件分散保存的任务主要由文件产生部门承担。当文件运动周期完成以后，文件就处于"休眠"状态，这时需要集中整理后并共同归档保存，这样既有利于档案的完整、安全和科学的管理，又有利于向社会各界更方便的提供查询利用，这就需要有一个服务机构即档案馆进行统一管理。因此，文件形成与处理部门和档案馆二者都是为了存储、传输和利用文档信息而存在。

从系统学的角度看，文件和档案的管理是一个完整的信息系统，在这个信息系统中，文件质量的好坏直接决定着档案的质量，档案的质量又对未来文件的形成、收集和整理归档产生推动作用，二者的关系十分密切，相互关联又相互影响。因此，把文件和档案纳入一个统一的系统内进行管理，既有利于文件与档案信息资源的系统化优势的发挥，又符合档案馆现代化管理的快速发展需要。

1. 文档一体化系统业务流程

文档管理的实际办公过程比较复杂，有保存价值的电子文件经过整理、鉴定、审核、移交、归档到档案部门管理后，形成电子档案。

2. 文档一体化系统功能结构

通常情况下，文档一体化管理信息系统的功能包括系统维护、收文管理、发文管理、归档管理、文印管理和档案管理。这几个模块相互关联，内部信息集成化共享，真正实现了电子文件到电子档案的自然归档和一体化管理。

（1）收文管理：由以电子文件的形式处理和记载上级公文、平级来文，用户可根据公文的登记日期、急缓程度、当前流转状态等过程信息快速有效地找到相关文件并进行相应的操作，主要包括收文登记、收文流转、文件催办、流程监控、文件发布等过程。

（2）发文管理：处理并转发内部制定的或外来的文件。电子文件起草后，均需逐级通过各主办与会签部门人员的审批和修改，然后提交领导签发，形成正式的公文，最后登记、归档。主要包括发文起草、发文流转、文件催办、流程监控、发布等主要工作。

（3）归档管理：电子文件的归档大多采用以下两种方式，一是通过机构内部局域网的电子公文传输系统从网上实现自动归档，系统通过归档环节后，电子文件的管理权就移交给档案管理部门，成为电子档案。此时，其他业务人员能够按照系统授予的权限查询电子档案，但不可以修改。档案在归档环节中，系统需要设定各种技术措施如电子签章、完整性验证等手段来确保归档的电子文件是有效的、完整的。这种方式是文档一体化系统内部自动实施的功能，档案管理人员只需要按照系统使用要求进行合理的操作，关于系统的数据备份、安全性等措施需要按照档案法和电子文件归档标准与规范严格进行管理和实施，在系统设计初始阶段初，档案业务人员需要提出充分的需求才能保证文档一体化管理系统功能的完整性且符合实际工作的要求。二是各立卷部门在向档案馆移交纸质档案的同时，上交电子载体存储的各种信息，如磁盘、光盘等。这种方式主要用于一些重要的凭证性或机密性电子文件的移交，归档后的管理也应采取相应的物理隔离措施和安全防护方法，特别是涉密档案不能存储在网络上，防止泄密。

（4）档案管理：根据国家版本的电子档案归档与管理的相关标准，执行档案的移交、接收、审核、保存、管理、查询、统计以及提供服务利用等工作，档案形成机构可根据档案的信息类别或档案来源建立相应的档案信息资源库，并可根据归档年度、归档部门或档案实体分类等建立快速检索机制，方便借阅和提供利用。

3. 电子文件网络化归档的真实性保障方法

整个过程包括电子文件归档产生的数字化档案信息的形成、归档、管理和利用四个重要阶段，每个阶段都需要采取各种策略和方法保障档案信息的真实性。

现行的电子文件是增量数字档案的原生信息，这个阶段档案信息真实性保障的主要责任人是电子文件连续被处理的多个现行业务工作者，信息系统中常采用的技术保障措施是电子签名、日志跟踪、计算机处理等，在信息系统中记录和保存电子文件的形成、流转、审批到结束现行期业务全过程的原始信息和变动信息，形成电子文件的多个过程版本，并在终稿完成后，在档案专业人员的指导下，及时开展电子文件的归档工作。电子文件在现行期的任务结束后，其真实性风险因素主要取决于人为原因造成修改或者网络黑客有意篡改系统中记录的原始信息、过程信息和终稿内容。因此，保障真实内容的安全方法是建立电子文件的终稿转存库，实现电子文件从现行期系统中自动转入半现行期的提供利用的信息系统中，加强管理，增强系统的自动化处理功能，采取多种有效措施确保终稿的电子文件不被任何人修改。因此，现行期电子文件所生存的办公自动化系统应采用电子签名技术加强对访问该系统的用户身份的认证，在文件终稿形成并进行发文或归档前加盖电子公章以避免被修改，这正是对《中华人民共和国电子签名法》的具体实施。

进入归档阶段的电子文件，如果采取网络化归档方式，应重点防范网络上非法访问的篡改行为以及网络传输过程中数据被修改的可能性。这个阶段，建立客户信任的专网传输通道是必要且最有效的，利用公网传输的用户可以考虑采用VPN技术实现网络化归档，充分采用VPN的数据加密、身份认证、访问控制、隧道封装技术等措施，以保障档案信息从信源真实地传送到信宿。对于密级较高的数据，采取介质归档比较稳妥。当然，这个过程中，归档单位对档案人员工作的管理制度和规范化操作要求依然是非常重要的。在这个过程中，档案专业指导人员的重点在于监督执行，并严格控制由于人工原因造成的失误。

电子文件归档后进入档案及其信息的接收、维护和综合管理阶段，档案馆接收的电子文件应具有法律依据，即《中华人民共和国电子签名法》规定了电子签名的有效使用方法。因此，档案形成单位在移交电子文件时，需要采取法律上认可的电子签名、电子印章等方法保障准备移交的电子文件的真实性，档案馆在接收档案时应首先验证电子签名、电子印章的合法性，并将归档的信息与电子文件终稿转存库中的信息进行比较，在核实真实完整后，才能正式接收电子档案并将其迁移到档案馆的信息管理系统中，此时还需要在实行物理隔离的档案信息的灾难备份数据库中新增当前的档案信息，然后再开展维护管理和提供利用等工作。

提供利用的档案信息按照档案法、国家保密法规和档案保管相关条例，一般只在网上提供公开档案信息的服务利用，在档案工作人员严格执法和规范化操作的前提下，破坏档案真实性的风险因素主要来自网上非法用户的恶意篡改、病毒攻击等，因此在提供档案信息网络化利用时，除了加强网络安全防范措施外，还需要对公开档案信息采取灾难备份，并定期对网上提供利用的开放信息真实性进行核对。

由此可见，档案馆制定各个阶段电子文件真实性保障的规章制度将贯穿电子文件生命周期的整个活动过程，建立物理隔离的电子文件终稿转存库和档案信息的灾难备份库是保障档案真实性的有效措施，虽然会增加信息化系统的运行成本，但在确保档案信息真实性方面是非常有效的，也是可行的。

三、文档一体化深化应用的要求

实现文档一体化管理是信息时代档案工作的全新管理模式，是适应电子文件、电子档案管理发展的必然要求。文件、档案一体化管理的最佳实践是：在组织机构内部建立功能涵盖电子文件生命周期业务活动的管理信息系统。

文档一体化的实现，使办公业务实现自动化、规范化，档案管理日趋现代化，具有电子文件从起草时就备份、从办文时就修正、办完后就归档、鉴定及整理等工作都能依靠计算机实现互动管理等优点。当然，开展文档一体化管理工作，对档案工作者也提出了更新、更高的要求，要求工作人员不仅要具有丰富的档案专业知识，还必须掌握现代信息技术，熟练地使用计算机及通信设备。

1. 提高认识、统一思想是文档一体化管理的基本要求

文档一体化的实质是将机构各部门相对分散独立的文件与档案统一为一个有机的整体进行管理。这不仅能够加强档案部门对文件管理的超前控制，保证档案的质量，而且能够实现文档数据的一次输入，多次利用，减少重复劳动，节约人力、财力、物力和时间。然而，要想真正实现文档一体化管理，对档案工作者而言，特别是档案部门的领导，必须对文档一体化管理理念有一个全面、客观、科学的认识，并达成共识，使其充分认识到一体化管理的真正受益者是档案工作者自身，认识到新时期文档一体化的必要性和紧迫性，认识到这是时代赋予当今档案工作者的使命，只有这样才能够顺利推行文档一体化管理，提高自觉性，使他们面对困难，不逃避、不退缩，勇于接受新鲜事物，逐步应用文档一体化管理模式来开展各项业务。

当然，信息化工作是一个复杂的系统工程，需要各单位投入必需的经费支持，这就要求各单位应逐渐增加对档案管理部门的投入，落实档案事业经费，高度重视档案信息化建设，把档案信息化作为机构信息化建设的一个重要内容来抓，统筹规划，共同发展，提高档案管理的工作质量和效率。

2. 加强电子文件管理的标准化与规范化

文档一体化管理，使电子文件与电子档案之间的关系更加密切，把二者放在一个综合的管理系统中，作为前后衔接、相互影响的子系统，统一地组织和控制

整个文件生命周期的全过程。由于文件管理与档案管理的这种前后相承的关系，文件管理直接关系到档案管理的存在和发展，只有文件管理做到标准化、规范化，档案管理才能够顺利地展开。如果文件管理无章可循，紊乱不堪，可以想象档案管理各环节也会陷入忙乱无序的状态，这也会影响综合管理信息系统整体功能的效用。因此，必须促进电子文件管理的标准化、规范化，严格规范表达文件内部特征和外部特征信息的各项数据，为更好地推行文档一体化管理服务。作为档案工作者，应严格按照《档案法》和《电子公文归档管理暂行办法》，参考《电子文件归档与管理规范》，为现行文件管理过程提出各种标准、规范和具体实施要求，从而促进文档一体化管理的规范化和标准化。

3.加强培训和继续教育，提升档案工作者的综合素质

文档一体化管理要求档案工作者不仅要有档案学基础理论知识和专业知识，还必须掌握现代信息技术，熟练运用计算机及现代通信设备来操作网络化管理信息系统，要求档案工作者不断调整自己的知识结构，提高技能，加强综合素质的培养。如果不熟悉计算机，不懂网络知识，根本无法接受文档一体化管理思路，更无法开展电子档案的管理工作，也不可能参与到电子文件管理的全过程中。因此，加强档案信息化咨询与培训，开展现代档案管理专业知识和档案信息化技术知识的教育，是档案部门迫在眉睫的任务，也是实现文档一体化管理的前提。否则，进行前端控制，开展电子文档的完整、有效和安全管理就成了一句空话。

第三节　档案资源多元化利用

一、档案资源的社会化利用

在信息社会和知识型社会迅速发展的 21 世纪，在档案信息化建设与发展的众多方面，无论是技术手段，还是信息资源的有效积累和广泛利用，都必将以档案信息资源的整合、集成、共享、利用作为出发点和落脚点，以传承人类文明，共享信息资源，实现社会的可持续健康发展。

（一）档案资源的知识化积累

档案的形成（鉴定、收集、整理与归档）是从个体知识到组织知识，再到社

会知识转换的文化积累、动态跟踪的历史记载过程，档案的开发与利用（编研、开放、发布与利用）是人类传承文明、创新发展的进步过程。这两个相互衔接、彼此推动循环往复的过程、推陈出新，构成了人类社会的知识化动增长（adaptive）和社会化自适应的档案资源不断丰富的过程模型。这表明了档案文化通过"传一承—积累—发展—传"这样一种类似于文化加工厂的生产工序，随人类自身的繁衍而形成民族文化生生不已、无始无终。

21世纪初，我国的电子政务与各行各业的信息化已经进入了以知识管理为核心的快速提升和综合运营的重要发展阶段，信息技术的发展把知识管理推到了重要的位置，"以知识为基础的经济社会"的提法更表明了人们对知识和技术在经济增长中的作用有了更充分的认识。可以想象，未来的互联网是一个丰富多彩的"知识网"，是一个储存综合知识的文化资源大仓库。档案作为人类社会活动的原始记录者和忠实承载者，记录了人类社会成果的同时也揭示着人类文化，它是民族文化遗产的重要组成部分。同时，档案在文化传承中占据着举足轻重的地位，发挥着不可替代的作用，正如张辑哲在其《维系之道——档案与档案管理》中所说："正是由于有了档案与档案管理，人类才能够不断地在继承中存在、发展，在存在、发展中延续，不断使自己真正成为一个连续的时空整体。档案与档案管理是人类社会时空统一性和连续性的维系之道……"。因此，档案资源必将会成为未来"知识网"中的重要组成部分，世世代代传承着人类的文明。

（二）档案资源的共享化利用

社会信息化使档案信息资源面临着一个全新的生存环境。美国档案学者杰拉尔德·汉姆先生曾指出：档案应该记载"人类生活的方方面面"，档案工作者要"创造一个反映普通百姓生活喜好、需求的全新的文献材料世界"，档案馆藏是反映"人类生活的广阔领地"。因此，档案资源唯有回归社会，才能得到最大限度的利用，才能体现档案保管的价值和作用。事实告诉我们，实现档案信息资源的集成化管理和共享化利用是档案贴近公众、服务社会的最佳解决方案。

要实现档案信息资源的共享化利用，首先必须在档案基础数据库的建设上下功夫。档案基础数据库是建设数字档案馆和开展档案信息化的基础性工作之一，是实现档案信息资源的集成共享、统一管理、高效检索和方便利用的基础信息存储结构，更是国家信息资源数据库建设的重要内容。今天，我们处于信息技术快速发展的知识经济时代，国家，城市综合服务资源库的建设是社会发展的需要，是加强政务公开、实现便民服务的一项基础性工作。我国已经在人口、法人、自然资源与宏观经济四大数据库的建设方面取得较大成效，档案作为人类社会活动的历史记载，档案资源的开发利用和档案基础数据库的建设是国家信息资源建设的重要组成部分。可以说，档案基础数据库的建设已经成为各级各类档案馆面向社会提供档案资源利用服务的基本职能，成为我国整合档案信息资源、弘扬民族文化、提高民族素质的历史性课题，同时也是档案工作者采用现代化手段记忆当今社会改革、建设、发展的真实过程，支撑社会经济发展的历史性责任和义务，更是政务公开、提高办事效率和促进科学决策的依据。

美国、加拿大、澳大利亚、德国、韩国等一些发达国家已经在档案数字化、文档一体化、数字资源长期保存、数字档案馆等方面开展了一些前瞻性和应用性研究，相继制定了电子文件管理的元数据格式与规范，研究开发档案管理信息系统、档案资源共享网站系统建设的思路和方法。2003 年 2 月，国际档案理事会、档案著录标准特别委员会正式公布了新修订的第二版《规范记录著录规则》，于 2004 年第十六届国际档案大会上正式颁布，该档案著录规则对规范档案目录数据库的检索服务、建立高质量的目录中心具有重要的参考价值。发达国家的经验告诉我们，建设基础数字资源库的宗旨是遵循国际标准，构建跨区域的开放档案的共享资源库，针对公众对档案资源的利用需求提供高效率的查准、查全服务机制。

在我国也有一些省市级档案馆开展数字档案馆建设，制定了符合各地区需求的数字档案的元数据格式规范，建立了档案目录中心，提供部分开放档案信息的检索服务功能，具有典型示范作用。比如，福建省档案基础数据库建设，它是基于分布式数据库，在原来单机和局域网络的基础上开发完成，它连接了若干分布式数据库，并建立了档案目录数据库、档案内容数据库等。但是多数档案馆还没有真正建立全面的、系统的、面向公众查档需求的档案基础数据库，而只是建立了一些专门的特定主题的数据库，只能满足局部或特定的用户需求，特别是开放的档案信息资源没有实现集成，信息结构不统一，档案数据不系统、不完整、不能共享，更为严重的是，没有形成一个统一的、能够描述数字档案资源的格式规范和建设档案基础数据库的标准方法、实现档案资源的整合、组织与存储的技术方案和行之有效的建设思路。另外，建设档案基础数据库的关键技术，如海量、非结构化的数据存储解决方案，基于知识管理的数据仓库和数据挖掘等技术尚未在档案信息化领域得到广泛应用，这些因素都大大降低了档案基础数据库建设的速度和质量，致使各类档案资源难以形成一个统一的资源库，限制了档案资源的深层次挖掘和广泛利用。因此，研究档案基础数据库的元数据标准集、数字化档案信息的格式规范以及档案基础数据库的建设思路和方法、各类结构化和非结构化档案数据的组织、存储和检索利用的关键技术、整合方案、提供检索服务和共享利用的有效机制等，将成为当前档案馆信息化建设的重要基础性工作。

（三）档案信息服务机制变革

随着全国各行各业信息化进程的加快，档案馆信息化应用也逐渐走向更广、更深的领域。档案信息服务将不再拘泥于传统的、单一的方式，将会有所创新，趋向多元化发展。

1. 服务方式由被动性向主动性转变

改变传统的被动服务方式，积极主动地开展档案信息服务。长期以来，在档案信息利用上，总是遵循一种传统的服务方式——"等客上门"。这实质上与信息社会的发展极不协调，不利于档案信息价值的体现与发挥，封闭了档案信息表现价值的众多途径。而档案信息服务方式也必须考虑到档案的特性，"送货上门"也是不行的，不符合《中华人民共和国档案法》的基本要求。档案信息的主动服务方式应该是"请客入门"。

具体的措施包括：①开展针对档案利用者的利用需求研究，主动地提供档案信息利用，首先要广泛、深入地研究不同方面、不同层次的利用者；②进行必要的档案宣传工作，社会对档案还没有广泛地认识、了解，利用它就无从谈起了；③提供多种档案信息利用方式，编制多样化的检索工具，形成一个全功能、高效益的检索系统；④加强编研工作，编研成果的出版发行及交流，能将档案价值的精华系统、全面、集中地向社会公布，向档案信息利用者提供有效捷径；⑤拓展档案信息中介服务机构。目前，我国上海、苏州等城市已经出现了这种机构。

2. 服务手段由传统型向现代化转变

计算机网络技术、数据库技术以及多媒体技术的发展使得档案信息服务手段发生了巨大的转变。借鉴相关学科数字化发展的研究成果，实现档案管理现代化应借助于数字化综合管理信息系统，把分散于不同载体、不同地理位置的档案信息资源以数字化的形式储存，以基于对象管理的模式管理，以网络化的方式互相连接，从而进行及时利用，实现档案信息资源共享。我国是发展中国家，经济和技术条件的决定了档案管理手段转变的长期性，传统的档案馆信息服务技术与服务手段将得到一定程度上的扬弃，将以新的信息传播循环方式提供档案信息服务。

3. 服务内容由单一型向多元化发展

通过网络等信息技术与其他档案馆、信息机构及整个社会信息资源建立起紧密的联系。其信息服务将增加新的内容：诸如档案信息资源网络化组织管理、档案信息资源的网络导航、档案信息的数字化开发与利用、档案用户的教育培训等。例如，在档案利用者的教育培训方面，就要在对利用者进行传统档案检索和获取方式的培训的基础上，重点帮助利用者学会如何利用数字化的信息资源、如何选择档案信息数据库、如何从网上获取所需的档案信息、如何操作远程通信软件等。档案信息组织方式、检索方式、采集方式，较之其他类型的文献信息来说，具有复杂多样、技术含量高、对利用者信息能力要求高等特点，而我国熟练使用档案信息的人很少，所以对档案利用者的信息检索能力、信息获取能力、信息筛选能力、信息识别能力的培养是档案信息服务的一项重要内容。

4. 档案资源由封闭性向开放性转变

在网络环境下，档案馆信息服务资源已不再仅仅局限于馆藏档案信息量等指标，而是着眼于档案馆获取档案信息、提供档案信息的能力。所以档案馆在充分开发利用本馆馆藏档案信息外，还必须通过网络检索利用其他档案馆馆藏信息和网上信息资源。建立档案信息资源的现代化管理系统，将档案信息纳入计算机网络，从而达到最快捷的信息资源利用效果。通过网络等信息技术实现档案信息价值的最大化，并最终达到档案信息服务于社会的最佳效果。这需要一个过程，从单机操作到建立档案管理信息系统网络、连接有关信息机构网站，最终并入国际互联网。从我国现实情况来看，这将有一个长远的过程，然而这必将是档案馆信息服务发展的终极目标。

5. 档案资源由单一型向多样性转变

档案馆提供的单一信息服务的资源以收藏纸质档案为主要内容。在网络环境下，档案馆综合信息服务模式的服务资源则要朝着多种载体形式并存的方向发展，包括各种电子文件、光盘、多媒体、缩微载体和声像载体等，尤其要加强数字化馆藏资源的建设。网络环境下的数字档案馆所拥有的完整的馆藏含义应该是"物理实体馆藏＋数字化馆藏"。我国档案馆在档案信息数据库建设方面的任务是：在保留传统档案文献的同时，应通过协作与协调，在一定程度上对馆藏资源进行数字化，要注意将各馆独特价值的馆藏文献数字化，制成光盘或上网传播，使各馆上网信息独具特色，并在此基础上形成一个档案信息网络。

（四）档案文化产业的形成与发展

文化产业在全球范围内是一个新兴的产业。20世纪50年代，文化产业在西方一些发达国家逐渐兴起，随着社会物质文明的进步与发展，追求精神上的享受已经成为一种时尚，甚至成为人们生活的必需。我国文化产业的发展起步较晚，但在教育、体育、旅游、出版业、娱乐表演、媒介广告、影视以及印刷、中介、经营、管理、咨询等方面已经形成规模，有相对完整的运作体系。这充分说明了新时期文化产业的形成与发展已经成为我国国民经济发展的重要内容。档案作为网络时代重要的信息资源，在现代知识经济型社会中发挥着越来越重要的作用，档案业务的开展正在被推向新的工作模式，档案文化的发展也被置于一个全新的市场背景之下。

具有深厚文化底蕴的档案，其固有的知识性、价值性、信息性、凭证性决定了档案是全社会重要的文化资源之一，具有潜在的开发利用价值和市场需求，这是档案文化产业能够形成的先决条件。这里试图按照文化产业的运作规律定义档案文化产业的理想模式，展望档案文化形成产业必须具备的基础环节以及这些环节之间的协调互动关系。

收集和整理、鉴定和归档业务是档案文化产业链的生存基础。不断积累和丰富的档案随着社会的发展和时间的推移，成为宝贵的社会资源，它的深挖掘、细加工和全方位的开发利用是使档案资源价值增值的基本手段。因此，专业化的编研与开发是产业链活动最重要的内容之一，也是将档案资源转变为文化产品的重要环节。商品化运作是人们认识档案文化产品的根本途径，只有经过流通环节才能变成人们熟知的商品，才能被消费、被吸收，也才能产生更高层次的需求，这是产业链形成的核心因素。需求流（即市场信息流）、资源流和资金流贯穿档案文化产业发展的全过程，缺一不可。档案文化产业链中每个环节点上的活动可以自成体系，各个环节协调运作是档案文化产业链持续存在和良性发展的基本保障。档案文化产业的发展与壮大将会增强人们对档案资源的认知度，将会吸引更多的投资者，借助于档案文化产品产生越来越多的社会效益和经济效益。

全球经济一体化使得档案文化产业的形成具备了充足的条件，但要真正发展起来，形成以档案文化产品为服务对象的产业化服务，还需要根据我国档案事业发展的具体现状，适时、适度地开展，同时也需要看档案从业人员和相关领域的工作人员能否抓住机遇，迎接挑战，开展各项有益于社会发展的档案文化宣传和利用活动。当前，我国的档案事业已经在以公益性档案服务事业为主的基础上，开始了商品化档案文化产品市场的开发与发展，这是适应全球经济发展的重要举措。然而，为适应社会的进步与发展，我们还需要在档案事业和档案科学领域中不断地探索和思考，不断地创新和发展。

1. 更新观念，关注现实，按照先进文化的理念管理档案

按照先进文化的理念管理档案是摆在我们面前的极其重要的任务，也是历史赋予我们的重任。在理论上有所突破的同时，更应关注现实实践的探索与应用。就档案文化产业的功能而言，主要体现在利用档案资源为人类各种活动提供的服务上，而不在于其能否营利和在多大程度上营利。其服务的对象应该有社会性和广泛性，应该包括对社会各阶层、各领域的服务。当然，这种服务有一部分应该是有偿的，但其公益性决定了必须是微利的。事实上，档案的有偿服务已经在档案利用方面体现出来。可以预言，今后可能有多种收入渠道建立起来。档案有偿服务是一个十分复杂的问题，赢利在现阶段很难作为档案文化产业建立的前提，档案文化的发展也不可能靠档案部门自身的有偿服务来维系。

2. 以政府改革为契机，调整工作体系，转变职能，创新档案文化发展体制

档案管理体制改革势在必行，应以政府改革为契机，调整档案工作体系，转变职能，适应知识经济时代档案文化发展的需要。可以考虑将学会改为协会，发挥协会工作制的积极作用，将教育培训、沟通协调、评估等协同工作交给协会来开展。政府要把档案工作列入经济社会发展计划，各地方或专业协会的职能要用法律形式固定下来，以协会为纽带，以档案馆（室）为实体，加强档案局的执法监管力度，重构新型的档案管理工作体系。从功能上讲，档案局的工作重点放在如何保证国家对档案的依法管理和国家对档案资源的所有权，主要职能是依法监管和服务。档案协会是以服务为主、监管为辅的行业组织。档案馆是档案工作实体，作为协会成员，应履行会员义务，缴纳会费，享受协会提供的服务，并接受协会监管。同时，协会也是档案工作或从业人员利益的保障组织，在"依法治档"和保守国家秘密的前提下开展活动。

3. 以信息化为手段，促进档案行政管理体制改革

现行的档案上解制度、馆藏优化工作是长期未解决的重大课题。信息化工程的实施可以将档案的实体管理与信息管理实现物理分离，改变或取消多年沿袭的档案上解制度，仅此一举，就能为档案工作节约大量的人力物力。在目前情况下，档案信息的网络服务则能从根本打破多年来档案重保管、轻服务的现状，从

根本改变人们对档案工作的认知，这对开发档案信息资源意义十分重大。我国信息化的理论和实践都证明，在实现管理机构的扁平化、提高行政效能等方面，信息技术发挥着重要的能动作用。就行业特点来讲，档案也是发挥信息化功能的最好应用领域之一，依靠信息决策依然是档案高层管理的主要理念，特别是办公自动化与电子文档管理的集成，现在和将来都是政务与企业信息化的重要方面。档案信息又成为各类数据仓库与决策支持系统的基础数据组成部分，为电子政务所必需。

4. 开展旨在建设先进文化的各类档案收集、利用、宣传、服务活动和项目

当前我国档案文化产业活动主要依靠政府财政拨款的支持，在一个较长的时期内，仍会以这种方式为主。目前，各类档案文化活动相继开展，如教育、展览等活动取得了比较好的社会效益。重大事件和个人档案的征集工作也有新的突破，但在认证服务和各类提供凭证性的服务工作中，档案部门的特色服务方面仍无章可循，存在很大的随意性。在现有机制下，档案的收费服务规定也不统一，主要是科技、教育及文化档案本身的市场化利用没能反映知识产权的价值。在以后的改革和新的管理体制下，这些方面应该有所突破。今后，在档案服务方面，通过网络计算机提供的档案信息服务将成为档案文化服务的主流，这种服务无疑是面向全国经济政治的各个领域，其范围也将是全国化和国际化的，如果没有市场化运作的保障机制，是不可能实现的。

5. 提高档案工作人员或从业人员的综合素质

提高档案工作人员或从业人员的综合素质是档案文化发扬光大的关键。近年来，档案人员文化素质的变化很大。但是改变档案人员"档案保管员""资料保管员"的形象以适应现代社会发展，还需要一段较长的时间。档案工作者应该具备所在行业的普遍性常识和档案管理的专业知识，要掌握信息化知识、基本的计算机操作技能和数字化档案的管理与备份技巧，又要有文化产业要求的市场开发能力和服务能力，达到信息时代的公务员与文化工作者的双重要求。这无疑是对现在档案工作者的挑战。

当前，我国正处在以档案文化产业政府监督与资助下的公益性档案服务事业为主、以商品化档案文化产品市场为辅的格局中，各级政府和档案部门正积极筹划，以深化改革为契机，把档案文化推向社会，推向市场。相信将来有一天，人们必定会迎来一个档案事业发展的新时期，档案文化将成为社会文化产业中的一

朵奇葩。

二、馆藏档案数字化应用

为适用公众网络化查档和档案信息化管理的多元化需求，馆藏档案数字化和开展档字化应用系统的建设已成为现代档案管理的一项重要内容，对档案工作者而言，这也是一项全新的任务，需要在充分认识到馆藏数字化重要性和必要性的基础上，采取有效的策略和方法，开展馆藏档案数字化系统的建设。

（一）馆藏档案数字化的意义和任务

中共中央办公厅、国务院办公厅联合发布的《关于加强信息资源开发利用工作的若干意见》中明确指出："各级党政机关、企事业单位要充分认识信息资源开发利用工作的重要性，加强政务、企业、产业等信息资源的开发与利用，充分发挥信息资源在信息化建设中的重要作用。"国家档案局在《关于加强档案信息资源开发利用工作的意见》中明确指出："档案信息资源的开发与利用是现代档案工作的重中之重。"档案作为一种特殊的文化资源，是国家信息资源的重要组成部分，它的开发与利用具有非常广泛的社会价值和实际意义。馆藏档案数字化主要包括两项任务：一是将传统载体档案目录进行数字化；二是将档案内容进行数字化。

档案目录数字化的主要工作是对载体档案进行编目，并将目录信息录入到计算机系统中，建立档案目录数据库，利用管理信息系统实现档案目录数据的计算机化管理和目录信息的资源共享。档案内容数字化的主要工作是将馆藏的纸质、照片、录音、录像、缩微等档案通过扫描、加工、处理（包括去污处理、图像处理、OCR 识别等），转变为文本、图像、图形、流媒体等数字格式的信息，存储在网络服务器中，利用计算机及信息系统进行查询、检索和浏览。

（二）馆藏档案数字化的思路与方法

"一切为了用"是开展馆藏档案数字化的主要目的。这就说明了档案馆工作人员不仅要开展档案目录信息的著录、馆藏档案内容的数字化加工与扫描，更需要建立一整套完整的综合业务管理信息系统，增强数字化后的档案信息的利用服务工作。由于馆藏数字化需要花费大量的人力、物力和财力，加之数字化加工过程对档案原件也会有或多或少的损害，所以，不能盲目地赶潮流、追先进、不分先后、不讲策略地将馆内所有档案进行数字化。

1. 做好馆藏档案数字化的前期基础工作

需要对哪些档案进行数字化、采取什么方法来开展、数字化加工需要购买哪些设备、除此之外还需要做哪些准备工作以及如何做等，都是馆藏数字化的前期基础性准备工作。

（1）做好可行性论证：要根据档案利用的需要、资金情况、馆内人员知识结构、馆内软硬件平台、馆内信息化应用现状等基本状况，在充分了解和认识馆藏档案数字化系统建设的复杂程度和技术要求之后，做好馆藏数字化系统建设的可行性论证工作，确保系统建设自始至终不被中断，确保数字化后的档案信息能够被真正使用起来，见到实效。

（2）选择数字化加工方式：数字化是保管档案过程中所做的一项：技术性较强的现代化处理工作，这对习惯了传统管理工作的档案工作人员来说，具有较大的难度。因此，需要提前做好规划，明确系统建设的实施方案。主要包括：馆藏档案数字化系统分几个阶段完成，每个阶段的任务和目标是什么，应对哪些档案做数字化加工和处理，数字化加工处理过程中的安全控制、进度控制、质量控制和成本控制等过程中应采取的方法与策略，数字化后的档案信息如何与现有的计算机信息系统实现集成，如何发布档案信息以提供利用，如何解决备份和长久保存等问题，这些都需要提前做好解决方案，并在档案工作人员和数字化加工协作人员之间达成共识后，才能开始工作。边加工边讨论的方式只能导致工期拖长、见效缓慢、安全性保障难，甚至导致项目失败。

对馆藏结构、馆藏量、馆藏利用量、馆藏档案年度、馆藏档案受损情况、档案存储介质、各存储介质的寿命等综合因素进行深入的分析，围绕档案永久保存特点、用户快速查档和高频查档的要求进行深入的研究，按照档案利用率和档案的紧急保护程度对库房档案进行量化分析，获得按年、季、月进行排序的需要进行数字化处理的档案案卷数量、纸张数量、纸张大小以及声像和缩微胶片的档案数量等，并以此来提出对购买设备的种类、数量和性能的要求。

如果档案馆内有缩微品档案且数量比较大，以后还会有进馆的缩微档案，就需要考虑是否在馆内购买缩微扫描仪，以解决长期的缩微品数字化的问题；如果数量很少而且以后也不会有缩微档案进馆，那么就不需要购买专用设备，可以考虑采用一次性的外协加工方式。录音、录像档案数字化方案也采用同样的分析方法，根据具体情况考虑是否需要购买专用设备并建立数字化加工流水线等事项。

多数档案馆藏以纸质档案为主，因此，建立纸质档案的数字化加工流水线几乎成为必须，当然各档案馆（室）也可以根据自己的实际情况，不购买扫描设备，采取分批分工的外协加工方式，只需要将加工后的数字档案信息进行科学管理、利用信息系统提供服务。这也是一种推荐的馆藏档案数字化加工的解决方案，特别是在数字化加工量比较大时，即便是在馆内建立数字化加工流水线，如果没有聘用足够的扫描加工工作人员，单靠档案馆内部工作人员很难在短时间内完成加工任务，达到良好效果，而专业化外包加工服务能够在保证质量和安全的前提下快速完成任务。

（3）筹备和落实资金：数字化加工的任务单靠档案馆的人力很难完成，往往需要采取商业化的运行模式或外协加工。另外，加工完成后，还需要购买网络化存储设备提供档案信息服务与利用，需要购买各种存储介质进行数据备份，而且数字化加工过程还需要购买保障安全的监控设施和扫描设备，系统实施后还需要聘用系统管理和数据管理人员开展大量运行与维护工作。建立馆藏档案数字化系统需要的资金大概包括以下几个部分：①扫描并且进行全文数字化加工的费用；②数据发布系统的购买费用包括全文检索、模糊检索、多分类系统、图文关联、元数据编辑器等；③购买服务器的花费；④进行馆内人员培训、引进网络管理员和系统管理员等都需要资金。因此，在进行馆藏档案数字化之前，应在资金准备上给予充分重视。

2. 确定数字化加工的协作模式

档案内容数字化工作包括数字化预加工和深加工两步，预加工是能够将纸质档案、照片档案、缩微胶片等转变为电子图像文件，不能将纸质档案上的文字信息进行完全处理，深加工则是利用技术含量较高的 OCR 和语音识别等处理技术获取载体档案中的文字信息，以利于全文检索。

馆藏档案数字化工作量大，涉及扫描加工、图像处理、数字信息存储与管理、OCR 自动识别等技术，仅依靠档案部门的力量开展系统建设是很困难的事情，为解决这些难题，档案馆要做好以下几项工作：①在系统建设之初就需要开展需求调研与分析，考虑需要购买哪些硬件设备和软件支撑系统以及系统能够实现的自动化程度等，这必然需要开展大量的咨询、诊断和分析等工作，聘请有经验的、开展数字化加工的专业服务机构来协助档案馆开展系统规划是非常必要的；②开展数字化加工，首先要建设一个能够支撑加工过程各环节进行数据管理的信息系统，然后再基于该系统有条不紊地开展工作，只有能熟练操作和使用各类数字化设备的加工服务人员才能确保工作的速度快、质量高，确保工作的有序开展；③

数字化加工完成后，生成的各类电子图像、原文信息、档案目录数据等都需要做关联处理，而且需要以光盘或者网络存储方式进行发布。信息发布本身又是一个系统，需要专门开发，如果采用成熟的软件将会大大缩短数字化后的档案数据的呆滞时间。目前，市场上开展数字化加工的专业 IT 公司已经在信息系统建设、加工流水线、安全保障等方面开展了大量的工作，积累了较为丰富的经验。借助于这些 IT 公司的力量来开展馆藏档案数字化是一个省时、省力、省钱且相对安全高效的方式。

3. 保障数字化档案信息的真实性

在馆藏档案数字化过程中，数字化档案信息的真实性、完整性保障主要体现在档案实体的扫描加工和档案目录的数字化两个方面。

（1）扫描加工过程中的真实性保障：馆藏数字化档案信息在其形成、管理和提供利用的过程中，制定保障档案信息真实性的规章制度是非常重要的管理措施，各个阶段的安全保障侧重点不完全相同。

在数字化加工的档案信息形成阶段，加强对数字化加工人员的管理是非常重要的，其中最重要的是，不允许将档案带出加工基地。另外，数字化承包商为了保证信誉也需要采取严格的加工基地管理措施，多采用半军事化管理、流程化、自动化、岗位责任制等用强化管理、反抄袭的管理模式，杜绝档案信息在处理过程人为外泄的情况。在档案信息形成阶段，信息真实性的风险表现为技术上的不成熟，如扫描过程信息丢失，图像到文字转换过程中产生错误识别等，因此采取较高的技术手段是完全可以保障信息真实性的。由于每个过程、每个岗位都会将数字化后的档案信息与档案原件进行比较，而且参与加工的人员主要从事体力劳动，一般不雇用文化程度较高的人员，他们对档案也不是很了解，甚至无心了解，因而，这个阶段档案信息真实性的保障主要是采取先进的技术手段来减少误差。

数字化档案信息的管理和提供利用阶段，这与电子文件归档后进入该阶段的管理相类似，同样利用灾难备份库对新形成的馆藏数字化后的档案信息进行备份，并在管理和提供利用的过程中加强网络安全管理，提高档案馆内部管理人员操作的规范性和管理工作的程序化，制定自动核对计划，确保档案信息的真实性。

（2）数字化档案目录信息的真实性保障：数字化档案目录信息一般都存储在数据库文件中，它的安全性主要取决于数据库管理系统自身的管理能力，它的真实性主要取决于档案管理员"依法管档"的严格程度。这一部分数据是管理人员根据档案原件提取出来的，用来描述档案原件核心内容的元数据信息（也可能是电子文件自动归档过程中通过预先设定的规则自动生成的、描述文件属性的元数据信息），这一部分信息并不像档案原件那样具有凭证性作用，它只是为了方便管理和快速检索，并且在以后的管理过程中某些信息可能会改变。因此，它的真实性并不像人们对档案原件数字信息的要求那样高，但为了不产生负面影响，要求档案目录信息的著录人员应依据档案管理学理论，按照档案著录的标准和规范严格要求自己，严格保障目录信息的真实性，从而更有效地提高档案的检索和利用效率。

4. 加强数字化档案信息的整合与集成

馆藏档案数字化和电子文件归档后，产生了大量的数字化档案信息，如果只将其刻录于光盘或存储在磁盘中，不提供系统化的档案利用服务，是错误的和无意义的，也不是馆藏档案数字化的真正目的所在。一些档案馆在开展数字化之前就使用了档案管理信息系统来管理档案的目录信息，并在馆内提供档案目录信息的检索服务，也有一些档案馆在开展数字化的同时也建立起电子文件归档系统，收集电子文件并整理其目录信息，还有些是将馆藏档案数字化作为档案信息化的启动工程。但无论是哪种情况，都需要处理好当前档案馆面临的电子文件归档、馆藏档案数字化和对传统载体档案管理的业务关系，将这三项主要工作形成的数字化档案目录信息和档案内容对象进行同步管理，对于电子档案有纸质备份的或纸质档案有数字化拷贝的，都需要做关联处理，做到同一档案内容的一致性管理。否则，在档案馆分别建立电子文件管理系统、馆藏档案数字化管理系统、纸质档案管理系统，必然会造成系统间数据重复，甚至不一致，从而加深管理的复杂程度。

21世纪初，我国的各级各类档案馆正处在纸质档案与电子档案并行接收和管理的特殊时期，传统载体档案的目录数字化需要计算机管理，馆藏档案数字化后形成的图像文件需要信息化管理，电子文件归档后形成的电子档案也需要信息化管理。因此，当前档案工作的复杂程度相对较深，需要制定科学的管理制度，梳理管理流程，加强对档案实体和档案数字化信息的集成化管理。只有这样，档案工作的效率才会得到较大程度的提高，档案信息才能得到有效的利用。

5. 保障数字化档案信息的存储安全

数字化档案信息的安全管理是档案信息化应用的前提条件。档案安全管理的重要性是由档案本身和档案管理的性质决定的，档案信息化建设必须充分考虑电子环境、应用系统和档案数据存储等方面的安全问题，正确处理方便、高效使用与安全管理的关系，不能因过分考虑安全而限制了档案信息的网络化传输与使用，这样将大大降低网络化应用系统的使用价值。对于数字化档案的网络化存储系统，一方面使用带自动备份功能的专用服务器和数据库管理系统，能够配置备份作业计划并安全执行，如光盘库、磁盘阵列、专用网络存储设备等，对备份信息能够实现数据的迁移和恢复；另一方面也应同时使用安全介质备份，定期刻录（复制）备份信息，进行异地保管。

当然，数字档案的安全保障更需要建立健全管理制度和安全操作规范，采取有效的网络安全管理手段和措施，采用严格的授权管理解决方案。从档案内容的安全管理角度来说，应充分考虑以下基本的安全保障原则：

（1）密级区分原则：对保密档案信息实行物理隔离并将责任落实到人。

（2）内外区分原则：将开发档案信息与受控使用的档案信息进行区分。

（3）用户区分原则：为档案形成人员、档案管理人员和公众用户分别设立不同的使用系统和浏览数据的权限。

（4）系统区分原则：将档案馆内部使用的档案管理信息系统、电子文件归档系统、档案信息发布与利用服务、行政规范性文件管理等系统加以区分，严格控制各自的安全操作权限。

6. 提供数字化档案信息的方便利用

馆藏档案数字化的一个根本目的是方便利用，如果将数字化后的图像刻录成光盘存放在库房中，与纸质档案采用同样的管理方式，那么数字化的效果就很难体现出来。只有真正将档案的数字信息放在网络环境中，提供网络化的高效服务，才能确保投资有收益。

参考文献

[1] 王兰成，黄永勤，刘晓亮作．档案社会化媒体信息资源整合研究 [M]．北京：科学出版社，2022.09.

[2] 鲁艳丽编．社会保险档案信息化工作实务 [M]．北京：中国劳动社会保障出版社，2021.11.

[3] 杨玲花作．现代档案管理工作与保存策略研究 [M]．北京：中国纺织出版社，2021.11.

[4] 李青山，张洪生．企事业单位干部人事档案数字化管理实务 [M]．北京：中国水利水电出版社，2021.06.

[5] 赵旭．档案信息化建设的理论与实践研究 [M]．北京：科学技术文献出版社，2021.04.

[6] 张鹏，宁柠，姜淑霞著．图书馆信息化建设理论与档案管理实践 [M]．长春：吉林人民出版社，2020.10.

[7] 医院档案管理与信息化建设 [M]．长春：吉林人民出版社，2020.08.

[8] 张杰著．信息时代下档案管理工作创新研究 [M]．长春：吉林大学出版社，2020.08.

[9] 档案信息化建设研究 [M]．西安：西安出版社，2020.07.

[10] 大数据时代高校档案信息化管理研究与实例分析 [M]．西安：西北工业大学出版社，2020.07.

[11] 图书馆信息化建设与档案管理 [M]．北京：兵器工业出版社，2020.05.

[12] 张凤丽，胡雪飞，孙娜作．"互联网 +"背景下档案信息建设的新发展 [M]．长春：吉林大学出版社，2020.05.

[13] 杜宝峰．档案信息化建设探析 [J]．黑龙江档案，2022，（第 3 期）：211-213.

[14] 贾宝柱．试论档案信息化建设 [J]．东西南北，2022，（第 18 期）：30-32.

[15] 王启佑．档案信息化建设研究 [J]．机电兵船档案，2021，（第 1 期）：

67-69.

[16] 韩玲玲. 再谈档案信息化管理 [J]. 黑龙江档案, 2021,（第 4 期）: 328-329.

[17] 郝声钰. 档案信息化管理探究 [J]. 百科论坛电子杂志, 2021,（第 5 期）: 332.

[18] 王晓欢. 档案信息化建设研究 [J]. 山西青年, 2021,（第 6 期）: 101-102.

[19] 孟凡强. 档案信息化建设与档案管理的研究 [J]. 兰台内外, 2023,（第 1 期）: 13-15.

[20] 钟晓红. 档案信息化建设的实践与思考 [J]. 智库时代, 2023,（第 3 期）: 198-200.

[31] 孟凡君. 档案信息化建设与工程档案管理 [J]. 商品与质量, 2022,（第 27 期）: 16-18.

[22] 张慧仙. 城建档案信息化管理刍议 [J]. 未来城市设计与运营, 2022,（第 2 期）: 91-93.

[23] 盛雅苑. 企业档案信息化问题及优化对策 [J]. 兰台内外, 2022,（第 24 期）: 41-42，32.

[24] 陈淑丽. 档案信息化建设管理措施分析 [J]. 科技研究（理论版）, 2022,（第 4 期）.

[25] 邢延华. 档案信息化建设与档案管理探析 [J]. 延边教育学院学报, 2022,（第 3 期）: 80-81，84.

[26] 王密密. 档案信息化建设与档案管理探究 [J]. 科海故事博览, 2022,（第 14 期）: 103-105.

[27] 张岩松. 新时期档案信息化建设思考 [J]. 档案与社会, 2022,（第 2 期）: 46-47.

[28] 崔艳平. 档案信息化管理现状和对策探究 [J]. 兰台内外, 2022,（第 26 期）: 4-6.

[29] 张杰. 提升高校档案信息化水平的举措 [J]. 山东档案, 2022,（第 2 期）: 50.

[30] 陈娜. 档案信息化建设与档案管理的探索 [J]. 国际援助, 2022,（第 14 期）: 7-9.

[31] 王娇, 闫园园. 干部人事档案信息化的困境与出路 [J]. 黑龙江人力资源

和社会保障，2022，（第9期）：88-90.

[32] 汤晶晶 . 企业科技档案信息化管理探析 [J]. 黑龙江档案，2022，（第1期）：63-65.

[33] 李文娜 . 企业档案信息化建设措施探究 [J]. 国际援助，2022，（第8期）：28-30.

[34] 马婷艳 . 档案信息化建设与管理的优化策略 [J]. 陕西档案，2022，（第3期）：41-43.

[35] 王爽 . 事业单位档案信息化建设研究 [J]. 黑龙江档案，2022，（第3期）：238-240.

[36] 高俊荣 . 浅谈企业档案信息化建设 [J]. 办公室业务，2022，（第10期）：115-116.

[37] 于敏 . 关于档案信息化建设的几点思考 [J]. 黑龙江档案，2022，（第3期）：276-278.

[38] 刘卓1，张萌2. 人事档案信息化管理的整合研究 [J]. 兰台内外，2022，（第32期）：4-6.

[39] 董珂 . 档案信息化管理途径的几点思考 [J]. 知识窗，2022，（第7期）：176-178.

[40] 陈巍 . 文书档案的信息化管理及利用研究 [J]. 区域治理，2022，（第20期）：201-204.

[41] 夏全华 . 国有企业档案信息化建设的思考 [J]. 市场调查信息（综合版），2022，（第6期）：113-115.

[42] 崔浩男1，漆家森2，戴柏清1. 档案信息化规划编制要点与框架 [J]. 北京档案，2022，（第5期）：36-39.

[43] 秦珍 . 高校人事档案信息化管理探究 [J]. 太原城市职业技术学院学报，2022，（第10期）：75-77.

[44] 赵燕 . 浅谈高校档案信息化 [J]. 内蒙古水利，2020，（第4期）：65-66.

[45] 阳海平 . 档案信息化建设探析 [J]. 卷宗，2020，（第15期）：135.

[46] 赵浩然，李辉 . 档案信息化建设研究 [J]. 兰台世界，2020，（第A1期）：77-78.

[47] 孙冰冰 . 浅谈档案信息化建设 [J]. 百科论坛电子杂志，2020，（第12期）：202.

[48] 曾艳 . 档案信息化建设探析 [J]. 经济技术协作信息，2020，（第 2 期）：24.